Manual del editor

MANUALES|**B**erenice

MANUEL PIMENTEL

Manual del editor

*Cómo funciona la moderna industria editorial
y lo que debes conocer para gestionarla*

CUARTA EDICIÓN ACTUALIZADA

Berenice

Berenice
www.editorialberenice.com
@berenicelibros

© Manuel Pimentel Siles, 2007
© Editorial Almuzara, s.l., 2025

Primera edición: junio de 2007
Segunda edición: noviembre de 2007
Tercera edición: marzo de 2012
Cuarta edición: junio de 2025

Berenice • Colección Manuales
Director de Berenice: Javier Ortega
Edición al cuidado de Rebeca Rueda y Ana Cabello

info@almuzaralibros.com
Parque Logístico de Córdoba. Ctra. Palma del Río, km 4
C/8, Nave L2, nº 3. 14005, Córdoba

Impresión:
Gráficas La Paz

ISBN: 978-84-10356-91-7
Depósito Legal: CO-930-2025

Impreso en España/*Printed in Spain*

*A ti, que amas el libro, para que conozcas
y reconozcas a todas las personas que lo hacen posible.*

Índice

Nota a la cuarta edición

No resulta fácil, ni mucho menos frecuente, que una obra, sea del género y tema que sea, alcance su cuarta edición, con miles de ejemplares vendidos. Pocas, muy pocas, lo consiguen. Y si encima se trata de un manual de carácter técnico-profesional, de una materia, en teoría, tan concreta y minoritaria como es la edición y publicación de libros, la probabilidad de éxito tendería a cero. Sin embargo, este *Manual del editor* lo ha conseguido. ¿Por qué? Pues por dos razones fundamentales. Primero, porque existen muchas más personas que aman el libro y el mundo editorial de las que pudiéramos haber pensado en principio. Algunas, por pura curiosidad; otras, porque desean adentrarse profesionalmente en el apasionante ecosistema de la edición. Y, como segunda razón, porque existían pocas obras que atendieran a las cuestiones profesionales, técnicas y empresariales de la edición de libros. Podemos extraer, por tanto, una primera enseñanza útil para los editores: debemos detectar y satisfacer demandas no satisfechas de conocimiento. Siempre las habrá, y ahí estaremos los editores para atenderlas y saciarlas.

La primera edición de esta obra vio la luz en junio de 2007; la segunda, en noviembre de 2007; la tercera, en marzo de 2012. Esta última edición se agotó hace ya un tiempo y durante varios años no reimprimimos. Decidimos ahora, en 2025, actualizar su contenido para lanzar la cuarta edición, adaptada a unos tiempos diferentes a aquellos en los que vio la luz por vez primera. Quién hubiera dicho, dieciocho años atrás, que la obra sería tan longeva y, al tiempo, tan actual. Muchos, por aquel entonces, dieron por muerto el libro de papel ante lo que consideraron la irrupción fatal del libro electrónico. Afortunadamente, se equivocaron. Hoy, en tiempos de la IA generativa, continúa gozando de una salud envidiable, pese a quien pese.

Muchas son las cosas que han cambiado en la industria editorial en estos años. Sin embargo, los principios fundamentales han permanecido constantes, de ahí la vigencia de esta obra. ¿Y cuáles han sido los cambios más importantes ocurridos desde la tercera edición? Los más obvios, los vinculados al desarrollo digital. Desde la consolidación de las redes sociales hasta la portentosa inteligencia artificial, pasando por los audiolibros, la realidad virtual y las plataformas de descarga por suscripción para los libros electrónicos y audiolibros. Los audiolibros han crecido, tanto en audiencia como en publicaciones. Los medios digitales, redes sociales, blogs, *podcasts* y otras fórmulas de contenidos han ocupado una parte significativa del pastel de la comunicación. Mientras que la prensa tradicional —fundamental en una democracia— pierde lectores, el universo digital los gana. ¿Y los libros, los viejos libros de papel? Pues, contra todo pronóstico, gozan de excelente salud, manteniéndose estables, con cierta tendencia incluso al alza.

El libro de papel mantiene su vigor y atractivo. A pesar de que su prestigio y sus ventas crecen, son todavía muchas las voces que le pronostican un mal final. Los jóvenes no leen, repiten; son incapaces de concentrarse; la vida y la mente se les van en videojuegos y redes sociales, opinan. Creemos, por el contrario, que el libro goza de buena salud y futuro, manteniendo aquello que tiene que mantener, pero adaptándose a un ecosistema en profundo cambio. Aunque los postulados editoriales básicos no se han modificado, algunos aspectos, como la reducción de la tirada media, el uso de la impresión digital e impresión a demanda —el conocido como POD, *print on demand*—, o el empleo de la inteligencia artificial, han posibilitado nuevas alternativas de edición, gestión, distribución y logística, al tiempo que han redefinido su cadena de valor.

Por todo ello, era necesaria una honda actualización del *Manual del editor*. En esta nueva edición, adaptaremos sus contenidos a la actualidad, al tiempo que los ampliaremos en lo referente a la mirada y talento del editor, a sus porqués, sus paraqués y su propósito.

Vivimos tiempos de mudanza vertiginosa. Dicen que los necios no advierten los cambios, que los inteligentes tratan de entenderlos y preverlos, mientras que los sabios, yendo más allá, indagan precisamente en lo que permanece, en el alma humana, que será la única brújula cierta. Nosotros trataremos de leer el futuro de la editorial, al tiempo que ponderaremos su diálogo con la esencia humana. Mientras fluya, tendremos libro para rato.

Bienvenido, lector, a esta obra que le sumergirá en el complejo mundo editorial. Y un aviso: una vez que entre, le costará abandonarlo, es sumamente hermoso y adictivo.

Manuel Pimentel

Introducción

Debo este libro a la sugerencia de Javier Fernández y a mi propia osadía. Ambas me animaron en 2007, después de más de tres años intensos como editor, a plasmar en este manual mi propia experiencia al frente de una editorial, con los consiguientes consejos y reflexiones acerca de su compleja gestión. Javier Fernández ama sobre todas las cosas la literatura, la buena literatura. Y, cómo no, la edición de libros. Poeta, escritor y editor, regresó a su Córdoba natal tras trabajar un tiempo como editor en MacGraw Hill, en Madrid. Capitaneando a un grupo de jóvenes y entusiastas escritores, constituyó la editorial Plurabelle, allá por el año 2003. Comenzaron a editar —poesía, sobre todo— con una elegancia y un tino tal que pronto brilló con luz limpia y hermosa en el firmamento reducido de las editoriales andaluzas. Sin conocernos personalmente todavía, fui adquiriendo algunos de sus libros, y siguiendo con admiración su trayectoria editorial.

Editorial Almuzara nacía en 2004. Y el azar hizo que los proyectos editoriales coincidieran en una obra. Con pañales editoriales aún, Almuzara intentó conseguir los derechos de un importantísimo libro que ponía patas arriba algunos de los tópicos dominantes acerca de la Edad Media española y Al Ándalus. Lo había escrito Ignacio Olagüe (1903-1974), y se había editado por vez primera en Francia en 1969 por Flammarion, con un título provocador que nunca satisfizo al autor, *Les arabes n'ont pas envahi l'Espagne* (*Los árabes nunca invadieron España*). La Fundación Juan March lo editó en 1974 en español, en tirada muy reducida y escasamente distribuida, pero con el título original del autor, *La revolución islámica de Occidente*. Busqué infructuosamente los derechos para reeditar la obra, hasta que un buen día leí en prensa que Plurabelle publicaba el libro. Expresé mi admiración a Javier Fernández durante un programa de radio que capitaneaba en Córdoba Marta Jiménez, y, a las pocas semanas, Javier me llamó para entregarme un primer manuscrito de su obra *Cero Absoluto*. Me leí la novela aquella misma noche, con la fascinación de descubrir, también, a un gran escritor tras el buen editor que ya conocía. Inmediatamente le manifesté el interés de Almuzara por su libro y, en un almuerzo que mantuvimos en el Parador de Córdoba, le planteé abiertamente por qué no creábamos un sello conjunto. De ahí nació en 2005 Berenice, el proyecto que Javier dirigió en sus primeros pasos con la ambición de convertirse en una referencia para toda una generación de jóvenes escritores y para la literatura de exigente calidad.

Durante nuestra andadura conjunta, le insistí en varias ocasiones a Javier y Ana, su compañera editora, que Berenice debía reforzar su colección de no ficción, sobre todo en lo referido a ensayos literarios y a manuales diversos sobre escritura. Habíamos comprobado que existía demanda de ellos tanto en España como en América, donde nuestras ventas comenzaban a crecer. No sabía que yo mismo terminaría siendo rehén de mis propias sugerencias.

Una mañana, cuando viajaba en coche hacia Portugal, recibí una llamada suya. «Manolo, estamos en nuestro consejo. ¿Por qué no escribes un libro sobre la figura del editor? Piénsalo, algo parecido a un manual». Apenas había colgado cuando ya había decidido escribirlo y comenzaba, mentalmente, a estructurar lo que quería contar, relato que ahora tiene entre sus manos.

La historia de las editoriales y de sus gentes no se detiene. Javier Fernández partió para nuevas aventuras profesionales en

2008. David González se convirtió entonces en director editorial de Berenice hasta 2016, cuando decidió montar y dirigir con tino su propia editorial, El Paseo. Javier Ortega dirige desde entonces Berenice, con acierto, elegancia y excelente catálogo. Los tres son grandes editores, apasionados de los libros y de la buena literatura; un auténtico placer el haber compartido con ellos jornadas de nuestro camino vital y editorial.

Berenice, que ha cumplido veinte años de vida, posee un catálogo vivo de más de trescientos títulos y se encuentra integrado en AlmuzaraLibros, como uno de sus principales sellos. Vuelve hoy a reeditar este manual, todo un clásico.

He leído a lo largo de los años cuantas memorias de grandes editores españoles y extranjeros pude conseguir. He disfrutado con ellas y de todas aprendí. Los aconteceres cotidianos de cualquier editor tienden a parecerse, por lo que conocer la experiencia ajena supone enriquecer la propia. Pero, sin embargo, yo quería escribir un libro distinto, un libro que no contara la relación que había mantenido con escritores, políticos ni artistas, sino que enseñara la parte interna del oficio, esa de la que casi nunca se habla, pero que constituye el motor de la empresa editorial. Algo así como «lo que siempre quiso saber de la actividad de una editorial y nadie le contó». Decidí entonces obviar todo lo que de *glamour* acompaña a la vida del editor para adentrarme en la sala de máquinas, para explicar cómo funcionan los motores y cómo pueden repararse en caso de avería. No hablaré, pues, ni de literatura, ni de *vendettas* entre facciones literarias, ni de intimidades de premios y vanidades. Mi ambición es más pedestre. Sencillamente quiero ayudarle a comprender cómo funciona una editorial y proporcionarle algunas herramientas para sobrevivir en un mundo en el que la complejidad va en parejo a su belleza. No hace falta, lector, que te vistas con traje de etiqueta. Ponte el mono de trabajo y prepárate para ensuciarte con la grasa, el óxido y el humo que produce en su funcionamiento el difícil pero fascinante mecanismo editorial.

Una editorial es algo difícil de definir. Para los fines de esta introducción, nos bastará saber que se trata de una empresa muy especial, donde el afán de beneficio jamás puede convertirse en el motor exclusivo para una adecuada gestión, ni en la que existen leyes seguras para el éxito. Pero tampoco podemos jamás olvidar que se trata de una empresa en la que los ingresos deben superar a los gastos, si queremos vivir de ella y consolidar el proyecto editorial. Y no es tarea fácil. Algo de verdad existe en la afirmación de «aventura editorial», pues en el día a día siempre se tiene por compañero al inquietante riesgo. Una editorial no es una empresa normal, es algo mucho más complejo, que aúna el proyecto cultural y la búsqueda de belleza y coherencia, con los requerimientos propios de cualquier empresa. A veces, los grandes grupos contratan a ejecutivos de mano de hierro provenientes de otros sectores para dirigir las editoriales sin rumbo. Suelen fracasar, ya que los conocimientos de gestión empresarial, por eficaces que resultaran, no son garantía para saber «entender» a la empresa editorial. Al libro hay que amarlo; al lector, comprenderlo, e intuir sus demandas, gustos y necesidades. A veces, publicar un libro que sabemos que venderemos mal es recomendable y necesario para enriquecer el catálogo; a veces, renunciar a una obra que sabemos rentable es imprescindible para mantener su coherencia. Ya hablaremos del proyecto y propósito editorial que debe alentar la programación de publicaciones.

El libro es celoso. Si no lo amas y si no te entregas a él por completo, terminará abandonándote. Si no eres un enamorado del libro, si no te entusiasma la edición, si no habita en ti un lector empedernido, no te metas en este negocio, porque te irá mal. Amar el libro es condición necesaria, pero no suficiente. Debes aprender a ser editor, a poseer su mirada, a descubrir y desarrollar su talento. Porque ser editor es un arte, y también un oficio. Con el talento se nace, pero la profesión supone no solo poseerlo, sino lo más importante, el cultivarlo y desarrollarlo. Esto no se puede aprender en una escuela de negocios. Sin embargo, las empresas editoriales tampoco se pueden dirigir desde el simple enamoramiento de la literatura o del conocimiento. Hay que saber gestionarlas. Este libro va dirigido a las personas que, amantes del mundo del libro, deciden gestionar una editorial. Por eso —como en el ejército el valor se supone—, hablaré muy poco de literatura y mucho de gestión, dado que presupongo el embeleso obvio por los libros de las personas que se acerquen hasta esta obra. Espero que estas páginas sirvan de ayuda para que comprendan los mecanismos editoriales. Existe una especial «intuición» editora que permite discernir entre la obra buena, que aporta estéticamente o que ilustra por su contenido y que puede interesar al público, y la que no. Esa intuición se lleva puesta, y no se puede aprender ni con este libro ni con una completa enciclopedia. Tampoco pretendo enseñar la «poesía» de la edición, ni trasladar el amor por los libros. Como repito, todo eso se te supone. Simplemente aspiro a mostrar las matemáticas de la edición y responder a preguntas tan sencillas como las de «¿Cómo se calcula el precio de un libro?», o la de «¿Cuántos libros de esta tirada debo vender para cubrir gastos?», o la más habitual de «¿Cómo puedo distribuir mejor mis fondos?».

No está ante un libro melancólico, del tipo «cualquier tiempo pasado fue mejor», sino ante uno de acción y de deseo de supervivencia y crecimiento. Es la obra de un editor, con los pies en el suelo, pero con mirada optimista acerca del futuro que nos aguarda. El mundo editorial, por muchos que lloren los tristes augures, tiene un brillante futuro, si sabemos adaptarnos a los requerimientos de una sociedad que cambia con rapidez. Esos cambios nos producen desasosiego, pero no deben ahogarnos. Por eso, este manual pretende ser una guía que aúne realismo con exigencia y esperanza. La actividad editorial es una actividad muy compleja y difícil, pero posible. Considero precisa esta llamada a la previa ilusión, dado que, desgraciadamente, en la mayoría de los textos de la bibliografía existente se tiende a vaticinar el cataclismo final. Se pueden encontrar en librerías memorias varias de importantes editores vivos y fallecidos. También ensayos y reflexiones sobre el mundo editorial. La mayoría de ellas comparten el principio de «cualquier tiempo pasado fue mejor». A lo largo de todas sus páginas reiteran el mismo mensaje de añoranza por ese tiempo que se fue y que jamás volverá. El clásico retorno al mito de la pretérita Edad Dorada. Que antes se editaba por amor, y ahora por dinero. Que los grandes grupos han prostituido la noble tarea que antaño realizaban los editores independientes. Que esos grandes grupos están dirigidos por vendedores de lavadoras, sin sensibilidad ni cultura, y no por editores. Que las librerías se limitan a cebar una vertiginosa rotación de novedades, olvidando el fondo y condenando a los almacenes de los editores a convertirse en cementerio de libros que apenas tuvieron una oportunidad. Todo a peor, pareciera que ya no quedan amantes de los libros ni demanda de cultura y belleza, y que toda la sociedad se hubiese tornado en estúpida consumidora de *fast food*, plástico y anuncios de neón. ¿Tan necios, de verdad, consideran a sus contemporáneos? No comparto ese pesimismo esencial ni actitud plañidera. Los tiempos mutan, pero la emoción humana ante la belleza, los sentimientos o el conocimiento permanecen, y somos los editores y los escritores los llamados a alimentarla y satisfacerla. La edición no ha muerto. Quizás la pose fatalista sea más atractiva que la del luchador del día a día que se empeña en sobrevivir, pero quiero creerme que los que amamos el libro tenemos posibilidades de desarrollar nuestra noble tarea en el mundo en el que nos ha tocado vivir, con sus muchos inconvenientes, pero también con sus inesperadas ventajas, que haberlas *haylas*. Trabajaremos con la realidad del sector editorial y su variada cadena de valor, con respeto a todos sus participantes y actores, sean editores pequeños o grandes, novatos o veteranos.

No es cierto que cualquier pasado fue mejor. No sabemos qué nos deparará el futuro de la edición, pero intuimos que el papel del editor seguirá siendo fundamental en la sociedad que construimos. No se contagie por el pesimismo ambiente. Editar no es morir; de hecho, es una de las formas más hermosas de vivir, y la vida siempre nos empuja al futuro.

El concepto de «editor» ha ido cambiando a lo largo de la historia. De todo ello hablaremos en este libro. Los modelos de editores irán cambiando. No podemos aferrarnos al que nos fascinara en nuestra juventud, porque el ecosistema es otro, y el cazador de tigres y mariposas que encierra el alma del editor debe adaptarse al nuevo entorno. La misma ilusión y amor que siempre, pero con diferentes circunstancias. Las posibilidades digitales, y adelanto mi postura, no terminarán enterrando al libro. La fascinación por la buena literatura, la emoción de la búsqueda de temas y autores, la inigualable emoción de encontrar un hermoso texto y el placer de satisfacer a un desconocido lector seguirán impulsando al editor.

Pese a quien le pese, la edición tiene futuro. Espero que este sencillo manual le ayude a pilotar su viaje por las inesperadas galaxias del universo editorial.

¿Qué es un editor?

En principio, editor es aquel que coordina todas las tareas precisas para que un libro llegue hasta el lector, partiendo desde su mismo proceso de escritura, algo así como un intermediario entre el autor, la librería y el lector. Con frecuencia, cuando digo que soy editor, me preguntan, ¿entonces, tienes una imprenta? Quizás, sabiendo lo que no es un editor podamos comprender mejor qué somos, en realidad. El editor no suele escribir los libros que publica, aunque puede participar de forma activa en la gestación de los mismos, bien porque proponga un tema a un autor, o bien porque sugiera modificaciones en estructura, estilo o líneas narrativas. Un editor tampoco imprime sus libros, aunque suele tener una relación estrecha con los talleres gráficos, sobre todo en lo relacionado con calidad de impresión, formatos, márgenes, papel, portadas o fechas de entrega. El editor tampoco suele vender directamente los libros al lector. Aunque en algunos casos existen poderosos departamentos de venta directa, habitualmente son los libreros —físicos o de plataformas digitales— los que realizan esa función. O sea, que el editor ni escribe, ni imprime, ni vende directamente los libros. ¿Qué pinta entonces en la cadena del libro? ¿Una especie de parásito que intermedia entre la obra del escritor y la necesidad del lector? No. Un editor no es ningún parásito. Por el contrario, realiza una actividad fundamental para que el conocimiento o las historias lleguen hasta las personas lectoras. Si no existieran editores, tendríamos que inventarlos, la cultura escrita no podría sobrevivir sin ellos.

Pero no siempre estuvo bien vista la imagen del editor. De hecho, durante todo el siglo XIX y primera mitad del XX, su imaginario era el de un vampiro que chupaba la sangre de los pobres autores. No cabe duda de que se produjeron excesos, pero, desde luego, la profesión de editor fue desde siempre igual de sufrida. En una conferencia pronunciada por Rafael Calleja en 1922 ya se defendía el noble e imprescindible papel del editor. Diferenciaba el papel del editor y el librero. El primero era un industrial, un productor, un creador, mientras que el segundo era un comerciante, un intermediario entre el editor y el lector. La actividad del editor, según Calleja, tenía cuatro dimensiones. La del gusto por el libro, la dimensión económica, la artística y, por último, la dimensión social, como impulsor de la cultura, el pensamiento y las artes. Esa definición sigue de plena vigencia. Y ya vamos acotando las funciones básicas del editor, que siguen teniendo esas cuatro dimensiones. La del amor al libro, a la literatura y al conocimiento, la más importante, que lo impulsa a seleccionar autores y libros para editar; la artística, como diseñador y productor del libro; la económica, como responsable de una cuenta de resultados, y, por último, la de agitador social y cultural.

La definición que la Ley del Libro española hace de «editor» es suficientemente explícita:

> Editor: Persona natural o jurídica que, por cuenta propia, elige o concibe obras literarias, científicas y en general de cualquier temática y realiza o encarga los procesos industriales para su transformación en libro, cualquiera que sea su soporte, con la finalidad de su publicación y difusión o comunicación.

En esta definición condensada aparecen conceptos —cuenta propia, encargo de procesos industriales, difusión o comunicación, entre otros— que desarrollaremos detenidamente y que ayudan a perfilar el concepto de «editor», tal y como lo entiende la ley, y tal y como contraerá responsabilidades ante terceros.

La acepción de «editor» tiene una doble significación: la de la actividad profesional —la persona que realiza esos trabajos de edición—, o la de la actividad empresarial, como responsable de la empresa editorial, bien sea como directivo o empresario. Esta doble acepción, profesional versus responsable empresarial, del concepto de «editor» se recoge en el diccionario de la Real Academia:

> Editor. Persona que saca a la luz pública una obra, ajena por lo regular, valiéndose de la imprenta o de otro arte gráfico para multiplicar los ejemplares. Persona que cuida de la preparación de un texto ajeno siguiendo criterios filológicos.

En este manual abordaremos tanto las tareas de dirección de una editorial, es decir, la faceta como gestor empresarial del editor, así como las principales tareas del editor-profesional. Este libro va dirigido, preferentemente, a las personas que dirigen una editorial o que a ello aspiran. Aunque, en muchas ocasiones, recaen las dos funciones —la de editor-empresario y la editor-profesional— sobre las mismas personas, a medida que la editorial va creciendo, las funciones tienden a especializarse. En el mercado existen muchos manuales dedicados a la mejora de la actividad profesional del editor, y pocos —por no decir ninguno— a las mejoras de sus capacidades como gestor empresarial. No es lo mismo editar que publicar, aunque la expresión «editar» se ha comido a la segunda. En principio, la de editor es una profesión. Editar es trabajar con el autor y su manuscrito hasta conseguir el texto final que irá a la imprenta y dará lugar al libro. Publicarlo conlleva la gestión empresarial de invertir en él, venderlo y tratar de obtener algún beneficio. Hoy llamamos «editor» tanto al primero como al segundo. En español no tenemos el equivalente inglés del *publisher*, y, por tanto, para nosotros será tan editor el que trabaja con el autor y sus textos como el que dirige la editorial. El editor dirige las operaciones y los pasos precisos para que nazca el libro desde que se encarga o desde que se recibe el manuscrito. Nótese que se mantiene la palabra antigua de «manuscrito», que significa «escrito a mano», a pesar de que el soporte en el que los escritores actuales envían sus obras al editor sea un documento Word o un PDF.

Esther Tusquets, impulsora de Lumen, repetía que ser editor no consiste en tener una imprenta, ni un taller de encuadernación, ni una fábrica de papel, ni siquiera unos medios propios de distribución.

> Una editorial consiste, ante todo y en primer lugar, en una mera carpetita llena de derechos de autor —ser editor consiste en elegirlos y conseguirlos y apostar por esos libros—, y, en segundo lugar, en congregar a un grupo de colaboradores capaces de proponer títulos y colecciones, de aportar contactos, de sugerir ideas.

Primera idea fuerza. Un editor gestiona y pone en explotación los derechos de autor de una serie de escritores seleccionados por él mismo o por el equipo en el que se apoya. La empresa editorial adquiere a los autores el derecho a explotar la propiedad intelectual de su obra durante un tiempo determinado. La función de seleccionar temas y autores y la contratación de sus derechos es la tarea primordial del editor. El criterio de selección otorga personalidad al editor y fideliza, al menos en teoría, al lector. Pero la editorial no limita su actividad a la gestión de derechos de autor. Para eso, sobre todo, están las agencias literarias. Aparece, entonces, una segunda idea fuerza. La editorial tiene como misión el transformar esa propiedad intelectual en libro. Para ello debe costear la producción, es decir, correr riesgo económico, y dirigir el conjunto de tareas profesionales e industriales precisas para transformar un texto manuscrito en un libro acabado. Es decir que la empresa editorial conlleva necesariamente el riesgo empresarial de la edición de los libros seleccionados y la dirección de producción de los mismos. El editor «hace» el libro a partir del texto aportado por el autor. Pero no podemos definir a una editorial simplemente como una seleccionadora de autores, contratadora de sus derechos y que financia y dirige su transformación en libros. Un editorial es algo más. Falta una función esencial para comprender su identidad y esencia. ¿Cuál? Pues la de llevar los libros hasta el lector. Y para ello precisa de una red comercial y de distribución, y una política de comunicación para otorgar notoriedad al autor y su obra. El sueño de cualquier editorial es hacer los mejores libros de los mejores autores y venderlos adecuadamente. Desgraciadamente, esto siempre no es así, y ahí aparece el riesgo del editor, que puede no llegar a los mejores autores, ni hacer los mejores libros, ni ganar dinero con ellos como en un significativo porcentaje de lo publicado ocurre.

La tarea de un editor contempla necesariamente un criterio editorial a la hora de seleccionar obras y autores, una capacidad de contratación de los derechos de explotación de su propiedad intelectual, una decisión de correr riesgo económico en la realización del libro, una capacidad profesional y artística para realizarlos, una red comercial para llevarlos hasta el posible lector comprador y un esfuerzo de comunicación de los libros editados. La editorial debe abarcar todas estas funciones para poder desarrollar su actividad. Si se limita a realizar libros por encargo, sin correr riesgo económico ni responsabilizarse de la distribución, estaríamos ante una actividad profesional de servicios editoriales para la producción de libros, pero no ante una editorial. La editorial conlleva, por tanto, una faceta empresarial que jamás debemos olvidar. Si queremos ser editores, tendremos que acostumbrarnos a arriesgar el dinero de nuestra empresa en todos y cada uno de los libros en los que nos embarcamos. La dimensión romántica de la tarea editorial es tan embriagadora que muchos olvidan el sacrosanto principio de que los ingresos deben superar a los gastos, al igual que ocurre con cualquier empresa que desee sobrevivir.

¿Dónde radica el verdadero valor de una editorial? Pues en los libros que publica, en los derechos de propiedad intelectual que gestiona. En el fondo publicado, en los libros en marcha y en la capacidad de continuar enriqueciendo ese fondo que necesariamente envejece. Y la selección de un buen catálogo no solo es cuestión de dinero, sino de talento, de saber elegirlos o encargarlos adecuadamente, así como en la capacidad de incorporar buenos escritores. El editor es un filtro entre los millones de textos que aspiran a ser publicados y el lector. Y también, una garantía de la calidad de los libros que edita. Una editorial que edita libros excelentes verá como crece su reputación y la confianza que los lectores y libreros depositan en ella. En palabras de Herralde —editor-fundador de Anagrama, hoy propiedad de la italiana Feltrinelli—, «la labor de un editor literario no consiste en vender productos, sino en descubrir a los mejores escritores de su tiempo y editar libros de la forma más cuidada y exigente posible. Con la esperanza y la obstinación infatigables de convencer a los lectores de que también son libros necesarios».

En verdad, la función editorial contempla el conjunto de pasos antes descritos. Búsqueda de autores, negociación de derechos, trabajos con manuscritos, diseño del libro objeto, coordinación de las tareas de impresión, distribución, promoción y venta de los libros. Y todo ello, bajo el propio riesgo empresarial, con la esperanza de que los ingresos superen las ventas. Y el editor, como empresario, debe adornarse de los mejores talentos de gestión. Gestionar una empresa es saber elegir y liderar al conjunto de personas que en ella trabajan, algo así como un director de orquesta. Los procesos que tienen lugar en el seno de la empresa editorial requieren de equipos especializados. El editor-empresario no tiene por qué saber de contabilidad, por ejemplo, pero tendrá que contratar los servicios de un experto en la materia. Y con las actividades profesionales editoras —que encierran altas dosis de creatividad— ocurre otro tanto. Epstein, en su obra *La industria del libro*, nos dice:

La edición de libros es, por naturaleza, una industria artesanal, descentralizada, improvisada y personal; la realizan mejor grupos pequeños de gente con ideas afines, consagradas a su arte, celosa de su autonomía, sensible a las necesidades de los escritores y a los intereses diversos de los lectores. Si su objetivo primordial fuera el dinero, esas personas habrían elegido otras profesiones.

Así es. Las gentes del libro aman su oficio, materia de enamorados. Ese amor al libro es condición necesaria, aunque no suficiente, para lograr hacer crecer una editorial, como iremos viendo a lo largo de estas páginas.

La editorial, como un equipo de personas, no está aislada, no vive dentro de una esfera de cristal. Por el contrario, mantiene una esencial conexión con la sociedad que le ha tocado vivir. La editorial, en este sentido, es epidérmica. Se adapta suavemente a las formas y evoluciones del cuerpo social que debe latir bajo su producción. Entender a la sociedad, a las grandes dinámicas sociales, a sus anhelos y sueños se revela como un talento imprescindible para el editor que busca tema y autores. El intuir las emociones o necesidades de los hombres y mujeres de su época es uno de los talentos fundamentales del editor. Schiffrin, en *La Edición sin editores* (Destino, 2000), nos dice: «La edición representa siempre un microcosmos de la sociedad de la que forma parte, reflejando sus grandes tendencias y fabricando en cierta medida sus ideas, lo que constituye su interés». Pues ya sabemos algo más de la figura del editor. De su propósito de búsqueda de los mejores textos y autores, de su instinto para conocer la sociedad que le circunda, de su acierto en liderar equipos y de su capacidad de coordinar los equipos que hacen posible la «fabricación» del libro, su distribución y comunicación.

Una editorial se expresa y se percibe a través de los libros que publica. Una editorial es su catálogo, repiten, con razón, los que de esto saben. No hay editor que, cuando le piden una reflexión sobre la editorial, no lo afirme poniendo énfasis en cada una de las sílabas. Una editorial es su catálogo. Pues bien, no es cierto que una editorial sea tan solo su catálogo. Si así fuera, las viejas editoriales de gran fondo y excelente catálogo tendrían asegurada por siempre su existencia. Pero eso no es así, como bien sabemos.

Son muchas las grandes glorias que han acabado rendidas ante editoriales más jóvenes y con menos fondos. ¿Por qué? Pues son muchos los posibles motivos. Por la distribución, por acierto en la selección de los nuevos títulos, por vencimiento de derechos, por gestión económica, por descubrir a los nuevos talentos, por intuir nuevas demandas. Una editorial no es tan solo su catálogo. Esa afirmación contiene un mirar hacia atrás, cuando, en verdad, el valor de la editorial radica en el acierto de la mirada hacia el futuro. Más importante que el fondo disponible es el fondo por venir, la capacidad de continuar construyéndolo y mejorándolo. Es cierto que un catálogo muestra el estilo, la estética, las preferencias, las exigencias y el proyecto del editor. Son las huellas de su camino. Basta con analizarlo para comprender qué es lo que quiere llevar al lector. Un catálogo, cómo no, es la muestra fundamental de la esencia editorial. Otorga personalidad al sello, fideliza lectores, adquiere identidad ante el librero. Pero un catálogo también significa una mirada atrás, un muestrario de lo que ya hicimos, cuando, en verdad, lo más importante es lo que queda por hacer. Por eso una editorial no es solo su catálogo, que también, sino más bien su capacidad para seguir haciéndolo y mejorándolo. Es esa capacidad, ese hálito de acierto y esfuerzo, la que la mantiene viva. Un catálogo no es una editorial, es, simplemente, el fruto de una actividad editorial pasada. El catálogo son las huellas del camino editorial. Rastreándolas podemos intuir de dónde viene y hacia dónde quiere ir cada editor. Como afirma Manuel Borrás, editor de Pre-Textos, «el mejor libro que puede escribir un editor es su catálogo». Como en el poema, «caminante, no hay camino, se hace camino al andar».

No podemos olvidar que los autores que figuran en el catálogo de una editorial siguen escribiendo, y que sus próximas obras, quién sabe si las mejores que quizás lleguen a escribir en su vida, son las que están por venir, y que pueden ser publicadas por cualquier otra editorial. La ley contempla un periodo máximo de quince años para la cesión de derechos que el autor hace a la editorial. Quiere esto decir que el fondo no es permanente ni eterno, sino que, necesariamente, precisa renovarse. Jamás se puede perder la ambición de buscar más y mejores autores, ni la tensión por mantener la oreja pegada al cambiante tam-tam de la sociedad. Si crees que con un buen fondo ya está todo hecho, ya has comenzado a morir. Por eso, algunas de las viejas y prestigiosas editoriales terminan siendo engullidas por otras más jóvenes e impetuosas. Porque aquellas perdieron la ilusión —o el acierto— que las hizo grandes en el pasado, mientras que estas poseen el vigor y la ilusión del camino por recorrer.

He tenido la oportunidad de integrar varias editoriales en el seno de AlmuzaraLibros. ¿Y qué valoraba? Pues, sin duda alguna, su catálogo, su prestigio, el nicho de mercado. Pero, sobre todo, lo que más valoraba era el talento y compromiso de los editores que se incorporaban a nuestro proyecto, su capacidad para impulsar el sello con su profesionalidad, pasión y buen hacer. Hay que mirar más al futuro que al presente si se quiere avanzar en la senda del crecimiento editorial.

Tan solo en España nace una editorial cada semana. Cada una de ellas supone una ilusión, un esfuerzo, un sueño, un riesgo. Pero muy pocas lograrán superar el año de existencia, dos o tres a lo sumo. Todos esos emprendedores aman el libro, pero suelen despreciar o desconocer la gestión necesaria para poder funcionar con normalidad. Y, a estas alturas, ya hemos aprendido algo. Que la actividad editorial es muy compleja, para la que hace falta combinar talentos intelectuales, artísticos, técnicos, financieros, administrativos, comerciales y de comunicación. Casi nada. ¿Que se trata de un equilibrio muy difícil? Pues sí, así es. Pero es posible conseguirlo. Advertido quedas, lector, si te animas a continuar con estas líneas.

EMPRESA, TAMBIÉN, PERO ALGO MÁS QUE EMPRESA

Aunque ya hemos apuntado la idea, debemos profundizar en la convicción del alma compartida de la editorial. Como escribe Pierre Bourdieu:

> Ya que el libro, objeto de doble cara, económica y simbólica, es a la vez mercancía y significación, el editor es también un personaje doble, que debe conciliar el arte y el dinero, el amor a la literatura y la búsqueda del beneficio, en estrategias que se sitúan en algún lugar de los dos extremos, la sumisión realista o cínica a las condiciones comerciales y la indiferencia heroica o insensata a las condiciones de la economía.

¿Empresario o esteta?, ¿capitalista o mecenas? ¿Más preocupado por el dinero, o por la calidad y originalidad de las obras? Esos dilemas, de forma más o menos matizada, penden de forma permanente sobre el editor, que vive, en palabras de Dieter E. Zimmer, en un «conflicto de funciones de casi imposible resolución». Nosotros intentaremos simplificar ese dilema. Una editorial debe, necesariamente, tener estructura de empresa. Por tanto, es una empresa, en la que los ingresos deben superar a los gastos y en la que la tesorería debe ser la adecuada para atender los pagos y las deudas contraídas. Pero el valor añadido de la editorial no es el económico. La estructura como empresa es el medio preciso, pero no el fin. Una editorial no se puede construir pensando en los beneficios a obtener. La prioridad debe ser la de los buenos libros a editar, la del acierto de las colecciones que abastecer. La ambición cultural, estética o intelectual del editor debe ser superior a la económica. Si esta escala de prioridades se invierte y se anteponen los beneficios a los principios editoriales, estará comenzando a labrarse su propia tumba. Esa editorial no tendrá futuro. Además, quien priorice el dinero jamás será feliz siendo editor, un negocio de una bajísima rentabilidad y unas condiciones de mercado especialmente duras. A buen seguro que, transcurrido un tiempo, se aburrirá e invertirá en otros sectores de mayor margen y mejores cuentas de resultados. La verdadera vocación del editor se cimienta en el amor al libro. Lo único que ocurre es que ese enamorado, como en la vida real, debe saber gestionar su empresa editorial para poder conseguir mantener la cadencia de publicación de libros y vivir de ello. De alguna forma, un editor debe tener alma de poeta y entrañas de mercader de libros. Dada la peculiaridad del mundo editorial y de su margen reducido, solo el amor al libro, el enamoramiento de la actividad, puede justificar los enormes esfuerzos que hay que realizar para mantener viva una editorial. Por eso, y aun siendo tarea compleja, resulta más fácil el que un editor llegue a comprender los entresijos de la gestión empresarial, que el que un ejecutivo que no ame los libros llegue a impregnarse del espíritu editorial.

No todo el que dirige una editorial es editor. Puede tratarse de un ejecutivo que se ha desarrollado con éxito en otros sectores económicos y que, sin conocer el mundo del libro, desembarca en una empresa editorial con el mandato de optimizar sus beneficios. Ojo, peligro. Vender libros nunca ha sido, ni jamás será, similar a vender electrodomésticos, zapatos o detergente. Ni siquiera suscripciones a plataformas digitales. Los grandes grupos cometen con frecuencia el «error» de incorporar ejecutivos agresivos para poner orden en un sello editorial. Las consecuencias no tardan en aparecer. Aunque algunas ratios económicas parezcan mejorar a corto plazo, los libreros pronto comenzarán a percatarse de la pérdida del aroma editorial que el lector también advertirá. Tanto la calidad del fondo como la del servicio no tardarán en resentirse. Las ventas, también. Este manual pretende ayudar a los editores enamorados del libro a gestionar correctamente una editorial. Nunca se conseguirá inculcar a un «ejecutivo agresivo» que no esté enamorado del libro el alma editorial. Lo de las encuestas de mercado y los grandes anticipos a autores famosos ya está muy trillado. Y no da resultado.

Jason Epstein, quien fuera editor en la primera Random House, ha sido testigo destacado de los cambios experimentados a lo largo del siglo XX en la industria editorial.

Durante ese periodo, la edición de libros se ha desviado de su auténtica naturaleza, y ha adoptado la actitud de un negocio como cualquier otro, bajo el dictado de unas condiciones de mercado poco favorables y los despropósitos de unos directivos que desconocen el medio. Ello ha provocado muchas dificultades, pues la industria del libro no es un negocio convencional. Se asemeja más a una vocación o a un deporte de aficionados cuyo objetivo principal es la actividad en sí misma más que su resultado económico. Para los propietarios de las editoriales y para los colaboradores dispuestos a trabajar por amor al arte, la edición ha sido en mi época inmensamente gratificante. Para los inversores que buscaban ganancias convencionales, ha sido decepcionante.

Lo que valía para el siglo XX sigue siendo válido para el XXI. Pero no es cierto ese canto tan habitual entonado también por Epstein de que cualquier tiempo pasado fue mejor. No se adecua a la realidad. En muchas editoriales de hoy día se aman los libros, tanto, al menos, como los antiguos editores lo hicieron. Porque a la larga, cuando se pierde ese amor, también se pierde la propia capacidad de supervivencia de la editorial.

Hipólito Escolar, creador de la editorial Gredos, en sus memorias tituladas *Gente del Libro* (Gredos, 1999) reconoce las lecciones que aprendió tras el fracaso del lanzamiento del primer libro que editaron. La primera, que era muy difícil anticipar los gustos del público, porque los gustos eran muy variados, y, casi siempre, los particulares del editor no coincidían con los generales del momento. A medida que el editor es más culto —según Escolar—, menos posibilidades tiene de acertar con el gusto del público. Por eso, es frecuente que muchas medianías tengan mayor éxito en el negocio editorial que los sesudos estudiosos. La segunda lección que aprendió sigue teniendo hoy plena vigencia. Que el mercado no es uno, sino que está fragmentado en pequeños mercados particulares, difíciles de identificar y localizar. Lo de los nichos editoriales es cierto, tal y como veremos en el epígrafe de tipo de editoriales. Pero no se debe minusvalorar a los editores con olfato que saben anticipar gustos y olfatear genialidades. No es cierto eso de que las medianías tengan más posibilidades de triunfar que los cultos. Lo único que ocurre es que los gustos propios no coinciden, necesariamente, con el de las personas que nos rodean. ¿Qué publicar, entonces? Pues en la respuesta a esa pregunta radica, en gran parte, eso que llamamos «talento de editor».

Y, por último, un editor debe ser modesto, perfectamente conocedor de sus limitaciones y de la imposibilidad de acertar siempre. Tenía razón Peter Mayer cuando afirmaba que un editor es «alguien que acierta algunas veces porque se equivoca muchas más y sabe vivir con el fracaso y el éxito sin dejar de leer cosas nuevas».

TIPOS DE EDITORIALES

No existe un modelo único de editorial, más allá de las reflexiones generales sobre las que nos hemos basado. El concepto de «editor» ha ido evolucionando a lo largo de los dos últimos siglos. Desde la invención de la imprenta hasta el siglo XIX, la actividad de edición estuvo íntimamente relacionada con la de la imprenta primero —los impresores hacían la función de editores— y con las librerías después. A principios del XIX fue llamándose editor al impresor que impulsaba y retribuía obras científicas y literarias. Poco a poco fueron independizándose las figuras, haciendo recaer sobre el editor las responsabilidades legales en las que pudiera incurrir el contenido de los textos publicados. Desde mediados del siglo XIX, el editor por antonomasia fue el editor de periódicos, aunque el editor de libros adquirió también su personalidad actual.

Como nos dice Jesús A. Martínez en su trabajo *La edición artesanal y la construcción del mercado*:

> El editor supuso un salto cualitativo en el proceso de creación de libros. Actuó como financiador o gestor, pero además acopló la doble función técnica e intelectual para el conjunto de operaciones que transformaba el texto en libros. Aportaba, pues, una labor intelectual para discernir textos y acoplarlos a la demanda, proyectando gustos o asumiéndolos, una planificación técnica en la fabricación de las formas de los libros y una estrategia comercial para su difusión. El mundo del libro se reordenó así con el editor, cuyas funciones se fueron separando de la del impresor y el librero, aunque siguiera compartiéndolas durante mucho tiempo, para quedar finalmente esclarecidas en la práctica a finales del siglo XX.

Maticemos esta afirmación. A lo largo del XX quedó fijado el concepto de «editor» tal y como hoy lo conocemos, pero no podemos quedarnos con esa idea estática de la realidad editora. Seguirá evolucionando, y a finales del XXI el concepto de «editor» variará a buen seguro del que hoy compartimos.

Hoy en día, aunque sigue vigente el concepto de «editor» de periódicos, la acepción más habitual de «editor» va vinculada al mundo del libro, estando completamente diferenciada de las del impresor y el librero. Existen muchos tipos de editoriales. Desde las más pequeñas hasta los grupos más poderosos, desde las de cómics a las de libros religiosos, a las de ciencia o las literarias. Desde las de libros lujosos hasta las de bolsillo, desde las que publican temas frívolos hasta las de ensayos más sesudos. Desde las de orientación política a las que carecen totalmente de ella. Las editoriales temáticas y especializadas se contraponen frente a las generalistas. Suponen una clasificación por la especialización de cada una de ellas. Un ejemplo temprano de especialización, que el mercado supo apreciar y valorar, fueron los libros infantiles realizados por la editorial Calleja, creada a finales del XIX por Saturnino Calleja. Otro clásico de la especialización, vigente todavía a día de hoy, es, por ejemplo, las editoriales técnicas —Díaz de Santos, Mundiprensa, MacGraw-Hill— o las religiosas. Los primeros éxitos de Michael Korda como editor trataron de temas diversos: la bomba atómica, la ficción francesa y los pigmeos africanos. Reflexionó acerca de ello y decidió que su línea de editor sería, precisamente, la de no tener línea. Otras, sin embargo, no se salen de su línea programática. Todas son distintas, pero, al fin y al cabo, todas son editoriales. Buscan temas y autores, publican sus obras, las comercializan y promueven. A todas ellas va dirigido este manual, puesto que las reglas generales para todas sirven.

No existe un solo tipo de editorial, ni siquiera un modelo de editorial ideal. Conocemos casi tantos tipos de editoriales como variedades de libros existen. Una clasificación muy frecuente, por ejemplo, es la de editoriales independientes frente a las que no lo son. Muy bien. Pero ¿independiente de qué? Deberíamos preguntarnos. ¿De influencias políticas? ¿De corrientes de opinión o modas? ¿Poseer independencia financiera? La independiente, en principio, sería la que no está incluida ni condicionada por los grandes grupos editoriales. En un interesante reportaje publicado por «Babelia», el suplemento cultural de *El País*, Esther Tusquets responde: «La independencia no depende del tamaño. Se trata de no tener imposiciones externas, de que el catálogo no se ajuste a la necesidad de vender, y una multinacional tiene que responder a una junta de accionistas».

Caballo de Troya es una pequeña editorial perteneciente al grupo Penguin Random House. Su director literario, en ese mismo reportaje, nos ofrecía la siguiente reflexión:

En los sesenta, el modelo italiano era Feltrinelli y estaba ligado a un compromiso político. En España nacieron entonces una serie de sellos al calor del momento que levantaron el estandarte de la libertad como Tusquets, Anagrama o Debate. Ahora, *independiente* es un término que se entiende como opuesto a los grandes grupos multinacionales, cuyas líneas editoriales están supuestamente más forzadas. De la independencia se infiere la calidad de las obras publicadas, pero esto, al final, puede resultar un tipo de *marketing*, una imagen, una imagen de marca, un rótulo, una sombrilla que cubre proyectos muy distintos. Es falso que el criterio de independencia siempre coincida con el de calidad.

Así es. Una editorial pequeña puede ser totalmente dependiente de las subvenciones públicas, y otra perteneciente a un grupo puede tener mayor libertad de edición. O al revés. ¿Quién es más independiente? En todo caso, el presente manual va dirigido hacia el gestor de editorial conocida mayoritariamente como independiente, responsable de su propia línea editorial y cuenta de resultados. La gestión de los grupos editoriales y multimedia nos sumergiría en dinámicas corporativas que no ambicionamos a desentrañar en estas páginas, por más que los principios editoriales aquí expuestos también les serían de aplicación.

En resumen, las editoriales suelen clasificarse en función de su tamaño —determinado por el número de libros editados al año o por su facturación y ventas—, por la temática de su fondo —desde las generalistas, a las especializadas—, por su dependencia o independencia de los grandes grupos, o por los canales de distribución que escoge o los soportes en los que se expresa. Una última clasificación posible radicaría en la extensión de su mercado de ventas. Desde la local a la global, pasando por la regional o la nacional. También por su canal o su tecnología. Existen, por ejemplo, editoriales que solo distribuyen por *e-book* o POD, mientras que la mayoría aspiran a estar expuestas en librerías. Editoriales todas ellas, al fin y al cabo, para las que le serán útiles muchas de las recomendaciones del presente manual.

LOS TALENTOS, LA MIRADA Y EL PROPÓSITO DEL EDITOR

Ya conocemos algo de la empresa editorial. Nos toca ahora adentrarnos en las motivaciones del editor. En su porqué, en su paraqué, en su mirada, en su propósito. El amor al libro es condición necesaria, como sabemos. Pero, para dedicar toda una vida a un oficio hermoso, pero duro y exigente, probablemente haga falta una motivación superior, más trascendente. Aquellas personas y organizaciones que tienen un porqué orientan siempre mejor su cómo. Un editor debe tener desde el inicio una mirada estratégica a largo plazo, soñar con el tipo de editorial que le gustaría alcanzar y, sobre todo, saber encontrar el porqué que lo motive y defina. Para unos, será el fomento de una ideología; para otros, de una afición, de una religión. Habrá quien aspire a llevar la cultura al mayor número posible de personas, para ayudar a construir una sociedad más culta y libre. Por ejemplo, el defender la libertad de pensamiento, desde la convicción de que los distintos puntos de vista, incluso los más heterodoxos o los puntualmente perseguidos, enriquecen a la sociedad, es algo que da sentido a nuestra actividad editorial. El desarrollar un sector editorial en Córdoba, la ciudad que nos acoge, nos motiva y anima.

El editor no solo debe aspirar a publicar buenos libros bien editados, distribuidos y promocionados, sino, sobre todo, que esos libros sirvan para cumplir su propósito aspiracional. Antes de comenzar su andadura editorial, reflexione sobre por qué desea hacerla, cuál es su última motivación, su propósito. Definirlo le permitirá orientar mucho mejor la estrategia a largo plazo y, sobre todo, le ayudará a saber qué caminos no hollar, qué libros rechazar y, sobre todo, a decir no a todo aquello que le desvíe de su visión y misión estratégica. Reflexione, en consecuencia, sobre cuáles son sus motivaciones últimas, su propósito, antes de comenzar su andadura editora. No lo dude, le resultará de extraordinaria guía y aliento.

Cada profesión posee su propia mirada. Un psicólogo observa nuestras reacciones psíquicas; un médico, nuestra salud; un ingeniero, la resistencia de la estructura; un periodista, lo noticiable. Los editores también poseen la suya propia. Saben ver el libro que existe detrás de una persona, un acontecimiento o un conocimiento. Donde los demás escuchan una historia particular, el editor saber «ver» el relato de interés general que convertirá en libro. Cuando conoce a un escritor, la mirada del editor calibra su potencial, lo que puede decir y cómo lo hará. El editor ve el libro que le posee, el valor que atesora, el volumen de lectores a los que podría interesarles, el canal para llegar hasta ellos. Hablamos mucho de la mirada en estos tiempos de una asombrosa inteligencia artificial que todo parece saberlo, pero que todo homogeniza. La mirada nos personaliza, nos individualiza, nos otorga color, diversidad y personalidad. La mirada del editor va asociada a su talento y se perfecciona, sobre una capacidad natural subyacente, con la experiencia y la prueba y error.

El talento significa hacer algo especialmente bien, de forma destacada. La inteligencia es algo distinto, presupone una facultad intelectiva asociada a la capacidad de resolver problemas o de analizar situaciones, construir alternativas y elegir la más adecuada orientada a un fin. Dado que, como sabemos, la función editorial es compleja, variados son los talentos implicados. A modo de muestra indicamos los más significativos.

- Talento e inteligencia para anticipar tendencias, detectar la calidad y potencial de los autores y textos.

- Talento para trabajar con autores y sus manuscritos, hacer recomendaciones en estructura, estilo, personajes, trama y otras.

- Talento para tratar con autores, inspirarles confianza, saber comprenderlos y ayudarlos.

- Talento para crear, trabajar y liderar equipos humanos, desde los más directamente implicados en la edición, como correctores o maquetadores, hasta los que dirigen las diversas funciones y departamentos editoriales.

- Talento para bien hacer el libro objeto. Escoger el papel adecuado, la impresión, las fuentes, el diseño interior, el encuadernado, la tutela de la impresión. Criterio y buen gusto estético.

- Talento para titular la obra —muy importante— y aprobar las portadas y cubiertas más adecuadas, con los textos promocionales adecuados.

- Talento para saber apreciar los valores más llamativos de la obra y el autor para la comunicación.

Talentos más artísticos, de gestión humana o de criterio intelectual trenzan la cesta básica de las competencias editoriales. Resulta imposible aunarlas todas ellas; por eso, cada uno de nosotros debe saber para cuáles estamos especialmente dotados y nos producen más placer. Para el resto, el mejor talento será el complementarlos con profesionales competentes en la materia.

Historia de la edición

Hasta la aparición de la imprenta, a mediados del siglo XV, los libros eran manuscritos, esto es, escritos a mano. Los copistas replicaban el original, con su pulcra caligrafía. Ese carácter artesanal los embellecía, por un lado, pero los encarecía extraordinariamente, por otro. El alto precio de los libros, combinado con la elevada tasa de analfabetismo, reducía el mercado del libro a monasterios, universidades, casas nobiliarias y a las bibliotecas de eruditos con posibles. A pesar de lo reducido del mercado, desde siempre existieron mercaderes de libros y traficantes de manuscritos, que alimentaban con novedades las bibliotecas de los poderosos que podían pagarles sus servicios. Los talleres de copistas reproducían los textos clásicos y los mercaderes de libros los distribuían. La invención de la imprenta hizo aparecer la figura del impresor-industrial, que cubrió las funciones de editor durante varios siglos. El negocio de los mercaderes prosperó. Las imprentas se extendieron con inusitada rapidez. Y como muestra, un botón. Llamamos «incunables» a los libros impresos antes de 1500, es decir, en un periodo de apenas cincuenta años desde el nacimiento de la imprenta en 1450. Pues bien, se conocen más de cuarenta mil títulos incunables. Sus tiradas oscilaban entre algo menos de cien ejemplares, hasta varios millares, en aquellos tiempos considerados como superventas. Teniendo en cuenta que también se seguían distribuyendo obras manuscritas, y otras menores, sorprende el elevado volumen de títulos y libros que se movían en un mercado que debía de ser muy reducido debido a la escasa población europea, su baja tasa de alfabetización y su alto coste.

Durante sus primeros cincuenta años de vida, casi el 50 % de los libros producidos por la recién nacida imprenta fueron de tema religioso, y casi dos tercios de todos los incunables fueron escritos por dominicos y franciscanos. El latín fue la lengua más utilizada. J. M. Lenhart analizó 24.421 incunables, de los que más del 77 % estaban escritos en latín. A lo largo del siglo XVI —ya no hablamos de incunables, sino de libros impresos—, las lenguas vulgares fueron tomando protagonismo. El libro se acerca a la lengua que hablaban los ciudadanos medios.

Las librerías, como tal, no existían. Impresores y mercaderes de libros suministraban las obras solicitadas. Impresores y comerciantes no tardaron en encontrar puntos y fechas de encuentro. A principios del siglo XVI, los mercaderes de libros de toda Europa se encontraban en las ferias alemanas, destacando sobre todo Frankfurt, seguida de Leipzig. Hoy en día, Frankfurt sigue siendo la principal feria mundial del libro, nadie puede negarle sus méritos adquiridos y su tradición acumulada.

Las ideas de la Reforma religiosa, primero, y las revolucionarias, después, cabalgaron a lomos de libros, distribuidos por toda la geografía europea. Pensadores, escritores, impresores y mercaderes de libros contribuyeron a la extensión de las ideas y al progreso de nuestra sociedad. Durante siglos el concepto de «editor» no existió, vinculándose al impresor. Será a lo largo del siglo XIX cuando aparezca la figura del editor de libros, separado del impresor y del librero, que tomará impronta definida a lo largo del XX, tal y como veremos a continuación.

BREVE HISTORIA DE LAS EDITORIALES EN ESPAÑA

El mundo editorial, tal y como hoy lo conocemos, comenzó a tomar forma a lo largo del siglo XIX. De hecho, algunas de las grandes editoriales de nuestros días nacieron por aquel entonces. Desde principios del siglo XIX, Madrid y Barcelona fueron los grandes centros impresores-editores. Inicialmente la mayor actividad se desarrollaba en Madrid, pero, poco a poco, la capital catalana fue adquiriendo mayor volumen hasta equipararse prácticamente con Madrid a final de siglo. En efecto, durante el último tercio del siglo XIX, la actividad editorial adquirió un gran dinamismo en Barcelona, con el nacimiento de editoriales tan importantes como Montaner y Simón, Espasa, Salvat o Sopena, que ya respondían a la moderna fórmula de sociedad mercantil, quedando en el olvido la figura del editor a título individual.

Espasa se fundó en Barcelona en el siglo XIX, asociándose después a la madrileña Calpe para convertirse en Espasa-Calpe. En 1937 Espasa creó en Argentina la colección Austral, que, después de editar cien títulos en el país sudamericano, regresó a España en 1939. Austral ha marcado toda una época de lecturas y tiene el mérito de haber sido herramienta insustituible para popularizar la lectura. La *Enciclopedia Espasa-Calpe* supone toda una catedral al conocimiento. Salvat fue fundada en 1869, al igual que la desaparecida Montaner y Simón, que editó unos bellísimos libros ilustrados que alcanzaron a finales del siglo XIX una gran difusión.

En 1900 se creó en Barcelona el Centro de la Propiedad Intelectual, y en 1901 la Asociación de la Librería de España en Madrid. En Barcelona se constituyó la Cámara del Libro en 1918, y en Madrid en 1922. En 1908 se celebró el VI Congreso Internacional de Editores, en 1909 se reunió en Barcelona la I Asamblea Nacional de libreros y editores, que volvió a reunirse en 1911. En 1917 la Asociación de la Librería de España se bautizó como Federación Española de Productores, Comerciantes y Amigos del Libro. Hasta la Guerra Civil se fueron celebrando periódicos encuentros y congresos del sector.

Los más viejos del lugar afirman que fue el editor Gustavo Gili el primer promotor de la idea de que era necesaria una verdadera política del libro en España. En 1917, en una conferencia de editores y amigos del libro, afirmó que existía la necesidad de «abandonar nuestro viejo error de considerar los problemas del libro como problemas que solo atañen a nuestro negocio actual», y añadía que había que «abordarlos como lo que realmente son: como problemas vitales que afectan a lo más hondo de España, a su prosperidad en el interior, a su prestigio e influencia en todas las naciones de lengua española».

Durante la dictadura de Primo de Rivera nació CIAP, la Compañía Iberoamericana de Publicaciones, creada por Pedro Sainz Rodríguez, que llegó a controlar el 80 % de la distribución de libros en España, agrupando las editoriales Renacimiento, Mundo Latino, Atlántida, Corona, Hoy y Estrella, y logrando desplazar a los editores franceses de la distribución de libros en América Latina. En el núcleo de editores madrileños, destacó CIAP hasta su quiebra, arrastrada por el hundimiento del grupo financiero Bauer. Durante la Segunda República, las principales editoriales fueron Bailly-Baillière, constituida como sociedad anónima en 1923, pero existente desde el siglo XIX; la Editorial Reus, creada en 1919, con sede en la calle de Preciados, donde también poseía una librería; la SGEL (Sociedad General Española de Librerías, Diarios, Revistas y Publicaciones S. A.); la Librería y Casa Editorial Hernando: Prensa Española; Razón y Fe; Revista de Occidente, o Sucesores de Rivadeneyra.

Aguilar fue fundada por Manuel Aguilar en Madrid en 1936, cuando contaba con 48 años de edad. Después de la guerra, animado por sus propios trabajadores, retomó la actividad editora. Se especializó en ediciones en papel biblia y obtuvo un gran éxito tanto en España como en América.

Barcelona también sostuvo una intensa actividad editorial. Labor, que se especializó en libros científicos y de divulgación, fue creada en 1915. Editorial Juventud S. A., en 1923. Aunque volveré a referirme a ella, merece la pena resaltar entre las clásicas a Seix Barral, que fue fundada en 1914 al unirse la imprenta de la familia Seix con la editorial Barral Hermanos, especializándose, en un principio, como editorial pedagógica y de material escolar. En los años 50, el heredero Carlos Barral le dio por completo la vuelta y la convirtió en la editorial literaria de referencia en todo el mundo de habla española, a pesar de la dificultad añadida —o quizás precisamente por eso— de tener que sortear en cada obra a una rígida censura. Nacía un mito que tendría hondas influencias en la siguiente generación de editores, que crecieron bajo su colosal sombra. Barral terminaría saliendo de Seix Barral y crearía su propio sello editorial, Barral Editores, que finalizaría quebrando pocos años después.

José Janés, nacido en 1913 y fallecido en accidente de automóvil en 1949, comenzó editando en catalán antes de la Guerra Civil y, tras regresar a España desde su exilio, creó Janés, compaginando una gran calidad con respetables éxitos de ventas. En 1959 Janés fue adquirido por Plaza, naciendo Plaza-Janés, que lanzó con fortuna la primera colección de libros de bolsillo.

Joaquín Sopena creó la editorial Sopena. Juan Bruguera, que fue republicano y capitán del Ejército de la República, fundó en 1910 El Gato Negro y, después de la Guerra Civil, tras abandonar su primera editorial, se lanzó con la editorial Bruguera, que obtuvo grandes éxitos en cómics —*Pulgarcito*, *Mortadelo*, etc.—, pasando después a la novela popular —Corín Tellado, Marcial Lafuente Estefanía o Silver Kane, pseudónimo de Fernando González Ledesma—. Después abordó la gran literatura, para acabar finalmente quebrando en los años 80, siendo adquirida por Ediciones B, del Grupo Z.

Destino, una de las más importantes editoriales durante el franquismo, fue creada por José Vergés. Comenzó a editar libros en 1939 bajo la sombra de la Falange. En 1944 creó el Premio Nadal, un enorme trampolín para los narradores en lengua española de aquel tiempo. Terminaría siendo absorbida por

Planeta, al igual que Ariel, creada en los primeros años 40 por Pep Calsamiglia y Alexandre Argullós.

Las actuales editoriales españolas comienzan a nacer durante los primeros años del franquismo. Todavía no existían los grupos editoriales y, por tanto, sobraba la etiqueta de «editor independiente», todos lo eran. Además, nominaban sus empresas con nombre propio, eran editoriales de «autor». Janés, Plaza, (que terminarían fusionándose en Plaza-Janés, actual buque insignia del grupo Random House en español), Seix-Barral, Caralt o Noguer. También son de esa época, aunque sin apellido propio, Planeta (aunque en principio se llamó Lara y, tras una primera quiebra, volvió a intentarlo exitosamente como Planeta), Destino y Lumen. Durante los sesenta, los nombres propios se olvidan y nacen los sellos. Bajo ellos laten, habitualmente, núcleos de pensamiento antifranquista. Cuadernos para el Diálogo, Edicions 62, Alianza o Anagrama. Lumen, aunque fue creada durante la Guerra Civil, se relanza en esos años.

Todavía hoy vivimos bajo el influjo de las excelentes editoriales nacidas allá por los cincuenta y los sesenta, impulsadas por personas cultas y sensibles. Jorge Herralde, Beatriz de Moura, Esther Tusquets, Mario Muchnik; todos ellos, muy influidos por el poeta editor Carlos Barral. Carmen Balcells figuraría también, con nombre propio, en el glosario de aquella generación conocida como Gauche Divine, que abrió las puertas al *boom* latinoamericano y que adquirió su carácter mítico por la oposición a la dictadura franquista, En Madrid también se creó un núcleo editorial antifranquista. Javier Pradera, en Alianza; Pedro Altares, en Cuadernos para el Diálogo; Jesús Aguirre —que llegaría a ser duque de Alba—, en Taurus, y Faustino Lastra, Nacho Quintana y Javier Abásolo, en Siglo XXI. Tras la Transición democrática, el antifranquismo se hace innecesario, y algunas de aquellas editoriales no saben encontrar su nuevo hueco y terminan feneciendo. Para ellas fue cierto aquello de «Contra Franco vivíamos mejor».

A lo largo de los setenta y ochenta comienzan a configurarse en España los poderosos grupos editoriales que hoy conocemos. Los principales con capital español son Planeta (Planeta, Seix Barral, Destino, Ariel, Martínez Roca, Espasa-Calpe, Deusto, Tusquets), Santillana (Alfaguara, Taurus, Aguilar, Summa), que sería posteriormente adquirida por Penguin Random House, como también ocurriera con las editoriales del Grupo Zeta (Ediciones B, Bruguera); todas ellas, con amplios intereses en medios de comunicación. Planeta posee los periódicos *La Razón* y *Avui*, la cadena de radio Onda Cero y Antena 3 como buque insignia en televisión. Santillana perteneció al Grupo Prisa, que edita, entre otros, a *El País*, nada más y nada menos, posee en radio la cadena Ser y Cuatro en televisión abierta. Hoy en día es el mayor grupo de comunicación del conjunto del área iberoamericana. Grupo Zeta fue propietario de la revista *Interviú*, de *El Periódico de Cataluña* y de varias cabeceras de prensa provincial. Otros dos grupos que operan con fuerza en España son de capital europeo: Penguin Random House (Plaza-Janés, Lumen, Grijalbo, Debolsillo, Debate, Ediciones B, Bruguera, Salamandra, entre otros), propiedad del gigante alemán Bertelsmann, y el Grupo Anaya (Anaya, Alianza —creada por José Ortega Spottorno—, Tecnos, Cátedra, Pirámide, Algaida) del grupo francés Hachette. Anaya fue creada por el librero salmantino Germán Sánchez Ruipérez. Llegaría a sacarla a bolsa y terminaría vendiendo sus acciones a los franceses de Havas en 1998 —la sacarían de la bolsa—, siendo posteriormente adquirida por el grupo Hachette a través de Salvat, que ya era de su propiedad. También nacerían importantes y prestigiosas editoriales, por aquel entonces independientes —en su acepción de no pertenencia a ningún grupo—, como Tusquets, de Beatriz de Moura; Anagrama, de Jorge Herralde; El Acantilado, con Jaume Vallcorba, o Salamandra, de Pedro del Carril, que compró, junto con Sigrid Graus, la argentina Emecé. Pero la historia no se detiene y Tusquet pertenece hoy a Planeta; Salamandra, a Penguin Random House, y Anagrama, a la italiana Feltrinelli. Blanca Rosa Roca, tras su salida de la dirección general de Ediciones B, creó Roca Editorial, que tuvo un rápido crecimiento y que terminaría siendo absorbida por Penguin Random House.

El grupo colombiano Norma también opera en nuestro país a través de Granica (Belaqua, Granica, Norma). Otro grupo español, aunque de origen chileno, creado por Joaquín Sabaté, es Urano, que engloba los sellos Urano, Empresa Activa, Titania y Umbriel. En el área técnica, destacan las publicaciones de Marcial Pons, Díaz de Santos o Mundiprensa; esta última, en Paraninfo. Existen prestigiosas editoriales literarias, como Lengua de Trapo; Renacimiento, de Abelardo Linares; la valenciana Pre-Textos, impulsada por Manuel Borrás; Comares, con Ana del Arco al frente; la barcelonesa El Acantilado, fundada por Vallcorba, o la salmantina —y más reciente— Tropismos. Nórdica, Sexto Piso, Libros del Asteroide, Impedimenta y Periférica conforman el grupo Contexto. Obelisco y Sirio son excelentes editoriales más orientadas al universo espiritual. Almuzara y sus sellos, con sede en Córdoba, también se encuentra en fase de crecimiento. Edhasa o Edaf, por ejemplo, poseen importantes colecciones de novela histórica.

Resulta destacable la estrecha relación entre editoriales y medios de comunicación, y no solo porque los libros necesiten una adecuada promoción pública para su notoriedad y conocimiento, sino por la dinámica de concentración en grupos multimedia. En teoría, los libros dejaban menos dinero que la televisión, por lo que lo normal hubiera sido que los televisivos hubieran creado editoriales, cuando en verdad, y dado que existían con anterioridad, ha sido al revés, las editoriales han entrado a formar parte de las televisiones. Los periódicos, como ya hemos comentado, están muy ocupados con sus dos grandes bestias negras, Internet y la prensa gratuita. Sin embargo, el periódico *El Mundo* lanzó hace unos años la editorial La Esfera de los Libros, y el grupo de revistas RBA, la editorial del mismo nombre, que en 2006 adquirió la prestigiosa editorial Gredos, que había sido creada en 1944 en Madrid por un grupo de socios encabezados por Hipólito Escolar. Parte del grupo editorial de RBA —los sellos Molino, Serres y La Nagrana— sería adquirido posteriormente por Penguin Random House, propiedad de Bertelsmann, poderoso grupo de comunicación alemán. Como vemos, medios de comunicación y editoriales cruzan sus caminos en nuestros días.

España es hoy una potencia editorial, favorecida por la amplitud del área de influencia de la lengua española —quinientos millones de hablantes— y por la debilidad de las editoriales americanas, golpeadas por las periódicas crisis que azotan sus respectivos países. El gran reto que tienen nuestras editoriales es entrar en otros mercados más allá de la lengua española y, sobre todo, aprender a vender los derechos de nuestros escritores para su traducción a otras lenguas, ya que, hasta la fecha, somos importadores. Si las editoriales españolas e hispanoamericanas no adquieren cierto tamaño y potencia, terminarán siendo adquiridas por los poderosos grupos internacionales, que ponen su foco en el interesante mercado de la lengua española. De las grandes, solo Planeta es de capital español. Random es alemana, y Anaya, francesa.

BREVES APUNTES DE EDITORIALES EN LATINOAMÉRICA

A raíz de la independencia de los distintos países americanos de España, las editoriales francesas encontraron un campo abonado para su expansión. Comenzaron a finales del primer tercio del siglo XIX, y todavía a principios del XX mantenían su hegemonía, aprovechando la importante colonia de hispanos en París, que realizaban la traducción al español de las obras de los autores franceses que por entonces dominaban el panorama literario. Las editoriales francesas gobernaron el mercado de libros en español para Latinoamérica. Nombres como la Editorial Franco-Iberoamericana o las casas Garnier Frères, Vda. Bouret, Armand Colin, Hachette, Louise Michaud, Roger y Chernovitz o la Librería Ollendorf copaban un importante porcentaje del mercado de libros en español.

A finales del siglo XIX algunas editoriales españolas, como Montaner y Simón desde Barcelona, iniciaron ambiciosos programas de exportación a América, que siguieron otras tantas, reforzadas por el fulminante —pero finalmente desgraciado— crecimiento de la CIAP desde Madrid en el primer tercio del XX. A partir de los años treinta, las editoriales españolas terminarían desplazando a las francesas. El mundo editorial latinoamericano iniciaba sus primeros pasos. México y Argentina se configuraron como los principales focos editoriales. En esta brevísima historia destacan las editoriales creadas en América por exiliados republicanos españoles. En Argentina destaca la Editorial Sudamericana, fundada por Antonio López Llausás, y de la que fue director literario Paco Porrúa, editor por vez primera de *Rayuela* de Cortázar y de *Cien Años de Soledad* de García Márquez. Sudamericana creó en España la editorial Edhasa. Otra importante editorial de origen argentino es Emecé, fundada por Mariano Medina del Río y Álvaro de las Casas, o la editorial Losada, fundada en 1938 por Gonzalo Losada. En México fue constituida Grijalbo por Juan Grijalbo. En México, el país que mejor acogió a los exiliados españoles, los escritores y editores españoles tuvieron una gran influencia en Fondo de Cultura Económica, la gran editorial mexicana todavía muy activa en nuestros días, y Siglo XXI.

Tras las crisis económicas de los años ochenta, la inmensa mayoría de las editoriales latinoamericanas fueron adquiridas por grandes grupos como Planeta y Penguin Random House. En Colombia prospera el gran grupo editorial Norma, y nuevas editoriales emergen en México, como Sexto Piso o Almadía, con casa también en Madrid.

En todo caso, el espacio hispanohablante es compartido por los escritores y editores de numerosas nacionalidades. La tendencia es que, junto a grandes grupos transnacionales que abarquen toda la región, convivan editoriales locales que seguirán apostando por jóvenes promesas, o que podrán ser el germen de futuras grandes editoriales. Hoy dominan el mercado las editoriales españolas; el mañana está por escribir y leer.

EL GRAN LABORATORIO, LA HISTORIA EDITORIAL EN ESTADOS UNIDOS

Estados Unidos ha sido el gran laboratorio donde se desarrollaron los acontecimientos que terminarían por configurar el actual mundo editorial. Hasta los años veinte del siglo XX, las editoriales tradicionales norteamericanas tenían casa en Nueva York o en Boston, y pertenecían a familias WASP. La cultura, al parecer, era algo demasiado serio e influyente como para dejarlo en manos sospechosas. Pero este monopolio racial y social se rompió en esa década con la entrada de toda una generación de editores judíos que otorgó un nuevo impulso al sector. La mayoría de esas antiguas y respetables casas editoriales habían sido fundadas a mediados del siglo XIX, y se negaban a contratar a judíos. En Boston se crearon Little Brown, Houghton Mifflin y Atlantic Monthly Press, mientras que en Nueva York destacaron Harper & Brothers, Harcourt-Brace, Doubleday, Macmillan, Scribner's y G. P. Putnam. El primer judío que entró con fuerza en el mundo editorial fue Horace Liveright, creando Boni & Liveright en 1917.

En los años treinta, Robert de Graffse se empeñó en la idea de vender reimpresiones en formato pequeño, encuadernadas en rústica simple, a un precio muy económico, para tratar de acercar la cultura a la gran masa. Leon Shimkin, que dirigiría *a posterori* Simon & Schuster durante años, tomó la idea y fundó, con gran éxito, Pocket Books. El concepto del libro de bolsillo actual había nacido. Económico, con títulos y autores que habían tenido éxito en su primer lanzamiento en tapa dura, y con una distribución que excedía a las tradicionales librerías, abarcando estaciones de servicio, supermercados, *drugstores*, etc. Una fórmula exitosa que perdura en nuestros días.

En la actualidad, las dos principales editoriales norteamericanas son Simon & Schuster y Penguin Random House. Simon & Schuster nació de la unión de Max Schuster, editor de una revista de automovilismo, con Dick Simon, vendedor de pianos. Su primera obra fue un libro de crucigramas, con lápiz incorporado, que alcanzó gran éxito. Invirtieron 8000 dólares que tenían ahorrados. Años después, en 1944, Richard L. Simon y M. Lincoln Schuster decidieron venderle su empresa editorial, Simon & Schuster, a Marshall Field III. Al morir este, los antiguos socios ofertaron a la viuda de Marshall para adquirir de nuevo la editorial. La viuda accedió, pero exigiendo que dieran entrada a Shimkin —que ya gestionaba Pocket Books con éxito— en el capital. Accedieron y volvieron a entrar en el capital en 1957, y de ahí nació la relación entre las dos empresas, Simon & Schuster y Pocket Books, que, aunque distintas, tenían un socio en común, Shimkin.

En 1959, Bennet Cerf y Donald Klopfer decidieron sacar a bolsa Random House a un precio de 11,25 dólares por acción. No tardaría en alcanzar 45. A raíz de ese inicial éxito, durante la siguiente década las salidas a bolsa animaron un intenso proceso de fusiones y adquisiciones, que fueron alejando a las editoriales de su exclusivo interés editorial para adentrarse en el tortuoso mundo de los tiburones financieros. Los Ángeles Times-Mirror Corporation compró New American Library; Macmillan adquirió Crowell-Collier; Times Books y Bernard Geis Associates se fusionaron; mientras otras, como Harcourt, Brace o Western Publishing, salían a bolsa. Pero la operación más significativa fue la adquisición de la prestigiosa editorial Knopf por Random House. Parecía que el verdadero negocio editorial no era editar y vender libros, sino comprar y vender editoriales. Poco después, Random House volvía a pegar un gran zarpazo y compraba Panteón, que, pese a su juventud —había sido fundada en 1944 por Helen y Kart Wolf—, había adquirido gran prestigio en literatura europea, sobre todo. Las consecuencias de esta adquisición las narra pormenorizadamente André Schiffrin en *La edición sin editores*. Random House continuó su proceso de gigantismo. Tras Knopf y Panteón siguieron Fawcett, Ballantine, así como otras británicas. La otra gran editorial, Simon & Schuster, no se quiso quedar atrás y siguió su misma estela de adquisiciones y compró Prentice Hall. Al final, Simon & Schuster terminó en manos de Gulf+Western. Todo se argumentaba a favor de las economías de escala, aunque los números de explotación de la editorial no satisfacían las grandes ansias de beneficios de los grupos inversores. Macmillan, que previamente se había tragado a Atheneum y Scribner's, sería adquirida en 1995 por el grupo editorial alemán Holtzbrinck.

La devoradora Random House terminó siendo devorada por RCA, para después ser engullida por Newhouse y terminar, con unas cuentas francamente malas, prácticamente en la ruina, en manos del gigante alemán Bertelsmann, que la reflotó. Paradojas del destino. La mayor editorial norteamericana es propiedad de un grupo europeo. La ahora Penguin Random House trató de adquirir Simon & Schuster, pero las autoridades norteamericanas de competencia vetaron la operación, por apreciar riesgo de cuasimonopolio en el sector. Desde luego, no les faltaban razones para preocuparse por el asunto.

Otras editoriales europeas también entraron a cazar sobre el suelo norteamericano. El grupo británico Pearson compró Viking para fusionarla con Penguin, reconocida, sobre todo, por su gran colección de clásicos en bolsillo. Después adquirió Putnam, añadiendo otro gigante al escenario global. Por último, en este nacimiento de titanes, también merece la pena reseñar la compra de Time Inc. por parte de Warner, fusionando firmas históricas como Little —de las originarias de Boston—, Brown, Book-of-the-Month Club, y Time-Life Books.

La edición actual de libros en Estados Unidos está gobernada por cinco grandes grupos, dos de ellos con sede en Alemania, y uno en Londres. Bertelsmann es propietaria del grupo Penguin Random House y Holtzbrinck posee Macmillan, St. Martin's y Farrar y Straus & Giroux. Longmans Pearson, con sede en Londres, es propietaria de Viking, Putnam y el grupo Dutton. La News Corporation de Rupert Murdoch posee Harper Collins y William Morrow. Viacom, propietaria de Paramount Pictures y de MT, fue propietaria de Simon & Schuster y Pocket Books, para venderlas posteriormente a KKR en 2023.

Esa tendencia a formar grandes grupos también llegaría, de forma casi simultánea a Europa. Y en esa tendencia aún nos encontramos, aunque ya sabemos que muchas de esas fusiones engendran gigantes con pies de barro que terminan siendo absorbidos por otros más grandes aún.

La editorial actual

¿Cuáles son las tendencias que marcan a las editoriales del siglo XXI? Vamos a analizar sus principales dinámicas, insertas en las de la industria cultural que cimienta la sociedad del conocimiento. Porque eso bien que lo sabemos. Que vivimos en la sociedad del conocimiento. Los agentes económicos y políticos, sin excepción, repiten sin cesar una cantinela acertada: es preciso invertir en formación, tecnología e innovación para conseguir ser competitivos y aportar a la sociedad un alto valor añadido, que radica precisamente en el producto intelectual. Hasta ahí, todos de acuerdo. Pero la sociedad del conocimiento es mucho más amplia que el simple mundo del desarrollo tecnológico.

Uno de sus pilares fundamentales es la industria cultural, que proporciona a la sociedad productos culturales, de conocimiento, de ensueño, de entretenimiento y ocio. Aunque para algunos el matrimonio de las expresiones «industria» y «cultura» no es más que un engendro contranatura, la realidad nos muestra que, en sociedades de masas como las actuales, las empresas del sector son absolutamente imprescindibles para divulgarla. ¿Qué consideramos como industria cultural? Pues sería un sector bien amplio. Desde las más tradicionales editoriales, productoras de cine y discográficas, hasta los gestores de espectáculos, organizadores de exposiciones, gestión museística, patrimonio artístico, arquitectónico o arqueológico, o teatro, pasando por recreaciones virtuales, videojuegos y otros sistemas digitales avanzados. En este manual nos hemos centrado sobre la editorial, madre de una parte significativa del resto.

El sector editorial ha experimentado, como sabemos, un creciente proceso de concentración a lo largo de los últimos años, como respuesta a un mercado global y como estrategia ante una distribución cada día más poderosa y con mayores exigencias de descuentos y plazos. En este momento, los principales grupos editoriales con sede en España son líderes también en América Latina, donde gozan de una alta penetración.

La materia prima del mundo editorial es la propiedad intelectual que sus autores le ceden para su explotación. Las editoriales transforman en libro la previa creación intelectual de los escritores y creadores. Pero, como bien sabemos, la propiedad intelectual no solo se expresa en forma de libro, sino que también es objeto de compraventa en el mercado de los derechos de autor. Y aquí debemos observar una evidente desproporción. Compramos muchos más derechos de autores extranjeros —sobre todo, del área anglosajona— de los que somos capaces de vender. Y esos derechos son una importante fuente de recursos en una sociedad del conocimiento. Nuestra sociedad fue, desde siempre, muy creativa artística y culturalmente. Debemos aprender a exportar esa creatividad a lomos de nuestra industria cultural. Es cierto que la preponderancia de la cultura norteamericana se expresa en cualquiera de las manifestaciones que llegan al público —libros, cine, televisión, series, música, *software*, redes sociales—, pero también es cierto que sus empresas culturales —sobre todo, las grandes productoras musicales y cinematográficas— hace ya mucho tiempo que aprendieron que no es cierto eso de que el buen paño en arca se vende, sino que hacen falta políticas de distribución, de *marketing* y de promoción. Si queremos que nuestros creadores sean conocidos más allá de nuestras fronteras lingüísticas, tendremos que batallar en los mismos frentes.

Con el somero repaso que hemos dado a la convulsa historia de las editoriales comprenderemos que vivimos en un medio fluido que avanza sin detenerse jamás. Lo que ayer sirvió quizás no valga para hoy, y las dudas de hoy podrán ser certezas en el mañana. No cabe duda de que, en cada época, distintas tendencias han influido de forma determinante sobre el mundo editorial. Es bueno conocer esas fuerzas, porque terminarán determinando en gran manera la vida de nuestra propia editorial. Por eso, y de forma abreviada, considero de interés repasar algunas de las principales tendencias que caracterizan al panorama editorial actual.

- Tendencia a la concentración en grandes grupos.
- El español como un activo al alza.
- Sistema de distribución en evolución.
- Sector de poco margen precisa del volumen.
- Convivencia con formatos y contenidos digitales.
- Activo mercado de derechos.
- Interés creciente por los nichos especializados.
- Evolución de políticas y canales de comunicación.
- Sector maduro, dificultad de crear marca.

TENDENCIA A LA CONCENTRACIÓN EN GRANDES GRUPOS

La constitución de grandes grupos editoriales ha sido una constante en todos los países durante estas últimas décadas. Y aún continúa. Cada año, nuevos sellos pasarán a integrarse en estructuras más grandes, buscando la ventaja de las economías de escala y de la fuerza negociadora. Estos grandes grupos seguirán adquiriendo editoriales con el objetivo teórico de ahorrar costos gracias a los principios de economía de escala, de reforzar su capacidad de negociación con las cadenas compradoras y de alcanzar una dimensión global. Estos grandes grupos no solo están compuestos por múltiples editoriales, sino que, además, suelen tener intereses en otras empresas del sector multimedia y de los medios de comunicación. Esta tendencia a la concentración no se detendrá en estos próximos años, sino que alcanzará también a la distribución y a las cadenas de librerías. Este gigantismo de los grupos les otorga grandes ventajas, pero también deja huecos de nicho para las editoriales pequeñas o medianas, que seguirán teniendo sus posibilidades, por más que se le dificulte, sobre todo, el canal de distribución, que le impondrá duros descuentos y formas de pago a veces abusivas. Schiffrin, en *La edición sin editores*, nos dice:

> En los últimos años se ha transformado radicalmente. País tras país, ha pasado de un estado artesanal de carácter decimonónico a una industria dominada por los grandes grupos, que ejercen todo tipo de actividad en la industria cultural y de la información.

Este proceso de concentración también está ocurriendo en los países de lengua española, donde los grupos españoles han conseguido una gran presencia. El mayor grupo del mundo es el alemán Bertstelmann, que posee, entre otros, a la norteamericana Penguin Random House. En el área de habla española destaca Grupo Planeta, aunque otros como Anaya, Océano o Urano tienen gran presencia en el mercado.

Conozcamos la historia de algunos de estos grandes grupos. En 1998 la editorial alemana Bertelsmann compra la norteamericana Random House, un gigante fruto de numerosas fusiones y adquisiciones anteriores. En 2001 Random House y Mondadori constituyen la empresa conjunta Random House Mondadori, que finaliza en 2012, cuando Bertelsmann compra las acciones de la italiana, quedando como socia única. En 2013 el gigante aumenta de tamaño con la fusión de Random House con Penguin, la división editorial de Pearson. Nacía la actual Penguin Random House, con sede en Nueva York. La sede de la filial de Penguin Random House para la lengua española se encuentra en Barcelona. En 2019 Bertelsmann compró a Pearson el capital que aún mantenía en Penguin Random House, por lo que quedó como socia única. Un auténtico gigante.

Las cinco mayores editoriales norteamericanas, las conocidas como *big five*, son Penguin Random House, Harper Collins, Simon & Schuster, Hachette Books Group y Macmillan Publishing Group. Estos cinco grandes grupos estadounidenses producen más del 80 % de los libros que se venden en EE. UU. En Francia, los dos grandes grupos, casi el 70 %. Afortunadamente, en España el mercado no está tan concentrado, aunque poco a poco los grandes grupos van copando un porcentaje mayor del mercado. Tan solo Penguin Random House y Planeta suponen alrededor del 50 % de mercado. Jorge Herralde denunció que los grupos, sobre todo en Latinoamérica, «han laminado o arrinconado notoriamente a la edición autóctona». Finalmente, su sello terminaría integrándose en el grupo Feltrinelli, como sabemos. En España, y siempre según el conocido editor, la más nefasta de las consecuencias de ese proceso de concentración es el exceso de títulos que se editan cada año, y que tienen especiales consecuencias en tres ámbitos: anticipos, las librerías y los suplementos literarios. Anticipos que se subastan y que alcanzan valores que no se amortizan; librerías que aceleran las devoluciones y acortan el periodo de vida del libro, y suplementos que tardan en reseñar los libros y que, cuando lo hacen, ya ha sido retirado del mercado. Todo ello es cierto, pero los grupos no son los únicos responsables de la hiperproducción. Las editoriales independientes también colaboramos a ello. En todo caso, ¿quién es quién para decidir cuántos títulos hay que publicar?

Nos guste o no, la tendencia a la concentración en grandes grupos continuará. Ya analizaremos el porqué, no se trata tan solo de dinero, sino de economías de escala que abaratan costes, incrementan márgenes y optimizan la distribución. Estos grupos tendrán una dimensión internacional y multimedia, teniendo intereses en empresas de comunicación (radio, televisión, prensa e Internet), tecnológicas o cine. Algunas también poseen cadenas de librerías, como Casa del Libro, que es propiedad de Espasa-Calpe, que a su vez lo es de Planeta. Los medios de comunicación de cada uno de los grupos refuerzan la promoción de los títulos editados por las editoriales y los autores de «casa» frente a los de otras editoriales, lo cual también supone una ventaja competitiva, aunque esa endogamia empobrece la variedad y la libertad de crítica.

Existen nuevos grupos —de tamaño mucho más reducido—, como Paraninfo, Sargantana o Almuzara, que han crecido incorporando sellos terceros y, en muchas ocasiones, a sus editores.

Conociendo lo que ocurre en otros países, no resulta aventurado vaticinar que el peso en el mercado de los grandes y medianos grupos se incrementará en estos próximos años, aunque, como hemos visto, también surgirán nuevos sellos que harán una brillante carrera editorial y que enriquecerán la necesaria bibliodiversidad. La agilidad, flexibilidad, atención y mimo con los autores, el conocimiento de nichos, materias y especialistas son recursos de las pequeñas y medianas editoriales con respecto a los grandes grupos.

Altos anticipos

Los derechos de autor suelen estipularse como un porcentaje de las ventas generadas por el libro. Este porcentaje oscila normalmente entre el 6 % y el 10 %, superando esta cuantía tan solo en excepcionales ocasiones y a partir de un determinado nivel de ventas. Dado que el conjunto del contrato editorial se rige por lo previsto en las correspondientes leyes de propiedad intelectual, los puntos más habituales de discusión entre los agentes literarios y las editoriales son el importe del anticipo y la duración del contrato, así como los tipos de derechos de edición que se ceden. En teoría, los anticipos se calculan estimando las ventas posibles que un libro puede generar. Pero, cuando el escritor ha obtenido algún éxito anterior, se supone que el nuevo libro va a igualar, al menos, esas ventas, y los anticipos se disparan. Por otra parte, los agentes literarios sacan a subasta a sus autores, por lo que la tendencia de los anticipos siempre es al alza. En este tipo de puja multimillonaria, tan solo los grandes grupos tienen posibilidades. En el periodo comprendido entre 1986 y 1996, 63 de los 100 títulos *best seller* en EE. UU. fueron escritos únicamente por seis escritores: John Grisham, Stephen King, Tom Clancy, Michael Crichton, Dean Koontz y Danielle Steel. Ya nos podemos hacer idea de los anticipos que estos escritores solicitan. Los autores y sus agentes literarios pronto comprendieron la dependencia que las editoriales tenían de sus obras, y fueron subastando progresivamente los anticipos que solicitaban, al punto de que, en muchos casos, la explotación de la obra contratada no terminaba cubriendo el anticipo abonado. Un fracaso de una obra generosamente anticipada puede suponer un serio quebranto en la cuenta de resultados de la editorial.

Las editoriales medias deben basar su estrategia en la búsqueda de nuevos autores todavía no tan conocidos, o en la fidelidad de los que lanzaron en su tiempo, aunque esto es cada día más difícil, ya que la proliferación de agentes ha hecho buena la cultura del mejor postor. El que más paga es el que edita. Y todo por defender los intereses de mi representado, argumentan, y no sin parte de razón. La editorial clásica mantenía una estrecha relación con sus autores. Se suponía que, cuando un escritor comenzaba a escribir para una casa, se sellaba una especie de matrimonio. Los divorcios eran raros y traumáticos. Robarse los autores de una editorial a otra se consideraba un adulterio poco honorable. A cambio de esa fidelidad, los editores se arriesgaban con las primeras obras de autores poco conocidos, considerando las seguras pérdidas que generaría esa tirada como una inversión para fidelizar a un joven talento. También se le editaban las obras menores, con el objeto de poder presentar obras completas en el catálogo editorial. Todavía hoy se pueden encontrar autores que siempre han editado con la misma editorial, como es el caso del maestro Delibes con Destino. En alguna entrevista, el escritor comentó que, si estaba contento con su editorial de siempre, ¿para qué cambiar? Diego Armario, que fue director de Radio Nacional de España, y autor de varias novelas y obras de no ficción, ha contado en alguna presentación esa idea: «Al igual que otros tienen a su dentista o a su peluquero, yo tengo a mi editor». A pesar de esas honrosas excepciones, en la actualidad ya no funciona así. En la mayoría de los casos no hay matrimonio, sino unión exprés. Hoy contigo, mañana con otro, en función de quien más me pague.

¿Cómo se calcula un anticipo? Cuando queremos comprar los derechos de una obra a una agencia, siempre nos preguntan por la tirada y el PVP que tenemos previsto. El anticipo base será el correspondiente a la venta del 50 % de la tirada. Pongamos un sencillo ejemplo. Pongamos que hemos planteado unos derechos del 8 % sobre el PVP y le decimos a la agencia que vamos a tirar 2000 ejemplares con un precio al público de 20 €. La agencia estimará el siguiente anticipo. Anticipo = 2000/2 x 20 x 0.08 = 1600 €. A partir de ahí, se negociará, al alza o a la baja, pero será el punto de partida.

El anticipo manda. Si un editor publica a un autor extranjero, en principio, la agencia le dará derecho de tanteo para su siguiente obra. Pero, si vendió bien y un gran grupo sube la apuesta, el editor que lo descubrió quedará descolgado. Es duro y, si se quiere, injusto, pero es la ley del mercado que observamos desde hace años. Veamos un ejemplo. Tras el fulgurante éxito de ventas de *El código Da Vinci*, de Dan Brown, Umbriel, su editora en español, corrió para adquirir los derechos de sus anteriores obras, como *Ángeles y demonios* o *La conspiración*, que también se convirtieron en notables cifras de ventas. Con la siguiente obra ya no tuvo esa misma suerte. Planeta pagó una cifra millonaria en euros como anticipo del siguiente lanzamiento, y Umbriel no pudo seguirle en esa puja galáctica. Anagrama, que venía editando a Tom Wolfe mientras fue un desconocido en España y que gozó del rotundo éxito de *La hoguera de las vanidades*, vio como perdía la puja por los derechos de la siguiente obra del norteamericano, que, por cierto, todavía tardaría bastantes años en salir.

Pero no siempre los autores son los beneficiados de ese tipo de relación. Como consecuencia de la absoluta falta de fidelidad mutua, el editor fuerte apenas arriesga con primeras obras. Espera que las firmas se vayan haciendo en pequeñas editoriales para que, una vez que hayan levantado cabeza, ficharlos a golpe de talonario o de premios literarios, que lo mismo da que da lo mismo en muchas ocasiones. ¿Y qué esperamos que haga el escritor por el que un pequeño editor arriesgó para sacarlo del anonimato? Pues no lo dudemos ni un solo segundo. Se irá con el más fuerte. Siempre tendrá un argumento para ello. Su carrera, su prestigio, la promoción y el conocimiento de su obra, su proyección internacional. El mundo es así, no debemos enfadarnos en exceso y sí estar avisados de lo que nos puede ocurrir, para que no nos duela más de lo debido.

Se viene observando, dados los repetidos fiascos de grandes autores, una cierta tendencia a la moderación en los anticipos, aunque, en general, siguen desorbitados. Anticipos que, además del riesgo de explotación que suponen, desangran la tesorería del editor, que, en el caso de los nuevos o pequeños, no suele estar boyante, precisamente. El editor no debe obsesionarse. Debe establecerse un límite para sus anticipos y no salir de él. Tiempo tendrá, si las cosas le marchan bien, de poco a poco ir incrementando su capacidad financiera. Hay que saber dejar pasar las pujas elevadas para otros, que quizás, más adelante, terminen arrepintiéndose de su valentía.

Modas globales

Que el mundo es global es un tópico mil veces repetido. Pero es que, además, es rigurosamente cierto en el ámbito práctico, al menos en lo que a las tendencias editoriales se refiere. Vemos como en los últimos años, de forma simultánea en muchos países, se incrementa la demanda de la novela histórica, o de los libros de templarios e historias ocultas de la Iglesia, del género negro o de la novela romántica. De alguna forma, podemos afirmar que el mundo editorial se mueve a golpe de modas globales, que no sabemos si responden a demandas espontáneas de las sociedades en evolución o a la influencia de los grandes grupos multinacionales. Pienso que la primera causa siempre será más determinante que la segunda. Las modas globales generan demandas globales que se satisfacen con novelas globales de autores globales. Ya hemos reflexionado sobre todo ello, y cómo se benefician de ello los grupos de estructura transnacional. Pero, como las modas son cambiantes, el pequeño editor también posee la posibilidad de adelantarse, por ser más ágil o por haber intuido antes la tendencia que llegaba. Por eso, el editor debe tener siempre un sexto sentido para olfatear por dónde van a soplar los vientos del futuro.

Los grandes grupos son los grandes beneficiarios de esas modas globales. Solo ellos pueden garantizar la publicación simultánea y la distribución en países diversos. Por eso, aún aumentarán su gigantismo, cubriendo lenguas y geografías bien distintas. Pero, paradójicamente, y como ya ocurre con la televisión o la prensa, esa patente globalización incrementará la demanda de los temas locales, que no será cubierta por las grandes editoriales. Un gran mercado nace para las pequeñas editoriales, que apenas tendrán competencia al editar en el rentable mercado de los asuntos locales y regionales, un mercado claramente al alza en todos los lugares del planeta. Y es que lo propio motiva, más en estos momentos en los que lo global homogeniza. ¡Viva la diferencia!

Lanzamientos multimedia

Dado el creciente carácter multimedia de los grupos editoriales, asistimos con mayor frecuencia a lanzamientos de libros que tienen reflejo en medios de comunicación y medios multimedia asociados, vinculando el lanzamiento editorial a la inauguración, por ejemplo, de la película de turno, o lanzando videojuegos con los personajes de la obra, o vendiendo los derechos de imagen para gigantescas campañas de *marketing* de compañías de productos de consumo masivos. Esta coordinación de recursos multimedia será una constante en la nueva industria cultural. Ni que decir tiene que esas acciones de magnitud colosal quedan muy alejadas de las posibilidades de las pequeñas editoriales.

Venta de editoriales.
Necesidades financieras y sucesiones

Resulta curioso. Algunas editoriales independientes, que tuvieron éxito y que durante tiempo cuestionaron a los grandes grupos, terminaron entregándose a ellos. ¿Por qué?

Veamos algunos ejemplos paradigmáticos de editoriales de prestigio que, después de años de exitosa andadura en solitario, terminaron vendiéndose a grandes grupos. Como Tusquets y Anagrama, excelentes editoriales de Barcelona que marcaron en buena medida el ritmo literario en español durante el último tercio del XX y principios del XXI. Ambas fueron fundadas en 1969, hijas de la misma época, marcadas, de alguna manera, por el modelo del editor italiano Feltrinelli y bajo la sombra, en cierto modo, de Carlos Barral. Tusquets fue creada por Beatriz de Moura y Óscar Tusquets. En 2012 se integró en Planeta. Anagrama nació de la mano de Jorge Herralde, su editor y director. En 2010 fue vendida a Feltrinelli, un grupo italiano que también posee una cadena de librerías. Durante décadas, fueron símbolo de editoriales independientes que finalmente optaron por integrarse en los grandes grupos. Más ejemplos: Lumen fue creada por Juan Tusquets a finales de la Guerra Civil, pero fue su sobrina Esther Tusquets quien le dio un gran impulso desde principios de los sesenta. En 1996 sería adquirida por Bertelsmann, actual grupo Penguin Random House.

El caso de Salamandra es de especial interés, pues simboliza lo que fue el devenir histórico de las relaciones entre editores de los dos lados del Atlántico. Emecé Editores fue creada en Buenos Aires en 1939 por exiliados españoles, con Mariano Medina del Río a la cabeza, y en 1989 se creó en Barcelona Emecé

Editores España. En 2000, la casa española se vende a Pedro del Carril y Sigrid Krauss, que cambian su denominación social a Salamandra. Poco después, le llegaría el gran éxito de *Harry Potter*. Emecé Argentina sería comprada por Planeta, que dejaría de publicar bajo este sello en 2013. Salamandra, con un catálogo extraordinario, terminaría siendo vendida en 2019 a Penguin Random House.

Podríamos continuar con más ejemplos, pero la dinámica se repite. Una buena editorial, de las llamadas «independientes», con magníficos catálogos de libros exitosos, termina siendo adquirida por un gran grupo editorial. ¿Por qué? ¿Simplemente por cuestión de dinero? ¿Por la simple tentación de un cheque en blanco? No, no solo por eso. Nada de lo humano le es ajeno al mundo de la edición. Los editores de esos sellos excelentes, al acercarse la hora de su jubilación, deben pensar qué será de su editorial si no tiene hijos que deseen continuar con su tarea. Por eso, la opción más viable es venderla a quien, por una parte, le pague razonablemente y, por otra, le garantice la supervivencia del sello y el catálogo. Y eso solo se consigue con gente del sector. Normalmente, nadie de fuera se interesa por las editoriales en venta.

Los grandes grupos, aunque sean de capital familiar, ya se han profesionalizado y su gestión depende de gestores del sector, con experiencia y buenos conocedores del mercado del libro. Estas organizaciones poseen vida más allá de la del editor fundador.

Pero los grandes grupos no solo absorben editoriales, también integran grupos. A veces, por adquirir dimensión, como vimos con algunas colosales realizadas por Random House. Otras, por simples necesidades financieras y crisis económicas, como ocurriera con Ediciones B, creada en 1987 a partir del Bruguera y el TBO. Creció bajo el paraguas y propiedad del Grupo Zeta de medios de comunicación. Ediciones B también compraría Vergara y Byblos, lo que la convirtió en un grupo editorial muy activo, con un gran fondo y excelente distribución. Pero en 2017 el Grupo

Zeta, su casa madre, al entrar en crisis, tuvo que vender Ediciones B y sus sellos asociados a Penguin Random House.

Otro ejemplo similar es el del grupo editorial de Santillana, compuesto por sellos del nivel de Alfaguara, Taurus o Aguilar, que fue vendido a Random House en 2014 por las necesidades financieras Prisa, su casa madre. Años más tarde, Prisa también tendría que vender su división de libros de texto en España al grupo finlandés Sanoma.

Esta tendencia hacia la concentración en grandes grupos continuará. El mercado en español, con más de quinientos millones de potenciales lectores, resulta muy atractivo. Todavía existen grandes grupos editoriales norteamericanos, alemanes, japoneses o chinos que no tienen presencia en el ámbito de las letras españolas. No cabe duda de que intentarán entrar, y la vía más rápida y segura para conseguirlo es la de adquirir editoriales con fondo, prestigio y distribución. Ya hemos comentado la propiedad alemana de Bertelsmann sobre el grupo Penguin Random House, el primer grupo editor en español, tras haber superado a Planeta, que sigue siendo capital español de la familia Lara, nietos del fundador José Manuel Lara. El tercer grupo en volumen sería Anaya, con sellos tan importantes como Alianza, Tecnos, Cátedra, Pirámide, Larousse, Anaya o Algaida, propiedad del grupo francés Hachette Livre, tercer grupo editorial mundial, que a su vez pertenece al grupo Lagardère Media, también con sede en París.

Es decir, que existe una alta probabilidad de que, con el tiempo, la mayoría del mercado editorial en español esté en manos de empresas de otros ámbitos lingüísticos y culturales. Cosas de la libertad de mercado, sin duda, pero materia delicada cuando menos. Ya veremos qué contamos en futuras ediciones de este manual.

Es cierto que otros grupos españoles de tamaño medio se encuentran en crecimiento, como es el caso del grupo editorial Paraninfo, con sede en Asturias, articulado inicialmente en torno a Ediciones Nobel, creada en 1989 por Graciano García y que experimentó un gran crecimiento con la incorporación de sus hijos Pelayo y David García Cervero. En 2008 adquirieron Paraninfo, editorial especializada en formación profesional. Posteriormente incorporarían Alfa-Centauro, ediciones universitarias; Mundiprensa, especializada en temas agrarios, y Everest, un clásico en infantil y juvenil; configurando un grupo editorial dinámico y con gran proyección. Urano, que agrupa Umbriel, Empresa Activa y Titania, con sede en Barcelona; Sargantana, con sede en Valencia, o la cordobesa Almuzara también han experimentado sólidos crecimientos, aunque sus dimensiones distan mucho de acercarse siquiera a la de los grandes colosos que dominan las librerías. Contexto de Editores es una asociación de editores independientes (Libros del Asteroide, Impedimenta, Nórdica, Periférica y Sexto Piso) que les proporciona servicios a los que individualmente no podrían acceder. Una iniciativa interesante que muestra otro camino de conseguir las necesarias economías de escala.

En resumen, la dinámica de venta y concentración de sellos editoriales continuará muy viva. Ya hemos analizado algunos de sus porqués. Un porcentaje de editoriales se venden por dificultades financieras. Otras, por cuestiones personales o familiares. Es clásica la situación del editor que no tiene continuidad familiar y que, al acercarse la hora de su jubilación, prefiere vender para capitalizar su trabajo de años y garantizar la supervivencia de su sello. Otros venden por cansancio, por desmotivación, por abordar nuevos proyectos, por conflictos con socios o, simplemente, porque recibieron una oferta que consideraron interesante. También se presenta un caso frecuente: editores que aman el libro, que crecen, pero que, al ganar volumen y facturación, la gestión se les hace más compleja y absorbente, al punto de tener que dedicar más tiempo a los papeles, a la gente y a las cuentas que a los libros; entonces se plantea si frenar su crecimiento o vender. Otros, también, porque precisan capital para continuar su expansión. Sea por la razón que fuere, las editoriales continuarán naciendo, creciendo, muriendo, siendo absorbidas o absorbiendo a otras. Ya lo contamos en el prólogo; mientras actualizaba esta cuarta edición, lo que más me llamó la atención era el cómo se había modificado el mapa editorial, con compras y fusiones, y cómo se había confirmado la tendencia hacia la concentración anunciada, que hoy es mayor que cuando salió a la luz la primera edición de esta obra.

EL ESPAÑOL COMO UN ACTIVO AL ALZA

La lengua española está al alza, la hablan y leen más de quinientos millones de personas. Goza de vigor y de suficiente homogeneidad para que podamos entendernos y leernos entre nosotros a la perfección. Un enorme y bellísimo patrimonio común, un activo de incalculable valor para las editoriales de todos los países del ámbito hispano.

Quien mejor ha aprovechado esta realidad global del español son las editoriales con sede en España, aunque no siempre fue así, como ya sabemos. La crisis de los ochenta-noventa dejó exhausto el sector editorial americano, quedando el camino expedito a la expansión española. Ahora bien, esta expansión no ha estado exenta de sobresaltos, debido a bruscas devaluaciones —caso de Argentina— o a severos retrocesos del mercado, aún no recuperado. En algunos de estos países, el pirateo constituye un serio problema para el sector editorial en su conjunto. Pero, a pesar de todos los pesares, las editoriales en lengua española de cualquier origen encuentran en el amplio espacio hispanohablante un campo natural de desarrollo, donde, además de mercado, encuentran cantera de autores y temas. Basta con visitar la FIL —Feria Internacional del Libro de Guadalajara— para comprender que los libros que se leen en los países hispanohablantes son muy similares. Para las editoriales hispanas el mercado no debe regirse por criterios nacionales, sino por la extensión de la lengua española. Más allá de las obras de alcance local, los grandes éxitos suelen ser los mismos en todos los países hispanos. Por eso las empresas de libros deberán tender a alcanzar una dimensión al menos iberoamericana. Estados Unidos es el gran mercado a conquistar, dado el espectacular incremento de hispanohablantes que está experimentando su población. Las editoriales norteamericanas ya se han percatado de este mercado y están lanzando sus novedades. Es de prever que, una vez que se afiancen en el mismo, den el salto hacia el resto del mercado iberoamericano.

Pero, si nuestras editoriales son fuertes en nuestra área lingüística, apenas cuentan con implantación en otras zonas culturales. Y en esto se diferencian de los grandes grupos europeos y americanos, que tienen cabezas de puente —como Grupo Anaya y Penguin Random House— en el mercado en español. Harper ha desembarcado de nuevo con la idea de su expansión en español. Todavía no lo ha hecho ningún gran grupo chino, pero es solo cuestión de tiempo.

SISTEMA DE DISTRIBUCIÓN EN EVOLUCIÓN

Ya conocemos el modelo tradicional de distribución por el que el editor no sirve directamente a librería, sino que lo hace a través de un distribuidor. Ya sabemos de sus ventajas e inconvenientes, en especial las tiradas excesivas que en muchas ocasiones acometemos, que drenan nuestra tesorería y ocupan un espacio caro y escaso. A pesar de sus inconvenientes, sigue siendo el modelo habitual y el más efectivo para tiradas medias/grandes. Sin embargo, el sistema de impresión a demanda, por el que solo se imprimen y sirven los libros vendidos, ofrece una alternativa interesante para algunos supuestos.

Aunque nos extenderemos posteriormente en las singularidades de la distribución, bástenos saber para los efectos de este capítulo que la distribución se está convirtiendo en el auténtico talón de Aquiles de todo el sistema editorial. La concentración en los grupos editoriales y en grandes cadenas de librerías está desplazando a los tradicionales distribuidores territoriales a favor de la gran distribución centralizada. También se observa cierta tendencia a externalizar la logística y reservarse la gestión comercial. La distribución tiende a concentrarse, y el pequeño editor en España tiene dos opciones: sumar distribuciones regionales, o bien tratar de ser distribuidos por una gran distribuidora nacional, como sería el caso de UDL.

El derecho a la devolución de los libros vendidos a librerías marca el sistema de distribución, sin que se aprecien cambios significativos en el horizonte. Desde que se impusiera en EE. UU. en los años de la Gran Depresión, el derecho a la devolución de los libros no vendidos se ha extendido como práctica ineludible a todos los países. El distribuidor puede enviar sus fondos a las librerías en depósito o en firme. En el primer caso, tan solo se realiza un albarán de entrega, mientras que, en el segundo, se factura y el librero paga en el plazo estipulado. Los depósitos se van liquidando en función de ventas, y el librero repondrá los títulos que más venda y devolverá los que no tengan suficiente salida. Hasta ahí, normal, entra en la lógica del sistema. Pero lo curioso del mundo editorial es que también existe el derecho a la devolución de los libros vendidos «en firme», esto es, facturados e incluso cobrados. Es un procedimiento endémico del sector, desconocido en las prácticas comerciales de cualquier otro producto o servicio. Y con eso tenemos que lidiar los editores. Sabemos que parte de los libros que hemos «colocado» y vendido a librerías vendrán devueltos. Y el porcentaje de devolución tiende a crecer, en función de que las ventas no se incrementan al ritmo que lo hace la edición de nuevos libros.

Este derecho a devolución establece un peculiar flujo de libros que van y vienen desde las librerías al almacén del distribuidor, y viceversa. De ahí que muchos editores afirmen sarcásticamente que son las agencias de transporte las que realmente hacen el negocio en el mundo del libro. Este flujo de libros tiene entradas y salidas. Si lo miramos desde el punto de vista del distribuidor, sus salidas serían las ventas de novedad o reposición de fondo que realiza la librería. Por otro lado, están las devoluciones del librero. En la liquidación de cada mes se abonan las ventas y se cargan las devoluciones. Así, la liquidación mensual será el resultado de restar a las ventas la suma de las devoluciones. Y este resultado puede ser positivo o ¡incluso negativo en algunas ocasiones! Más adelante detallaremos minuciosamente este peculiar procedimiento que tanto preocupa a los editores actuales, duramente golpeados por unas devoluciones crecientes que debilitan sus cuentas de resultados y saturan sus almacenes.

Durante los últimos años se han ido reduciendo las tiradas iniciales, con el objetivo de no sobrecargar logística ni almacenes. Si se venden, se reedita con rapidez y se sirven los pendientes. La moderna impresión digital permite esas tiradas más cortas a buen precio, algo que resultaba imposible años atrás, cuando había que imprimir en *offset*. Ya hemos comentado que algunos editores apuestan, a través del sistema conocido como POD o impresión bajo demanda, por imprimir digitalmente solo los ejemplares que se vendan. Lo dejamos simplemente apuntado, ya analizaremos todo ello con posterioridad.

El flujo editorial de cargos y abonos, de ventas, depósitos y devoluciones tiene mucho que ver con las leyes hidráulicas. Ya sabemos que, cuando un mismo caudal pasa por secciones de tubo más pequeñas, la velocidad del fluido se acelera. Pensemos en un embudo lleno de agua. La velocidad con la que la vemos salir es muy superior a la que baja en la sección ancha superior. Pues bien, esto ocurre actualmente en las librerías. Cada vez se editan más libros, mientras que la superficie de venta apenas se incrementa, si no es que disminuye, debido a la concentración en grandes cadenas y a la desaparición de las pequeñas librerías. En el ejemplo del embudo, cada vez queremos meter más libros a través de una superficie cada vez más pequeña. ¿Qué ocurre? Pues que los libros pasan más rápidos y están menos tiempo expuestos en las librerías. Existen novedades que apenas se exponen durante un mes, y eso las que tienen suerte de llegar hasta las estanterías de las librerías, muchas ni siquiera lo consiguen.

¿Cómo han reaccionado los distintos agentes a esta realidad actual? Pues, como decíamos, acortándose las tiradas y siendo cada vez más restrictivos con los títulos que editan, procurando especializarse en libros de «alta rotación» y elevado ritmo de venta, o bien en nichos especializados que conocen bien. Así consiguen que el librero los coloque en su sección de novedades y que los mantenga mientras dure su venta. Los libros de menos salida quedan perjudicados, ya que cada vez las librerías dedican menos espacio a la exposición de los libros de fondo, esto es, de aquellos que se venden por largo tiempo, pero en pequeñas cantidades. Esta tendencia limita seriamente la bibliodiversidad, ya que libros de calidad de escasa rotación quedan descatalogados y apartados tanto por las editoriales como por las librerías, que precisan de altas ventas para obtener los beneficios necesarios para sobrevivir. Las librerías de autor, las de fondo, las exquisitas, hacen una selección estricta y personal de los fondos que quieren exponer y mantener. En estos establecimientos, ni la rotación ni las devoluciones son tan aceleradas como en los casos antes expuestos.

Sin embargo, el fondo editorial es el patrimonio de una editorial, cuyas ventas totales del año deben venir garantizadas, al menos en un 40 %, por ventas y reediciones de títulos publicados en años anteriores. De ahí que hagan un enorme esfuerzo por mantenerlo vivo. La venta a través de las grandes plataformas digitales, sea Amazon, Buscalibre, Casa del Libro o Todos tus Libros, entre otros, han ayudado a la venta de títulos de fondo de poca rotación que difícilmente podrían encontrarse en librerías.

Los distribuidores también han elevado sus requisitos para la admisión de nuevos editores, sobre todo si son pequeños. Temen que desaparezcan y que tengan que cargar con las devoluciones de los fondos que les colocaron, sin que dispongan de nuevas novedades con las que compensarlas. Por eso, en el principio, alargan el periodo de pago a los nuevos editores. Desean disminuir al máximo el riesgo de tener que cargar con las devoluciones de las muchas editoriales que nacen y que a los pocos meses desaparecen. Ese recelo inicial de las distribuidoras hacia las editoriales nuevas supone la verdadera barrera de entrada en el mercado editorial.

En la actualidad, una devolución por debajo del 30 % de media se considera razonable, siendo los meses de febrero y de junio/julio los de mayor devolución. A la hora de estimar el PVP de los libros, el editor tendrá que tener en cuenta su nivel de devolución media. Los editores y distribuidores tiemblan cuando las grandes cadenas anuncian sus inventarios anuales, o el inicio de las campañas de libros escolares, de ofertas o de bolsillo, porque todo ello significará una gran devolución de su fondo para los almacenes.

En el pasado, las editoriales exportaban los libros no vendidos o devueltos una vez finalizado el periodo habitual de comercialización de un libro. Pero en un mundo global esta segunda vuelta de los libros se va haciendo minoritaria, ya que, al menos en los grandes lanzamientos, el mercado pide que aparezca de forma simultánea en todos los países.

SECTOR DE POCO MARGEN
PRECISA DEL VOLUMEN

Si algo caracteriza al sector editorial es el escaso margen del que dispone, toda vez que la distribución le cuesta un 55 %; el autor, entre el 8 y el 10 %, y los costes directos, entre el 17 y el 30 %. Y todavía quedarían los gastos generales, financieros y demás. Es decir, que realmente el margen es ajustado, por lo que no resulta fácil crecer si te tienes que financiar exclusivamente con el beneficio que generas. Y como en tantos otros sectores maduros ocurre, si el margen es pequeño, se tendrá que compensar con un volumen alto para que las cuentas puedan salir.

Es cierto que los pequeños y medianos editores coeditan con instituciones, venden libros a autores o patrocinadores, o bien reciben algún tipo de subvención, lo que ayuda mucho a su cuenta de resultados. Pero, aún así, como sector, el margen es muy reducido.

Por eso, las editoriales precisan de títulos motores que vendan bien. El estrecho margen del sector, los altos costes generales y cuantiosos anticipos, así como las demandas de las librerías hacen que todas las editoriales precisen de libros de alta rotación en su catálogo. Esta exigencia es aún mayor en los grupos, a los que los inversores les exigen una adecuada rentabilidad económica. Dado que los libros de fondo no suelen tener ventas elevadas, las grandes editoriales, para mantener sus costosas estructuras, necesitan perentoriamente de *best sellers*. Solo pueden plantearse su supervivencia con libros de grandes tiradas, con el riesgo que ello conlleva, ya que muchos grandes lanzamientos terminan convirtiéndose en enormes fiascos. La pequeña editorial no tiene esa dependencia obsesiva por el gran *best seller*, pudiendo ser rentable con títulos de tiradas cortas o medias. Incluso las editoriales más minoritarias suelen mantener algunos *long sellers* que ayudan al resto de los títulos. La gran editorial tiende a cubrir los mercados de demanda masiva, dejando muchos nichos específicos sin cubrir, que pueden ser atendidos por las pequeñas editoriales.

No todos los *best sellers* son malos. El *Quijote* o *Cien años de soledad* son libros de culto que figuran en los más altos puestos de la venta editorial a lo largo de la historia. Por eso, no podemos aceptar ese axioma que con tanta frecuencia oímos, y que viene a decir que todos los *best sellers* son libros flojos, cocinados al gusto de la época. No debemos generalizar, de todo hay en la viña del Señor. Pero lo que sí es cierto es que, en su obsesión por la búsqueda de superventas, la gran editorial se olvida de autores noveles, de obras de calidad para públicos más restringidos o de libros innovadores de mayor riesgo. También ese campo queda expedito para editoriales de tipo medio, mucho más cercanas a los autores que arriesgan o que juegan a la calidad más exclusiva.

Por su interés, reproduzco un párrafo del libro de Schiffrin:

La reputación de Random House fue declinando a medida que la editorial se acercaba a sus competidores más comerciales. Entre los periodistas no pasaban desapercibidos los efectismos y el machaqueo mediático, aunque el día que Random House terminó su carrera como casa independiente, muchas noticias necrológicas subrayaban que de hecho había dejado de existir. El final de Random tuvo el efecto de un trueno en el cielo de la edición estadounidense. Después de ocho años de régimen Vitale, Newhouse decidió que la sociedad nunca alcanzaría el nivel de rentabilidad esperado. La decisión de vender Random al gigante alemán Bertelsmann sorprendió por lo imprevisto: no había existido ninguna filtración que indicara que Newhouse estaba cansado de su papel de editor, o que Random House perdiera dinero. Las cifras que se hicieron públicas asombraron incluso a quienes seguían la sociedad de cerca. En 1997, Random había superado los 80 millones de dólares de pérdidas por anticipos en derechos que nunca fueron cubiertos por las ventas: la política que consistía en arriesgar cada vez más dinero en libros con la esperanza de ventas cada vez más altas se saldaba con un enorme fracaso. Fuera de esta pérdida excepcional, la sociedad declaraba un beneficio del 1 % de las ventas, cifra tan baja que todo el mundo creyó que se trataba de un error tipográfico del *New York Times*. Ese beneficio estaba muy por debajo de lo que Random había declarado en años anteriores a Newhouse. Estaba claro que las promesas de Vitale, la perspectiva de crecimiento espectacular de los beneficios, eran totalmente irreales. En cuanto a Newhouse, aunque a menudo había expresado todo el interés que tenía en su imperio editorial, uno de sus amigos, citado por un periódico neoyorquino, decía que «no era la satisfacción de sus intereses intelectuales lo que le había llevado a tener varios miles de millones». Las pérdidas de Random House eran muy duras de tragar. Mientras que el valor de la sociedad había pasado de 60 a casi 800 millones de dólares bajo la dirección de Bob Bernstein, Random se vendió por poco más de mil millones: en ocho años de una estrategia obcecada en el beneficio, el ritmo de crecimiento se había hecho más lento. Newhouse había logrado la hazaña de destruir el capital intelectual de la casa, disminuir su reputación y perder dinero al mismo tiempo.

Como podemos comprobar, la obsesión por el *best seller* y los altos beneficios también pueden llegar a tener un alto coste.

La estrategia de algunas grandes editoriales consiste en concentrarse en menor número de títulos con mayor tirada, para poder optimizar costes de producción y de promoción. Lo que ocurre es que no existe una regla mágica para saber dónde se encontrará el próximo *best seller*. En general, esta dependencia de la gran editorial por el *best seller* es una debilidad de la que pueden aprovecharse las pequeñas y medianas editoriales que con frecuencia son las que lanzan al mercado grandes éxitos, a veces sin esperarlo. Y, si no, que se lo pregunten a los editores de *Harry Potter*, *El código Da Vinci*, *Soldados de Salamina* o *Las cenizas de Ángela*, por poner tan solo algunos ejemplos de grandes éxitos editados por editoriales medias, en muchas ocasiones tras haber sido rechazados por los grandes grupos.

Reproduzco algunas de las reflexiones de Muchnik tras el éxito de su lanzamiento *De parte de la princesa muerta*. Decía que un *best seller* aporta mucho dinero a una editorial, pero sería fatal creerse que puede mantenerla a flote para siempre, dado que, inevitablemente, deja un día de venderse. Por lo tanto, si su fondo no es bueno y no vende, la editorial se vería seriamente comprometida. Un *best seller* casual no es más que una aspirina: cuando pase su efecto, volverá a doler la cabeza. Y, por último, comentaba también que toparse con un *best seller* es como la lotería, puede producirse en cualquier momento. Sin duda alguna, tenía razón el bueno de Muchnik cuando escribía esas reflexiones. Aunque algunos editores, por algún tiempo, parecieron disponer de la varita mágica para editar grandes éxitos. Eran, desde luego, otros tiempos. Juan Grijalbo, exiliado catalán en México tras la Guerra Civil, tras crear la editorial Grijalbo, mantuvo un curioso catálogo que alternaba obras marxistas con rotundos *best sellers*, como el de *El padrino*, de Mario Puzzo. Cuando le preguntaban que qué criterio de selección mantenía, respondía que era bien sencillo. Miraba en el *Publishers Weekly* los diez títulos más vendidos y, descartando los dos primeros al estimar que serían muy caros, se lanzaba a contratar el tercero y el cuarto. Y, a pesar de lo simple del método, la cosa le funcionó y obtuvo muchos superventas por tan sencillo método de deducción.

Los libreros, incluso los más exquisitos, también precisan de libros de alta rotación. Llamamos «rotación» a la velocidad con la que un título es repuesto debido a su salida por ventas. La alta rotación rentabiliza la superficie de los expositores que les dedican. Los alquileres que pagan por sus inmuebles son cada día superiores, y los sueldos se incrementan. Necesitan, por tanto, optimizar sus superficies de venta, y ello tan solo se consigue con libros de alta rotación, que generan altas ventas por unidad de superficie dedicada. Dado que las librerías también tienden a concentrarse en grandes cadenas, con compras centralizadas, ejercen una gran presión sobre las editoriales, a las que exigen títulos con rotación —esto es, *best sellers*—, mientras que les devuelven con rapidez los fondos que tardan en salir, sin conceder en muchas ocasiones el tiempo suficiente para que un libro cuaje. Abordaremos en capítulos posteriores la dinámica de las librerías, pero, por mucho que algunas de ellas se enorgullezcan de ser librerías de fondo, precisan, como cualquier otro agente de la cadena de libros, de alta rotación para sobrevivir. Y es que, como sabemos, cuando existe poco margen, solo el volumen nos permite pagar nuestros gastos.

Otra forma de optimizar el fondo u obtener volumen es el de comercializarlo en todos los formatos posibles. Ya hablaremos del libro electrónico y del audiolibro. Querríamos centrarnos ahora en la publicación en formato libro de bolsillo de aquellos títulos que hayan vendido bien en rústica o tapa dura. A pesar de la reticencia inicial de los libreros —que temían que su margen bruto disminuyera debido a su menor precio—, las secciones dedicadas a libros de bolsillo han ido ampliándose en las librerías, debido a la alta rotación de los mismos. El librero ha terminado comprobando que más vale vender más libros de precio reducido que menos de cuantía más elevada. Tradicionalmente se editaba un libro en bolsillo una vez que había finalizado su ciclo de librerías bajo su encuadernación en tapa dura o rústica, pero la actual tendencia es acelerar la versión de bolsillo. Es muy frecuente encontrar en librerías a ambas versiones conviviendo. Algunas editoriales, como Debolsillo, incluso hacen lanzamientos de inéditos en bolsillo.

Las grandes cadenas de librerías dedican un espacio creciente a la exposición y venta de las colecciones de bolsillo. Como decíamos, aunque algunas al principio fueron renuentes a ello, ya que el margen económico que les deja era inferior, el aumento de ventas las ha terminado de convencer. Refuerzan el libro de bolsillo en dos temporadas. La primera, a finales de enero, principios de febrero, una vez finalizada la campaña de Navidad, y la segunda, en junio, para lectura de verano. Dado que durante estas campañas dedican más superficie a la exposición de libros de bolsillo, aumenta sus devoluciones de los libros en rústica, que alcanzan estos meses (febrero, junio y julio) las mayores cotas del año. Las editoriales con colecciones de bolsillo amortiguan con ellas sus devoluciones, al tiempo que alargan la explotación de los derechos de sus libros y entran con el libro de bolsillo en canales alternativos, tales como supermercados, gasolineras, etc.

El libro de bolsillo también supone una vía muy interesante para prolongar la vida útil de una obra y llegar a un público más amplio. Una editorial puede editar sus fondos en bolsillo a través de tres vías:

a. Con su propia colección de bolsillo, como ocurre en todos los grandes grupos. Estas editoriales tienen expositores propios y un gran despliegue de *marketing* en punto de venta. Así, Booket es el sello de bolsillo de Planeta; Debolsillo, de Random House, y Punto de Lectura, de Santillana. Editoriales medias, como Almuzara, poseen su propio sello; en este caso, Libros en el Bolsillo, LEEB, del que está muy satisfecha.

b. A través de colecciones de bolsillo que permitan la entrada de textos de terceros, como ya ocurre con varios sellos. En este caso, el editor corre con el riesgo de la edición, manteniendo todos los derechos sobre el libro. El sello de bolsillo actúa como distribuidor especializado, aplicando un descuento sobre la venta que oscilará entre el 55 y el 60 %.

c. Vendiendo los derechos de la edición en bolsillo a una tercera editorial. Normalmente, se obtiene como derechos subsidiarios un 6 % de las ventas, que hay que compartir con el autor según los porcentajes acordados en el capítulo de derechos subsidiarios del contrato de edición. Todos los sellos de bolsillo compran derechos de libros editados en rústica por otras editoriales.

Dada la importancia de las ediciones de bolsillo, resulta fundamental para el editor contratar los derechos para esta modalidad de edición cuando se firme el contrato editorial.

La combinación, pues, de margen y volumen será la base que sustentará nuestras cuentas económicas, como veremos en el capítulo correspondiente.

CONVIVENCIA CON FORMATOS Y CONTENIDOS DIGITALES

Lo digital llegó para quedarse. El editor lo ha asumido con naturalidad e inteligencia, sabiendo ver y aprovechar las posibilidades que se le concede de llevar su catálogo por nuevos canales a nuevos lectores. La íntima relación del mundo editorial con las nuevas tecnologías queda patente en la propia definición que realiza el texto de la Ley del Libro española:

Libro: Obra científica, literaria o de cualquier otra índole que constituye una publicación unitaria en uno o varios volúmenes y que puede aparecer impresa o en cualquier otro soporte susceptible de lectura. Se entienden incluidos en la definición de libro a los efectos de esta ley, los libros electrónicos y los libros que se publiquen o se difundan por Internet o en cualquier otro soporte que pueda aparecer en el futuro, los materiales complementarios de carácter impreso, visual, audiovisual o sonoro que sean editados conjuntamente con el libro y que participen del carácter unitario del mismo, así como cualquier otra manifestación editorial.

La propia definición oficial de «libro» ya incorpora las nuevas posibilidades de las nuevas tecnologías. El libro no es inmune a la espectacular transformación digital. Las nuevas tecnologías han facilitado los trabajos de edición, de preimpresión y de impresión, aligerando el trabajo del editor. Por otra parte, las nuevas tecnologías de comunicación posibilitan que las editoriales de provincias puedan competir en igualdad de condiciones con las de las capitales que antaño concentraban a autores y a los medios de promoción. Internet, las videollamadas, las redes sociales, el correo electrónico permiten que una editorial pueda estar situada en el lugar más remoto, algo impensable tan solo pocos años atrás. La distribución también ha sufrido una gran evolución gracias a la tecnología, y eso abre grandes posibilidades a los editores de libros de fondo, dado que las ventas de Internet permitirán a los pequeños editores acceder a un inmenso mercado que el actual sistema de distribución/librerías les veta.

Los soportes digitales ofrecen nuevas vías de expresión de los contenidos que las editoriales atesoran, y suponen, sin duda alguna, una de las sendas más novedosas e interesantes por las que los editores del mañana tendrán que transitar.

Por tanto, el editor debe conocer y utilizar las posibilidades que el entorno digital le concede. No hacerlo supone comprar todas las papeletas para figurar en el triste club de los que quedaron atrás por incapacidad de adaptación.

ACTIVO MERCADO DE DERECHOS

El ecosistema digital permite más expresiones y nuevos soportes para los contenidos de los que disponen editores y agentes literarios, en su caso. Por eso, el editor prestará paulatinamente más atención a la gestión de los derechos que posee, que valen tanto para el libro en edición normal como para bolsillo, libro electrónico, audiolibro, traducciones a otras lenguas, teleformación, guiones de cine, televisión, videojuegos y un largo etcétera de posibilidades que apenas logramos entrever hoy. Los derechos a negociar se multiplican, y los editores debemos estar prestos no tan solo a contratar los que nos interesen, sino a trabajar por poseer un patrimonio propio de derechos que comercializar. Con mucha probabilidad, el Departamento de Derechos será uno de los de mayor crecimiento en estos próximos años. Pero, ojo, esto también lo saben los agentes literarios, y bien que procurarán ellos ser los que monopolicen ese mercado de derechos creciente. Basta con asistir a una de las grandes ferias donde se comercia con derechos, como Londres o Frankfurt, para visualizar la actividad que generan compradores y vendedores.

El espacio iberoamericano es más comprador que vendedor. Es decir, que presentamos un déficit comercial en la materia, con muchas más importaciones de derechos —procedentes normalmente del mundo anglosajón— que exportaciones. Por ejemplo, los editores españoles pagamos unos 170 millones de euros por compra de derechos en 2005, lo que supone un 5,1 % del total de su facturación. La venta de derechos de nuestra industria editorial —a traducciones para otras lenguas o adaptaciones cinematográficas— apenas ascendió a 36 millones de euros, una cantidad insignificante para un sector que facturó casi 1900 millones de euros. Las editoriales españolas son unas grandes importadoras de textos extranjeros para traducir a nuestra lengua, pero unas mediocres vendedoras de sus derechos al extranjero. Y lo que vale para España se acentúa aún más para el resto de países del ámbito de la lengua española. Un creciente peso internacional de nuestra cultura conllevaría un incremento en la venta de los derechos de nuestros autores, bien a través de sus editoriales o sus agencias literarias.

Sin ningún género de dudas, el mundo editorial vivirá inmerso en un activísimo y creciente mercado de derechos, bien hará el editor en prestarle la atención debida. Para comprar, sin duda, pero para vender, también.

INTERÉS CRECIENTE POR LOS NICHOS ESPECIALIZADOS

Cada día aparecen nuevos campos de interés para los lectores, dada la mayor complejidad y especialización de la sociedad. Novedosas tecnologías, modernas profesiones, aficiones, *hobbies* y nuevos gustos hacen que las secciones de librerías ofrezcan cada día un mayor número de temáticas. Una dinámica parecida ya aconteció en las revistas y los semanales. Pero, mientras que las revistas están en crisis, los libros y colecciones de nicho se multiplican, para satisfacer los intereses específicos o los *hobbies* concretos. Los libros de nicho tienen una venta bastante segura, aunque, como contrapartida, las ventas posibles no serán altas. Para cubrirlas, el editor deberá editar muchos títulos con tiradas cortas y, desde luego, aplicar un margen superior que el de la publicación general. Dado que la gran editorial no puede entrar en esa lógica de producción de nicho, la pequeña editorial encuentra un magnífico campo para su desarrollo. Las reducidas ventas por títulos se verán recompensadas por la seguridad de venta de los ejemplares editados, pues los lectores interesados por temáticas específicas suelen ser muy fieles. Y, como ya veremos posteriormente, la rentabilidad de una edición no radica en el número de ejemplares colocados, sino en el porcentaje de tirada vendido. Una vez que un editor decide acometer la edición de libros para atender un nicho que considera desabastecido, debe constituir una colección específica, sacando más de un libro al año sobre la materia, para que el tirón de un título ayude a los otros. Si su cadencia de edición y la calidad de las obras son las adecuadas, el editor no tardará en comprobar que su colección es conocida y solicitada por los aficionados o estudiosos de la materia en cuestión.

Sin duda alguna, esta tendencia del mercado a consumir temas específicos es una de las mayores posibilidades para el nuevo editor.

EVOLUCIÓN DE POLÍTICAS Y CANALES DE COMUNICACIÓN

El editor ha de conseguir la mayor notoriedad posible para sus títulos. Tradicionalmente, esto se conseguía a través de los medios de comunicación —prensa, radio, televisión—, así como de la promoción directa por parte del propio autor, con presentaciones, conferencias o formación. La irrupción de las redes sociales ha supuesto una auténtica revolución en las políticas de comunicación, toda vez que un *instagramer*, un *tiktoker* o un *youtuber* puede tener más influencia y seguidores que un periodista de los medios tradicionales.

El editor debe utilizar estos nuevos canales, por lo que, al igual que un responsable de comunicación a través de los medios resulta del todo imprescindible, también lo es un responsable para redes sociales y *marketing* digital. La nueva realidad de comunicación es muy dinámica y debemos estar bien atentos, nos jugamos mucho en ello.

Por otra parte, las redes sociales son una excelente cantera para conseguir nuevos autores…, antes de que los grandes grupos se percaten, claro está. En un sector maduro, como el editorial, el crear marca es algo realmente complejo y costoso. El ecosistema digital es una excelente oportunidad para las pequeñas y nuevas editoriales, que tendrán más agilidad y hábito para desenvolverse en estos medios que los grandes grupos.

¿Está muerto el libro?

No hay reunión de editores o libreros donde no se clame a los cuatro vientos el grave peligro en el que está inmerso el futuro del libro. Expertos tecnológicos de diverso pelaje auguran, sin duda alguna en sus palabras apologéticas, el fin de la letra impresa, sustituida por pantallas digitales, audiovisuales diversos y metaversos inteligentes. ¿Qué debemos pensar los que nos dedicamos a esto del libro? ¿Tiene futuro, o su tiempo ya pasó? ¿Cambiamos de oficio cuando aún estamos a tiempo, o seguimos empeñándonos en dejar nuestros mejores años en el veneno de la tinta? ¿Somos los editores una especie de trogloditas en extinción, o, por el contrario, tenemos futuro brillante?

Anticipo mi propia respuesta. El libro sigue teniendo futuro, y el editor, también, siempre que sepa, claro está, adaptarse a los nuevos tiempos. El libro no deja de ser un soporte tecnológico donde se vuelcan palabras y textos. Hicieron falta miles de años de civilización hasta conseguir ese soporte perfecto. Antes de conocer el papel, utilizamos las piedras, la cerámica, la corteza de los árboles, los papiros o los pergaminos. Pero a partir del siglo X irrumpe en Europa un descubrimiento chino traído por los árabes, el papel, que era más ligero, barato y duradero que los restantes soportes. Los primeros papeles se hicieron a partir de trapos viejos que se dejaban «pudrir» antes de ser convertidos en pasta mediante molienda. Tras su prensado, secado y blanqueado, nacían las hojas de papel. En el siglo XIX, y al parecer inspirado por el tejido de los avisperos, se descubre el papel de celulosa vegetal, que, con bastantes mejoras, es el que hoy utilizamos para nuestros libros. El libro de papel es pues una tecnología que desplazó a las anteriores. Por eso es lógico preguntarse: ¿será a su vez desplazado por alguna otra tecnología, como la digital, que termine siendo mejor soporte para las historias y el conocimiento? También anticipo mi respuesta. En el futuro habrá sitio para ambos soportes. Cada vez recibiremos más información y consultaremos con mayor frecuencia los soportes digitales, sin que ello signifique abandonar el soporte libro. De hecho, hoy se venden más libros de papel que cuando comenzó, en los 2000, la conocida revolución tecnológica.

Al fin y al cabo, estamos ante una historia mil veces repetida. Cuando Gutenberg comenzó a utilizar la imprenta, los copistas e iluminadores de libros lamentaron el final del «libro bello». Pero llegaron los incunables, los libros impresos, y se siguieron produciendo auténticas joyas bibliográficas. La humanidad siguió considerando el libro artesanal producido por las primeras imprentas como hermoso. En el siglo XIX la industria de la impresión se revolucionó gracias, entre otros inventos, a la prensa rápida cilíndrica (1812) y la linotipia de Mergenthaler (1884). De nuevo, los viejos editores de libros realizados por las prensas planas de tipos móviles lloraron el final del «libro bello». Sin embargo, las nuevas imprentas siguieron produciendo buenos libros que enamoraban a las generaciones contemporáneas de lectores. A lo largo del siglo XX irrumpió con fuerza la radio, el cine —primero, mudo; después, con sonido; para terminar finalmente a color—, los discos, la televisión. Basta leer cualquier ensayo escrito en los años cincuenta o sesenta sobre la edición, y se verá el auténtico terror del sector de quedar borrado por la ola audiovisual. Marshall McLuthan predijo que el año del entierro definitivo del libro sería para 1980. Muchos fueron los que en los setenta vaticinaron el final del libro bajo el alud multimedia de sonido e imagen. ¿Cómo podían unas manchas escritas sobre el papel competir contra las imágenes y el sonido de las pantallas y altavoces? Sin embargo, en la década de los setenta se seguía leyendo. Pese a los agoreros, todavía más que antes. Los jóvenes que ya se criaron con una televisión en casa siguieron consumiendo libros, y además de forma masiva. Los primeros audiolibros de cintas de casete —los lectores jóvenes ni siquiera sabrán a qué me refiero— supusieron un auténtico fracaso, la gente siguió acercándose a las librerías para comprar los viejos libros. Veían la televisión, escuchaban música, iban al cine y seguían leyendo libros. Y, paradójicamente, más libros que antes, lo que permitió que el sector editorial siguiera desarrollándose. Las editoriales seguían descubriendo nuevos valores literarios, y los lectores seguían necesitando aprender o soñar a través de los libros. Contra todo pronóstico, ni la pantalla catódica ni los altavoces de alta fidelidad pudieron contra el antiguo libro de papel.

Y en los ochenta irrumpieron con fuerza los ordenadores, y en los noventa Internet. Los pronósticos para el futuro del libro fueron aún más sombríos. Todos los ensayos escritos a finales del siglo XX y principios del XXI coinciden en un mismo principio: la edición sobre papel no tenía nada que hacer contra el universo digital. Las generaciones educadas bajo la televisión, el ordenador y la videoconsola jamás leerían un libro, fascinadas por las inmensas posibilidades que le ofrece internet. Y mientras esto se decía por sesudos pensadores en tribunas de congresos y seminarios, los niños internautas corrían a las librerías a comprar los *Harry Potter* de turno, desmintiendo de paso a los pesimistas que afirman que los niños de hoy no leen.

La llegada del libro electrónico o *e-book* fue percibida como el principio del fin del libro de papel. Hoy, treinta años después, sabemos que el supuesto apocalipsis fue solo una pesadilla de una noche desapacible. La irrupción de los libros digitales no acabó con el papel, sino que convive con él, ocupando, eso sí, un discreto porcentaje del mercado de lectura, que oscila entre el 5 y el 10 % en función de temas y circunstancias. Y lo más curioso es que el papel parece tener mayor vigor, por lo que este porcentaje de lectura digital incluso ha disminuido. Pero, repetimos, para los editores cualquiera de estos formatos es digno, merece nuestro respeto y esfuerzo, por lo que, en principio y por defecto, debemos distribuir nuestro catálogo tanto en papel como *e-book*, y que los lectores decidan cómo desean leerlo. Bendita libertad.

Y en esas estábamos cuando irrumpieron, adictivas y omnipresentes, las redes sociales, a las que los jóvenes dedican mucho más tiempo que a la televisión. En paralelo irrumpieron las series televisivas que, bajo el empuje de Netflix, tuvieron un gran éxito. Y de nuevo, la cantinela del pronto fallecimiento del viejo libro escrito.

Lo digital, en efecto, cambió muchas cosas. La prensa en papel languideció, la industria discográfica tuvo que reinventarse por completo, la televisión en abierto perdió su peso estelar. Redes sociales, plataformas tipo Netflix o, en otra línea, TikTok y YouTube atrajeron audiencia, sobre todo joven. Sin embargo, y contra todo pronóstico, el libro sigue gozando de una lozanía inesperada. Crece el consumo de información y de formación digital, pero se mantiene, hasta ahora, el del libro. Haciendo bueno el viejo dicho «Este muerto que matáis goza de buena salud», sigue vivo, bien vivo, podríamos gozosos añadir. A pesar de lo que han vaticinado los augures de cada generación, el libro no ha perecido, sino que sigue atrayendo a miles de millones de personas en el mundo. No sabemos lo que ocurrirá a largo plazo, pero desde luego ni a corto ni a medio plazo el libro se convertirá en un extraño entre nosotros. ¿Por qué? Pues porque, aparte de todo su halo romántico y de la sensorial experiencia de lectura, sigue siendo un invento tecnológicamente perfecto. Barato, cómodamente transportable, hermoso, no consume energía, cansa menos la vista, objeto físico de regalo, base de coleccionismo y un largo etcétera. La tecnología del libro de papel sigue siendo plenamente vigente. Por eso no desaparecerá. A medio plazo seguiremos utilizándolo, al tiempo que escribimos correos electrónicos, vemos series de televisión en plataformas digitales, navegamos por Internet, utilizamos nuestras redes sociales, aprendemos a través de tutoriales de YouTube o usamos los múltiples sistemas inteligentes que cada día aparecen. Muchos avezados internautas seguirán emocionándose con las historias escritas sobre el papel. Esta supervivencia del libro no quiere decir, no obstante, que el editor pueda ausentarse de lo que ocurre en su entorno tecnológico. Queramos o no, el ecosistema digital y la sociedad que genera determinarán también, de alguna forma, el futuro del libro y de la edición.

Y suma y sigue. La irrupción del metaverso, la realidad virtual y aumentada, también se percibió como una amenaza al libro. Las experiencias inmersivas resultarían tan reales que ninguna otra forma de ocio habría proporcionado jamás sensaciones tan vivas. Puede ser, quién sabe. Pero el viejo libro siguió vivo. ¿Por qué? Porque la experiencia más íntima y personal es la que nosotros mismos construimos en nuestra mente, a nuestra medida, cuando leemos una obra. Las escenas y las acciones no han sido diseñadas por un ingeniero de *software*, sino que se elabora en nuestro cerebro. Resulta del todo imposible un grado mayor de implicación. La lectura interpela a nuestra autoconstrucción, algo pasa en nuestro cerebro gracias a que podemos viajar, conocer y vivir otras vidas y conocimientos. Un prodigio con el que todavía no han podido ni ondas ni bits. El universo contenido en unas hojas de papel, a las que nos enfrentamos en silencio y soledad. La aventura de leer.

Y el silencio. La quietud. En un mundo todo sonido, imagen, estímulos, colorines y desasosiego, el sentarte en silencio para sumergirse en una lectura plácida es una experiencia sanadora. Santa medicina de la lectura reparadora, cada día más precisa y necesaria.

Los nuevos formatos de publicación también pusieron en solfa el valor que aportamos los editores. La tecnología permite que los autores puedan publicar directamente sus obras —por ejemplo, a través del servicio de autopublicación de Amazon— a través de libros digitales e impresión a demanda. Pareció, entonces, que las agencias y los autores podrían prescindir de las editoriales. Y si tan fácil resulta la distribución digital, se preguntaron muchos, ¿para qué sirven los editores? Los autores o sus agentes podrían comercializar directamente sus obras, obteniendo mayor beneficio por ello y sin tener que pasar por las exigencias editoriales y sus costes. Ya sabemos que algunos autores consideran al editor como un mal necesario, como un simple intermediario entre su obra y el público lector. El universo digital le permitiría prescindir de ellos, podrían saltarse desde el ordenador de su casa todos los trabajos de impresión, distribución y publicidad. El lector accedería directamente a su obra con un simple clic. La era de los editores habría finalizado.

Se volvieron a equivocar. No comprendían el valor esencial de la empresa editorial, que selecciona textos, los pule, los titula, los acerca, lo provoca, los acoge en un catálogo reconocible por libreros y lectores. Y aquellos autores famosos, como Stephen King, que probaron con la fórmula de venta directa a través de soporte digital, lo abandonaron en cuanto conocieron sus limitaciones y la infinita soledad y orfandad de esos textos perdidos en el ciberespacio. La autopublicación es una opción estupenda para aquellos escritores que comienzan. Así, hacen visible su obra de alguna manera. Si logra destacar en ventas, a buen seguro, una editorial llamará a su puerta. Y lo más probable es que el autor acepte ilusionado figurar en el catálogo de un sello editorial. Nos parece una alternativa digna y estupenda para aquellos que les guste o que lo necesiten, pero no desplazará en absoluto el papel del editor. Por el contrario, el lector, abrumado por las miríadas de textos danzando en el cosmos digital, inmenso y caótico, agradecerá la tarea de selección y cuidado que siempre supone el catálogo de cualquier editor que se precie.

Lo sabemos por convicción y experiencia. Las posibilidades digitales no aplastarán al editor de libros, sino que le ofrecerán nuevas alternativas para llegar a los lectores. Los editores somos gestores de la propiedad intelectual que nos ceden los autores por un tiempo determinado. Ese contenido lo comercializamos de manera diversa. A través del tradicional formato papel —tapa dura, rústica o bolsillo—, a través del libro electrónico y del audiolibro. Todos esos formatos tienen sus ventajas y limitaciones. También sus lectores. No son excluyentes entre sí y se refuerzan en su conjunto. Las nuevas fórmulas digitales no solo han acabado con los editores, sino que nos han proporcionado vías nuevas para poner nuestros textos a disposición de los lectores. El POD o impresión bajo demanda permite vender libros en papel en países donde no tenemos distribución.

La inteligencia artificial generativa parece poder revolucionar nuestro mundo. Diseña portadas, hace traducciones, escribe textos e, incluso, libros. Pero tranquilos, tampoco acabará con autores ni editores, aunque tendrá honda influencia en nuestra manera de trabajar.

En resumen, y aun siendo conscientes de que las nuevas posibilidades tecnológicas terminarán afectando, de una forma u otra, al mercado del libro y condicionando la evolución del mundo editorial, podemos afirmar que, al menos a medio plazo, el libro seguirá gozando de una lozanía envidiable. Los que queremos ser editores estamos de enhorabuena. Llevamos décadas sobreviviendo a supuestos monstruos tecnológicos que nos iban a devorar, cuando, en verdad, no se trataba más que de puestas y posibilidades que se abrían para nuestro papel esencial, llevar nuestras obras a los lectores. Con toda seguridad aún nos quedan décadas de existencia atormentada, pero, como desde siempre, razonablemente, feliz.

Quiero crear una editorial

Antes de profundizar en el corazón de la gestión editora, querría dedicar este capítulo a aquellas personas que desean crear una editorial. Como algunos de los problemas son comunes para todas las editoriales, también podrá ser de interés este apartado a los editores más veteranos.

Ser editor es el sueño de miles de personas que aman el libro. A pesar de sus dificultades, este hermoso oficio se encuentra idealizado, y son muchos los que todo lo darían por entrar a formar parte del club de editores supervivientes. En este manual hemos intentado explicar algunas de las características del sector y de la gestión específica de la editorial, pero, a estas alturas, es interesante que intentemos ayudar a las personas que deciden dar sus primeros pasos en este apasionante mundo. Si considera que esta es su verdadera vocación, no lo dude, no existe nada más frustrante que no intentar conseguir lo que íntimamente se desea. Le animamos que dé el paso, pero le recomendamos la máxima prudencia. Cada semana tan solo en España se crea una nueva editorial, y la inmensa mayoría de ellas no llegan ni siquiera a cumplir el año de existencia. Muchos son los llamados, pero pocos los elegidos, en términos evangélicos. He oído con alguna frecuencia una dolorosa frase que refleja la realidad del sector: «Las editoriales padecen la mayor tasa de mortalidad infantil del mundo. ¡Son tantas las que perecen en su más tierna infancia!». Si ha decidido convertirse en editor, es aconsejable que sepa bien dónde se mete antes de dar los primeros pasos.

La primera recomendación es que extreme la prudencia financiera. El mercado del libro está saturado, ofrece unos márgenes ajustadísimos y experimenta una fuerte tendencia hacia la concentración, tanto en las editoriales como las distribuidoras y librerías. Editar es fácil, pero distribuir, vender, cobrar y lograr mantener una cuenta de resultados es mucho más difícil. El perfil tipo del nuevo editor suele responder a una persona culta, amante del libro, que tiene un proyecto editorial en la cabeza. Pero sus competencias editoras están, normalmente, por encima de su preparación empresarial. Debe saber que una editorial es una empresa —especial, pero empresa, al fin y al cabo— que debe desarrollarse en un entorno especialmente hostil. Por eso debe pensárselo dos veces antes de dar el paso empresarial. Si desea vivir de la edición, puede contemplar la posibilidad de dirigir alguna colección para una editorial consolidada o trabajar como editor profesional. Si finalmente decide crear una empresa editora, estos consejos le resultarán de especial utilidad.

Normalmente, el que decide montar una editorial ya tiene alguna experiencia en el sector del libro, bien como escritor, librero, maquetador o periodista. Le resultan pues conocidos conceptos tales como «distribuidor», «galerada», «descuento» o «devolución». Si de nada le suenan, nuestro primer consejo es que trabaje un tiempo en una editorial para familiarizarse con el mundo al que pretende entrar. Una vez que ya conozca su realidad, estará en condiciones de dar el salto.

El nacimiento de una nueva editorial es hermoso al tiempo que complejo y arriesgado. Cuesta sortear las barreras de entrada. Pero se puede conseguir, como afortunadamente podemos comprobar. Si tiene decidido dar el paso, ¡mucho ánimo! Otros lo consiguieron, ¿por qué usted no? Antes de aventurarse a hacerlo, responda con sinceridad a las siguientes grandes preguntas:

- ¿Por qué y para qué quiero ser editor?
- ¿Estoy dispuesto a luchar por ello, a pesar de las dificultades y sinsabores que a buen seguro se presentarán?
- ¿Tengo claro mi proyecto editorial?
- ¿Puedo desarrollar un programa de publicaciones?
- ¿Cómo seleccionaré las obras a publicar? ¿Cómo conseguiré autores?
- ¿Cómo haré los libros? ¿Tengo conocimiento de edición, o tendré que acudir a servicios editoriales externos que lo hagan?
- ¿Cómo los distribuyo y vendo?
- ¿Cómo los promociono?
- ¿Cómo administro los gastos e ingresos para generar beneficio?
- ¿Cómo atenderé las necesidades financieras hasta que lleguen los ingresos y el beneficio? ¿Con qué capital dotaré la editorial para comenzar? ¿Es suficiente? ¿Cómo lo obtengo?
- ¿Puedo convivir con el riesgo?
- ¿Soy capaz de gestionar personas, liderar y motivar equipos y saber delegar?

Profundicemos en algunos de estos aspectos, determinantes en los primeros pasos.

PROGRAMA EDITORIAL

El éxito de una editorial radica en el acierto en la elección de los libros que edita y que componen su catálogo Y también, cómo no, en una buena edición de las obras, una correcta distribución y una promoción adecuada. De todo ello, lo más difícil es conseguir libros buenos. Un nuevo editor tendrá que tener muy claro qué tipo de libros desea hacer y, también, habrá de estimar si habrá suficientes lectores interesados. Un editor de raza publicará obras minoritarias que le gusten o que, por su calidad, enriquezcan el catálogo, pero siempre tendrá que estar atento a equilibrar sus cuentas, sobre todo en los primeros pasos. El editor suele enamorarse de sus propios libros, y eso lo lleva a no ver sus defectos ni los riesgos que entraña su relación. Por eso, antes de decidirse a editar, debe responderse a estas preguntas básicas.

- ¿Qué valor aporta a los lectores?
- ¿A quién va dirigida?
- ¿A quién puede interesarle?
- ¿Quién es el autor? ¿Cuál es su grado de conocimiento? ¿Tiene lectores o seguidores?
- ¿Por qué lo publico?
- ¿Quién me lo comprará?
- ¿Existen otros libros similares? ¿Está reciente su publicación?
- ¿Aporto algo nuevo con su publicación?
- ¿Estoy convencido de su calidad?
- ¿Podría incorporarse a una de las colecciones previstas en mi programación editorial?
- ¿Es coherente con mi línea editorial y catálogo?

Existen libros muy hermosos sin comprador posible. Un editor nuevo no debe editarlos, salvo que tenga resuelta su financiación. En sus primeros títulos debe armonizar su interés intelectual con la posibilidad de retorno económico. Si no consigue ese equilibrio, no tardará en caer en bancarrota, destino desgraciadamente habitual para un significativo porcentaje de las iniciativas editoriales, como bien sabemos.

Lo más fácil —y con mayores probabilidades de éxito— es editar obras de un nicho de conocimiento propio del editor que comienza. Seguro que conoce los huecos que existen. Si logramos encontrar un tema específico, no suficientemente atendido por el resto de las editoriales, podremos vender nuestros libros al público interesado sin demasiada dificultad. Al ser de nicho, no obtendremos grandes ventas, pero sí seguras. Y, como veremos más adelante, lo importante no es el número de libros, sino el porcentaje de su tirada que se vende. Esta entrada por nichos especializados es la que han utilizado muchas de las editoriales exitosas que hoy conocemos. Se reducen los riesgos, se distribuyen con mayor facilidad, y se aseguran unas ventas más probables. Querer entrar en el mercado editando narrativa, por ejemplo, resultará mucho más difícil, dada la saturación de las mesas de novedad. Aunque apostar con prudencia por primeras obras de autores que prometen puede proporcionar grandes alegrías en el futuro. El talento del editor de detectar calidad literaria lo impulsará desde su arranque.

¿Cómo encontrar esos nichos no suficientemente cubiertos? La respuesta tópica sería el encargar un estudio de mercado que determinara esos huecos en librerías. Pero eso es pura utopía. Los nuevos editores no tienen recursos suficientes para contratar los servicios de una compañía de estudios. Y tampoco funcionaría. Deben ser ellos mismos los que encuentren esas demandas no cubiertas. ¿Y cómo? No existe un único sistema. Además de los propios conocimientos que atesore el editor, siempre resulta conveniente visitar con frecuencia las librerías para conocer los fondos expuestos de las temáticas que nos interesen. Las plataformas de venta digital y las páginas web de las editoriales también nos muestran información de interés. La propia experiencia profesional del editor novel puede ayudarle a saber qué tendencias y demandas aún no están suficientemente cubiertas. Recurrir a expertos en la materia es otra posible solución. Y, por supuesto, el talento y la intuición del editor, materia del todo fundamental para lograr destacar en este exigente oficio.

A buen seguro que pronto le surgirán candidatos para ser editados. Mucho cuidado. De todos los que quieren publicar, tan solo una pequeña parte de ellos tiene algo bueno que ofrecer. No se deje convencer, edite solo aquello en lo que tenga plena confianza. Y un consejo: no se crea las ventas que los escritores afirman haber tenido de sus anteriores libros. Si lo hace, se equivocará tanto en el posible anticipo como en el dimensionamiento de la tirada. Los escritores suelen exagerar de forma casi impulsiva sus resultados. Un editor conocido comenta que, cuando comenzó en la actividad, siempre dividía entre dos las ventas que le contaba un escritor. Con el paso de los años y la experiencia, el denominador fue creciendo y, en los últimos tiempos, dividía entre diez. «Y suelo acertar», repite con una sonrisa.

El editor novel tendrá que diseñar qué colecciones le interesa cubrir y marcarse un plan editorial. Ya sabemos que no existe un modelo único de empresa editorial y que, al igual que algunas se dedican por completo a la literatura, otras lo hacen a la ciencia, combinando casi todas ellas la ficción con la no ficción. Y, una vez que lo tenga decidido, iniciará la contratación de los mismos. En posteriores capítulos ya analizaremos todo lo referente a contratación editorial y derechos de autor.

Toca ahora comenzar a editar la obra contratada. Pero, atención, insistimos, antes de ponerse a ello se deberá tener cerrada la distribución de la obra.

¿CÓMO EDITO LOS LIBROS?

El principal valor del editor es encontrar temas y autores. Buenos textos. Pero después debe convertirlos en libros, hermosos, atractivos, cálidos. Encarnar el texto manuscrito. El editor, tras conseguir buenas propuestas, debe trabajar con el texto, corregirlo, maquetarlo según un diseño editorial, ilustrarlo, diseñar portadas y cubiertas, así como ordenar la impresión. Un libro posee espíritu, su contenido, y cuerpo, el volumen impreso o el libro digital maquetado. Y el editor trabaja con ambas dimensiones.

De ahí su doble condición: intelectual y estética, por un lado, y de diseño y buen hacer, por otro.

No resulta difícil encontrar profesionales que sepan maquetar y realizar los trabajos editoriales necesarios para enviar un libro a imprenta. Encontrarlos que sean buenos y que trabajen a un precio que se pueda permitir el nuevo editor es harina de otro costal. Muchos editores noveles realizan por sí mismos gran parte de los trabajos de edición, en especial las correcciones. Lo más difícil suele ser hacer portadas y cubiertas, a las que hay que dar mil vueltas hasta encontrar las adecuadas. Ya sabemos lo importante que resulta de cara a las librerías. Y atención a los títulos, hay que dedicarle tiempo hasta encontrar el adecuado. Conseguir que las portadas, con sus títulos y subtítulos, evoquen el valor que el libro aporta de un solo vistazo es un arte y supone una parte de lo que conocemos como talento del editor. Una vez que tenemos el manuscrito final, tras repasarlo minuciosamente para que no lleve erratas, se deberá enviar a imprenta, en caso de que lo vayamos a sacar en papel. De manera paralela, se deben subir a las plataformas de venta *online*.

Existen muchas imprentas especializadas en libros, por lo que debemos solicitar varios presupuestos para escoger el más adecuado. Es importante que nos concedan plazo de pago para ayudarnos en la tesorería. Para optimizar la logística, lo mejor es que desde la imprenta salgan los paquetes para la distribución, evitando en lo posible el almacén propio. La relación del editor con el impresor es muy estrecha y suele estar basada en la confianza.

TIRADA

Repasemos lo visto hasta ahora. En primer lugar, hay que concretar el proyecto editorial, temas, libros y autores. En paralelo, y antes de ir a imprenta, se debe cerrar la distribución, auténtica barrera de entrada para el sector. Se determinará estética, diseño, portada y demás. Y, muy importante, es preciso ajustar bien las tiradas de sus primeros libros, hasta que tenga suficiente conocimiento del sector para aumentarlas.

Un editor debe aspirar a publicar libros buenos y que, además, venda. La noción de venta es siempre relativa a la tirada que se ordenó imprimir. Un editor que comienza deberá medir muy bien las tiradas iniciales para no incurrir en inmovilizados y gastos de almacén innecesarios. Hoy, gracias a la impresión digital se pueden lanzar tiradas reducidas, lo que sin duda ayuda en los primeros pasos. Hacer tiradas desde 100 ejemplares hasta 700 es hoy posible gracias a la impresión digital, algo imposible en la tradicional impresión *offset* porque hubieran resultado muy caros. A medida que la editorial sea más grande y sus gastos generales más elevados, tenderá a tiradas más largas. Así, en los grandes grupos norteamericanos se consideran umbral de rentabilidad para editar o no un libro unas expectativas de ventas de 20.000 ejemplares, y eso, para un autor medio; sin hablar, por supuesto, de los grandes *best sellers* adquiridos a golpe de talonario, cuya tirada de arranque debería ser mucho mayor. En Europa, con un mercado más reducido, ese umbral suele ser inferior, pero, por ejemplo, en España, los grandes grupos se piensan muy mucho si editar en narrativa —la no ficción es otra cosa— libros con una expectativa por debajo de los 2500 a 3000 ejemplares. Un editor novel debe conseguir su umbral de rentabilidad con ventas muy inferiores a esas. Y no es fácil conseguirlo, dado que, para una editorial media, una tirada de 3000 ejemplares ya se considera apuesta hoy en día. Como orientación, la horquilla entre 500 y 1500 ejemplares de tirada inicial será muy frecuente para los editores que comienzan.

LA DISTRIBUCIÓN

Se trata, sin duda alguna, de la gran barrera de entrada. Publicar un libro, en principio, no es caro. Con dos o tres mil euros de inversión, puedes tener mil ejemplares impresos. Pero no cantes victoria. Es entonces cuando viene lo difícil, venderlo y darlo a conocer. Y por ello, el nuevo editor, al tiempo que proyecta sus títulos y colecciones, debe encontrar su canal de distribución. Jamás debe ordenar la impresión de un libro sin saber cómo se va a distribuir. Si comete ese error, las probabilidades de que al final los libros impresos se pudran en un almacén son francamente altas. Desgraciadamente, no es fácil hacerse con una buena red de distribución. Muchos pequeños editores distribuyen ellos mismos sus fondos por las librerías locales, pero ese sistema les impedirá crecer, al tiempo que se les irá dificultando paulatinamente debido a la extensión de las cadenas de librerías con compra centralizada. Ya analizaremos el funcionamiento de las distribuidoras, sus pros y contras. En general, dado la sobreoferta de títulos editados y el enorme número de editoriales existentes, es casi imposible que presten atención alguna a los fondos que comienzan su andadura, a no ser que pertenezcan a un gran grupo u organización, o que publiquen a un autor conocido. Aunque la sorpresa siempre es posible, resulta poco probable. El distribuidor valorará la capacidad de crecimiento de la nueva editorial y sus probabilidades reales de éxito. Ya hemos comentado que lo que más teme es colocar fondos de editoriales que después desaparecen, teniendo ellos que asumir la devolución de los fondos colocados y abonados al editor fenecido. Por eso, son muy reacios a admitir nuevas editoriales si no les ven solvencia y capacidad de crecimiento.

La nueva editorial debe resultar creíble al distribuidor. Por la calidad de sus obras, por la convicción en sus huecos de mercado, por su solvencia y por su capacidad financiera. Están cansados de hermosos proyectos que, como los amores eternos de Sabina, duran tan solo una noche de verano.

En todo caso, cuando consiga su distribución, el nuevo editor ha de prepararse para tener que soportar el desfase de tesorería entre que el libro sale de imprenta y recibe los primeros pagos.

Otro aspecto muy importante para la distribución es garantizar un ritmo de publicación determinado, para que ellos puedan establecer su flujo de novedades/devoluciones con normalidad. Y, por último, anticiparle al máximo información sobre los proyectos editoriales —que después hay que cumplir si se desea mantener el suficiente crédito profesional—, para que ellos puedan trasladarlo a su red comercial. Es importante visitar al menos una vez al año a los distribuidores para mostrarles el programa editorial a todos sus vendedores.

Los distribuidores regionales están en una fuerte reestructuración, habida cuenta de que, cada vez más, las grandes cadenas exigen al editor una distribución centralizada. Para desgracia de las editoriales jóvenes, las grandes librerías son muy restrictivas a la hora de admitir nuevos operadores directos, pues le incrementan el trabajo administrativo. Las librerías prefieren trabajar con distribuidores que gestionen varios sellos antes que directamente con una editorial. Esta tendencia a la concentración en la distribución eleva la barrera de entrada al nuevo editor. Cada día será más difícil entrar en el circuito de distribución por los motivos expuestos.

Cuando firme su contrato de distribución, además del porcentaje de descuento —lo habitual es el 55 %, y tenderá a acercarse al 60 %—, debe analizar detalladamente varios aspectos:

- Forma de pago. Es mejor que el distribuidor le envíe mensualmente un documento tipo pagaré para poder descontar o, en todo caso, obtener autorización para emitir recibo bancario. Algunos contratos estipulan las transferencias bancarias a plazo de pago vencido. No son recomendables, puesto que, salvo que dispongamos de un *factoring*, nos tocará aguantar durante todos esos meses el tirón de tesorería. El *confirming* es una vía muy interesante para anticipar el cobro, aunque pocas distribuidoras lo ofrecen.

- Descuentos especiales. Además del descuento tipo, se pueden pactar descuentos especiales, siempre al alza. Hay que acotarlos. Un clásico es el 5 % adicional para el Día del Libro, o para Sant Jordi, o feria del libro, que termina convirtiéndose en el trimestre del libro, puesto que se suele aplicar ese descuento el mes anterior y posterior al evento.

- Garantizarse la adecuada información sobre ventas, inventarios y depósitos, para poder gestionar el fondo y las reediciones de forma adecuada. Las plataformas digitales de cualquier distribuidora que se precie ofrecen una información detallada y continua sobre los movimientos y existencias de los fondos distribuidos.

- Plantearse la fórmula de salida. El contrato debe ser de un año prorrogable, con un plazo máximo de preaviso de tres meses. Una vez que comience a trabajar con un distribuidor, queda literalmente en sus manos. Tiene todo su activo, y gestiona su tesorería. Debe preverse cómo se entra, cómo se funciona y cómo se abandona.

Probablemente, junto con el tipo de libro a editar y los diseños editoriales, la elección de la distribución es la decisión más importante que debe adoptar el nuevo editor. Del acierto o el error dependerá en mucho sus posibilidades de éxito o rotundo fracaso.

Vender directamente a través de la web de la editorial es una vía interesante pero minoritaria. La venta directa en ferias y eventos diversos es una vía complementaria, pero no alternativa a la distribución tradicional a través de librerías.

ESTUDIO ECONÓMICO-FINANCIERO

Una vez que se tenga determinado el programa editorial del semestre o del año, y conocidos los gastos generales y de descuentos de distribución en los que vamos a incurrir, no resulta difícil construir el cuadro de tesorería. Sabemos los gastos en los que incurriremos y el plazo medio de pago con el que tendremos que atenderlos. Solo nos falta estimar los libros que venderemos y las fechas en las que se producirán esas ventas para completar el cuadro de tesorería, tal y como vimos en el capítulo correspondiente. Lo más normal es que durante el primer año tengamos necesidades financieras. Solo existen dos opciones para cubrirlas: o se aporta capital, o se pide un préstamo. Algunas editoriales han tenido la fortuna de arrancar con mucha fuerza de ventas y no necesitar esta financiación, pero lo normal es que debamos prepararla. Cuando veamos el cuadro de tesorería, podremos determinar cuál es el pico de nuestra necesidad. Entonces se debe ir al banco a pedir un préstamo o una póliza para poderla cubrir. Como siempre, es recomendable extremar la precaución.

El ajustadísimo margen de los libros nos debe forzar a intentar ajustar al máximo los gastos. Ni podremos pagar anticipos más allá de lo razonable, ni aceptar presupuestos costosos para la ejecución de las tareas editoriales. Es normal que todos los profesionales que participan en la cadena de elaboración de un libro quieran ganar más dinero, pero siempre hay que tener en cuenta que el que menos suele ganar es el propio editor. ¡Sea firme en las negociaciones, nadie le socorrerá cuando comiencen sus aprietos económicos!

A la hora de comprar derechos de edición y tratar con agencias literarias —muy importantes en la vida del editor—, recuerde que siempre es más fácil comprar que vender. Sea prudente y concentre sus adquisiciones en los títulos más acordes con su línea editorial y catálogo, y póngase tope límite en los anticipos.

Funciones y oficios imprescindibles en la editorial actual

Una editorial, independientemente del número de personas que trabajen en ella, debe cubrir, de forma necesaria, una serie de funciones vitales para poder cumplir su misión, la de llevar buenos libros hasta el lector. Desde la más pequeña hasta la más grande, todas deben responder a las exigencias de la selección de textos, de la edición, la producción, la red comercial, el *marketing*, la comunicación, la administración, las finanzas y la gestión de derechos. Dicen que la capacidad más importante de un empresario debe ser la de liderar grupos humanos. Un editor, como responsable también de una empresa, debe saber coordinar y dirigir a su equipo. Algo así como un director de orquesta, aunque en las editoriales más pequeñas el editor, más que un director de orquesta, es, en verdad, un hombre-orquesta, ya que debe realizar, a excepción de la contabilidad, que se suele subcontratar, las restantes funciones, siendo válido nuestro postulado de arranque de este apartado. Si no ejerce adecuadamente todas las funciones reseñadas, su editorial no podrá cumplir con los requerimientos del actual mundo del libro. En un capítulo posterior analizaremos cómo se pueden coordinar entre sí el conjunto de departamentos especializados en cada una de esas funciones.

Probablemente, si trabaja usted en una editorial mediana o grande, ya existan departamentos —con su director y sus auxiliares— para satisfacer cada una de estas funciones. A veces, un mismo departamento se responsabiliza de varias de ellas, como es la del *marketing*, que suele asociarse a comercial o a comunicación. Solo en las grandes empresas existe un departamento exclusivo destinado a tal fin. En las editoriales pequeñas, los departamentos no están tan definidos, y una o varias personas se las arreglan para ejercer esas funciones, a veces casi de forma espontánea, sin formalidades ni protocolos.

Repasemos cada una de estas funciones. Y no olvide que, independientemente de cuántas personas trabajan en su editorial, todas ellas deben ser desempeñadas.

FUNCIÓN EDITORIAL

Dirección editorial

La dirección editorial es la base, la que otorga contenido, coherencia y profundidad a la línea editorial. Mientras que un editor de mesa debe estar enfrascado en la elaboración del libro de turno, el director editorial debe mantener la mirada alta, observando tendencias, buscando autores, proponiendo temas. El editor de mesa trabaja a corto plazo, mientras que el director editorial lo hace a largo plazo. En verdad, en la mayoría de las editoriales, ambas funciones coinciden en las mismas personas, aunque sus objetivos están claramente diferenciados. Como ocurre con los viajeros clásicos, lo importante para no perderse y, al tiempo, no tropezar y caerse es marchar paso a paso, pero con la mirada puesta en las estrellas. Sin día a día no hay libro, y sin mirada a largo plazo no existe plan de publicación.

Una editorial debe ordenar sus actividades al servicio de su programación editorial. Es responsabilidad del director editorial diseñar un programa de publicaciones consistente y determinar la oportuna cadencia de salida de cada una de las obras. El director editorial crea el catálogo, mientras que los editores de mesa hacen los libros que lo componen.

La dirección editorial suele ayudarse de las agencias literarias —que, una vez que conocen su línea, se aprestan a ofrecer libros que consideran adecuados—, o bien de sus propios contactos o conocimientos a través del catálogo de otras editoriales o de librerías, o incluso utilizando la figura del director de colección, que puede proponer temas con un mayor conocimiento de causa. Sea como fuere, la dirección editorial es la función primordial de una editorial, y la que marcará el camino hacia el éxito o el fracaso.

Editor

En este apartado hablaremos de la función del editor-profesional en su doble dimensión, tanto como director editorial como de editor de mesa, ya que, en muchas ocasiones, ambas realiza. Su función básica es proponer títulos y autores, dar coherencia y calidad a la colección, mantener la relación con los escritores y, en su caso, negociar el contrato, trabajar con el autor mientras avanza en la escritura, y, una vez entregado el manuscrito, coordinar todas las tareas de edición (maquetación, corrección, portada, etc.), hasta remitir finalmente las galeradas definitivas al impresor.

La función esencial del editor es conseguir autores y libros, y darles coherencia y contenido a las colecciones, catálogos y línea editorial. Para ello debe encontrar autores, bien directamente o bien a través de las agencias literarias, de creciente papel en la intermediación entre autores y editoriales. Es recomendable que el editor esté presente en la vida cultural, en exposiciones, conciertos, jornadas, presentaciones y conferencias donde pueda conocer y acercarse a nuevos escritores. Pero la función del editor va más allá de contactar con autores y esperar sus manuscritos. En muchos casos, es el editor quien descubre el tema y busca y selecciona al escritor más adecuado para escribir sobre él, sobre todo en las obras de no ficción. El editor es, en estos casos, catalizador necesario del talento del escritor. Son muchas las obras que se editan cada año y que nacen de propuestas de los editores, y no de la iniciativa de los escritores. Por tanto, la función del editor no es solo pasiva —la de leer los manuscritos que le llegan—, sino también activa, esto es, buscando temas y planteándoselos al escritor que considere más adecuado.

Hay manuscritos que el autor entrega bien escritos y estructurados, lo que facilita las tareas de edición. Bastará con una corrección ortotipográfica —que, en todo caso, resulta obligada e imprescindible— y una maquetación para que tengamos el libro listo para la imprenta. Pero, en otras muchas ocasiones, el manuscrito presenta deficiencias de estilo, de tensión en la trama, o redundancias, o insuficiente claridad en los textos de no ficción, por no hablar de los errores ortotipográficos. La tarea del editor resulta entonces mucho más compleja. Desde la corrección de estilo hasta propuestas de diversa naturaleza para mejorar el manuscrito, editor y escritor deben trabajar mano a mano hasta conseguir que el libro salga redondo. Michael Korda, en su libro de memorias *Editar la vida* (Debate, 2005), describe la pasión del editor-profesional:

> Para un auténtico editor, reducir un manuscrito de setecientas páginas a cuatrocientas, inventar un nuevo título, recombinar los capítulos para darle al libro un comienzo increíble y un final sorprendente, representa un reto cotidiano, como para un cirujano una operación difícil. Los editores de verdad, si son buenos, también saben dejar las cosas como están, lo que es aún más importante. «Si está bien, no lo toques», podría ser la primera regla de nuestro juramento, si tuviéramos uno.

El editor no se limita a corregir ortotipográficamente el manuscrito que le pasan, sino que, en muchas ocasiones, realiza un gran esfuerzo creativo proponiendo mejoras al autor, que, en todo caso, debe dar su visto bueno. Es este un trabajo arduo, discreto, pero bellísimo. El intenso trabajo de los editores ha conseguido «cocinar» importantísimos *best sellers* a partir de manuscritos deficientes en forma o estructura, pero que tenían autenticidad y fuerza en sus personajes, historias y ambientaciones. Casos como *Love's Machine* de Jacqueline Susann, *Lace* de Shirley Conran o *La catedral del mar* de Falcones son paradigmáticos de esta edición profesional «creativa». En la mayoría de las editoriales actuales, los libros no se someten a revisiones tan profundas, llegando a matizar simplemente tramas y estilos. Otras consideran que el texto es responsabilidad del autor y que, si no viene bien, sencillamente no debe publicarse.

Titular una obra es todo un arte. El editor debe consensuar con el autor el título final del libro, que frecuentemente sufre cambios desde el inicialmente propuesto por el autor. Recomendamos, a la hora de firmar el contrato editorial, poner «título provisional» y no «definitivo», pues serán muchas las veces que a lo largo del proceso editorial sufra cambios y modificaciones. Es bueno que sepamos que el contenido de una obra pertenece al autor y que el editor nada podrá modificar sin su expresa aprobación. Sin embargo, portada y título deben consensuarse entre editor y autor. Un buen título y subtítulo, que sea sonoro, que llame la atención, que muestre el principal valor de la obra, supone un tesoro. A veces, escuchamos aquello de que medio libro es el título, como queriendo potenciar la profunda influencia que ejerce sobre el comprador y el potencial lector. De hecho, el título influye en la experiencia de lectura. Recomendamos dedicar tiempo a escoger el título más adecuado. El editor no debe dar por buenos, por sistema, los que propone el autor, ya que, en bastantes ocasiones, no son los más adecuados. Hay que gestionar el asunto con tacto y delicadeza, y siempre tratar de alcanzar un consenso. Al igual que no hay que aceptar sistemáticamente el título del autor, tampoco el editor puede imponerlo. El consenso a veces es difícil de lograr, pero resulta siempre imprescindible.

Corresponde también al editor el importante asunto de las portadas y cubiertas. Las portadas suelen ser materia de debate —a veces, de conflicto— entre el editor y el autor, aunque también con frecuencia involucra a varios departamentos, como el Departamento Editorial y el Departamento Comercial y de Marketing. En la cuestión de las portadas todos opinan —especialmente el autor—, y es bueno que así sea. Pero la decisión final la debe tomar alguien. Es tan importante que en muchas empresas se adoptan en Consejo de Dirección, con todos los departamentos presentes.

La portada debe llamar la atención, trasladar un mensaje adecuado al potencial comprador/lector y proporcionar información sobre su contenido y aportación de valor. Pero no debemos olvidar la función primordial de una portada. Debe seducir al posible comprador y arrastrarlo a la compra. Se trata, pues, tanto de estética e identidad como de atracción comercial. En la jungla de las librerías, donde los libros se hacinan unos junto a otros, la presencia de un libro, la belleza, lo llamativo o atractivo de una portada lo que sugiere resulta determinante para que alguien se fije en él. Aunque, obviamente, lo importante de un libro es su contenido, una buena portada pude ayudar mucho a la venta, así como, por el contrario, una mala portada perjudicar seriamente en su difusión. La portada también concede identidad de colección, muy importante para la mayoría de los sellos.

La editorial debe prestar mucha atención a la elección de las portadas de sus libros, que son la mejor publicidad de los mismos. En muchas ocasiones, los lectores acuden a las librerías y realizan compras por impulso. Una buena portada ayudará a la venta. Y si esto funciona para los autores o temas atractivos, ¿qué diremos de los libros de escritores todavía desconocidos?

En los libros ilustrados, al editor también le toca trabajar con los artistas, fotógrafos y dibujantes, y es cosa bien sabida que aunarlos a todos en un libro no es tarea ni fácil ni rápida.

El editor ideal debería atesorar varios talentos, conocimientos y capacidades, como bien sabemos a estas alturas. Pero, como somos humanos y, por tanto, imperfectos, lo más normal es que tan solo pueda disfrutar de alguno de ellos. ¿Qué talentos destacaríamos en la función de editor? Por una parte, ese especial «olfato» que permite intuir dónde hay libro y autor, y dónde no. En segundo lugar, una capacidad de relación y seducción de autores y agencias para que, en igualdad de condiciones, sea capaz de traerse para casa la obra deseada. En tercer lugar, un instinto que le permita intuir qué demandas nuevas aparecen en la sociedad y qué necesidades de formación, conocimiento o fantasía todavía no están satisfechas por los libros existentes. Y plantear esas nuevas ideas al escritor más adecuado por su autoridad sobre la materia, por su capacidad de trabajo o síntesis, o por cualquier otra circunstancia que lo capacite especialmente. Estos tres talentos le permitirán llegar hasta los manuscritos. Después aparecen los talentos de la edición propiamente dicha. Criterios estéticos, de fuentes, formatos, papel, coordinación de tiempos, equipos de corrección y maquetación, y trabajo final del autor con las galeradas. La tarea del editor no finaliza con el pulido del texto. Debe comprobar los créditos del libro, estar atento a dedicatorias y detalles del tipo del colofón, de los diversos índices, de los pies de página, de los textos de pie de fotografía e ilustraciones, de la bibliografía, de las notas y de los gráficos. Cualquier detalle de la edición debe ir revisado, aspirando al fallo cero. No hay nada que irrite más al editor de raza que la errata que pasó inadvertida. Dejo como última tarea la redacción de la biografía del autor, los textos de solapillas y el texto de contraportada, al que hay que dedicar una especial atención. Las contraportadas suponen una extraordinaria ayuda y un reclamo para el potencial lector. Para todas esas tareas, las editoriales suelen adoptar lo que se conoce como libro de estilo, que fija una serie de criterios generales de obligado cumplimiento para todos los editores de la casa.

Corresponde al editor la corrección de la página de créditos. Por su importancia legal, no debemos olvidarnos de ningún detalle. Debe incluirse el nombre de la editorial, domicilio y *copyri-*

ght, que también debe asociarse al autor de la obra. Si es extranjero, recomendamos poner el título original y la agencia a la que le adquirimos los derechos. Se puede incluir el nombre del editor y de los distintos profesionales que participaron, como correctores, maquetadores, ilustradores o diseñadores. El traductor debe figurar con su *copyright* correspondiente. Se debe poner la fecha de la primera edición y la de sus sucesivas reimpresiones o reediciones. Resulta recomendable incluir la imprenta y las advertencias legales habituales que amparan la propiedad intelectual. Esta información la puedes obtener de la página de crédito de cualquier libro publicado por una editorial comercial. Te puede servir de guía y orientación. Algunos editores incluyen la colección a la que pertenece, el THEMA y el IBIC. Y, desde luego, el ISBN y el número de depósito legal.

La función editorial comienza, pues, con la búsqueda de autores, pasa por los trabajos de edición y la tutela de la impresión, en el caso de editoriales muy pequeñas. En las grandes, esta función la realiza el director de producción. Después vendrá la comunicación, promoción y *marketing*, que estudiaremos más adelante, porque se trata de una función diferente a la del editor, aunque en muchas ocasiones recae sobre la misma persona.

En las editoriales pequeñas, como dijimos, la función de producción también recae sobre el editor. En este manual, no obstante, optaremos por un modelo simple. El editor entrega el PDF listo para la impresión, y el Departamento de Producción se encarga de la impresión y el transporte.

El editor, asimismo, para poder crecer, deberá poseer talentos de dirección de equipos, de saber delegar, de coordinación de trabajos y de aguante de la presión que suele producir el trabajar con un programa normalmente ajustado en el que intervienen múltiples participantes.

Traducción

Con frecuencia, los editores compramos los derechos de traducción de una obra escrita en lengua extranjera para enriquecer nuestro catálogo. El adecuado trabajo de traducción es fundamental para la calidad final del libro en la lengua propia. Y no es fácil encontrar un buen traductor a un precio asequible para las posibilidades del editor.

Es tópico común la reiteración del conocido *traduttore, traditore*, «traductor, traidor». Siempre que se traduce un texto, se realiza una pequeña traición al original, dado que es imposible encontrar equivalentes exactos de una lengua a otra. Por eso, la traducción es todo un arte, una actividad digna del mayor respeto, y que otorga un estilo y un aire propios a cada obra. Una mala traducción puede desgraciar un buen libro, por lo que el editor debe ser cuidadoso en la selección de las personas que traducirán sus obras. En sus *Confesiones*, Esther Tusquets considera que los traductores son una de las peores pesadillas de los pequeños editores.

> Las traducciones se pagan, es cierto, mal, pero no hay relación alguna entre precio y calidad. El buen traductor ocasionalmente bien pagado sigue haciendo un buen trabajo, y el mal traductor sigue produciendo bodrios aunque se los pagues a precio de oro. Lo cierto es que el pequeño editor, sobre todo en sus inicios, se encuentra la mesa atestada de traducciones impublicables.

Es cierto. Pero, como es normal, los buenos traductores exigen una retribución que el editor, en muchas ocasiones, no puede pagar, sobre todo en el caso de tiradas pequeñas.

En España existen varias formas de retribuir a los traductores. Aunque algunas editoriales pagan un precio cerrado por traducción, cada vez con mayor insistencia, los traductores piden tener un porcentaje sobre las ventas como derechos de autor. Este porcentaje oscila entre el 0,5 % y el 2 %, que ya sería muy elevado. La media oscila entre el 1 y el 1,5 %. Al entregar el texto traducido, se le entrega una cuantía en concepto de anticipo de esos derechos liquidables durante la vida del libro. Este anticipo se suele calcular en función de las páginas o de las palabras traducidas. Los importes que pagan las editoriales como anticipo de traducción tienen una gran variación, oscilando, por ejemplo, desde 10 € hasta 18 € por página traducida. Si el cómputo se determina por palabras, se suelen pagar unos 30 €-40 € por cada mil palabras traducidas.

La traducción es propiedad intelectual del traductor, tal y como expresamente queda recogido en la Ley de Propiedad Intelectual. Quiere esto decir que, en caso de que el editor vendiera los derechos de un texto traducido, el traductor debería cobrar los correspondientes derechos subsidiarios. El *copyright* de la traducción debe aparecer a su nombre en la página de créditos, y bajo el nombre del autor en la entradilla. La propiedad intelectual de la traducción corresponde al traductor mientras viva y a sus herederos cuando fallezca. Hay que tener en cuenta que, cuando decidimos editar una obra antigua traducida, tendríamos que pactar con los herederos del autor y del traductor durante el plazo de vigencia de los derechos tras la muerte del escritor, ochenta años en España, setenta en la mayoría de los países americanos.

Ya hemos comentado que tanto la ley como los usos y costumbres permiten pagar a tanto alzado la traducción. Ahora bien, el editor debe saber que la ley tiende a proteger al traductor. Así, por ejemplo, determina que, aun en el caso de que el autor hubiera cedido los derechos de explotación de su obra a tanto alzado, si se produjese una manifiesta desproporción entre la remuneración del traductor y los beneficios obtenidos por el editor, el traductor podrá pedir la revisión del contrato y, en defecto de acuerdo, acudir al juez para que fije una remuneración equitativa, esto es, con un criterio proporcional, atendidas las circunstancias del caso. Esta facultad puede ejercitarse dentro de los diez años siguientes a los de la cesión. Se conocen muchos casos de traductores que cobraron una pequeña cantidad por traducir una obra que después se convirtió en un *best seller*. Antiguamente se quedaban con la amarga sensación de que podrían haber cobrado una auténtica fortuna, pero en la actualidad la justicia obligaría al editor a pagarles un porcentaje de las ventas. Por eso, lo mejor es firmar un contrato con el traductor asignándole un porcentaje de las ventas como retribución y anticipándole una cuantía. Nos puede evitar futuros conflictos, amén de que es un principio justo para las partes.

Resulta muy difícil amortizar una traducción en un libro del que vayamos a tirar pocos ejemplares. La repercusión es muy alta, y por eso recomiendo considerarla como un coste fijo del libro, a la hora de calcular su PVP. Solo en libros de gran tirada, o en los que esperemos grandes ventas, podremos considerarla como gasto variable, al igual que hacemos con los derechos de autor. Ya hablaremos de estos importantes asuntos más adelante.

Con los años, los editores van completando sus propios equipos de traductores de confianza. Mientras esto se consigue, el editor deberá estar muy atento a la calidad de la traducción. Todos los editores hemos sufrido auténticos fiascos en la traducción de algún libro en el que teníamos especial interés.

La inteligencia artificial ha supuesto una verdadera revolución en el mundo de la traducción, pues existen diversos programas en el mercado —algunos incluso gratuitos— que realizan traducciones de calidad aceptable. Los traductores profesionales, como es normal, han puesto el grito en el cielo al ver su oficio en riesgo. ¿Qué pasará en el futuro? No cabe duda de que las traducciones de poesía, las literarias o las conceptuales precisan de la traducción humana, la inteligencia artificial es simple y sin matices, al menos a día de hoy; en el futuro, ya veremos. Aquellos editores que decidan usar programas de traducción —que se irán imponiendo progresivamente— sí deberán realizar siempre una posterior edición a fondo —recomendable un traductor que conozca la materia y sus expresiones— para pulirlo. La función de traducción, pues, no desaparecerá. Algunas obras precisarán de completa traducción humana, mientras que otras más simples serán traducidas por la máquina, y pulida y editada por traductores o editores. Sea como fuere, la materia reviste la máxima importancia y debatiremos mucho sobre ella.

Corrección de textos

La corrección del texto que remite al autor es tarea fundamental, dado que toda editorial debe aspirar a la perfección de sus libros. Y la perfección significa aspirar al fallo cero, tarea casi imposible, pero siempre aspiracional. Jamás podemos resignarnos a convivir con las malditas erratas. Existen dos tipos de correcciones: la ortotipográfica, que es absolutamente imprescindible, y la corrección de estilo, más compleja y subjetiva, pero igualmente precisa en muchas ocasiones. El editor controla estas correcciones, pero suele apoyarse en correctores que trabajan bajo su coordinación —normalmente como profesionales independientes—, a los que se retribuye en función de los trabajos de corrección que realizan.

Todos los textos manuscritos, por muy experimentado que sea el autor, deben ser minuciosamente corregidos por, al menos, un corrector ortotipográfico; siempre se escapan algunas faltas de ortografía o algunos signos tipográficos. Los textos también deben adaptarse a los requerimientos de la RAE, como, por ejemplo, algunos acentos o el uso de mayúsculas/minúsculas. Algunas editoriales especialmente cuidadosas incluso someten a una segunda corrección de otra persona el texto corregido por el primero. El contraste de correctores suele dar un excelente resultado. En la corrección ortotipográfica se corrige la ortografía y las puntuaciones tipográficas. No es fácil encontrar buenos correctores, que deben aunar un profundo conocimiento ortográfico y gramatical con una concienzuda capacidad de concentración. Normalmente, se recurre a filólogos especializados, pero todos conocemos excelentes correctores que proceden de otros estudios.

El corrector debe marcar su corrección sobre el texto del autor para que sea este quien acepte e introduzca esa corrección. Esas marcas sobre el texto están más o menos uniformadas y se pueden encontrar en cualquier manual de edición. Actualmente se hacen en pantalla y son de fácil uso y comprensión. Normalmente, las editoriales trabajan bajo el principio de que el texto es propiedad del autor y solo él puede darle la forma definitiva. En muchas otras ocasiones, el autor autoriza a enmendar directamente las faltas de ortografía obvias, y solo pide repasar las correcciones y matices de estilo. La primera corrección debe realizarse con el texto en bruto, antes de maquetar, para volver a corregir una vez maquetado. A veces se le envía al autor esta primera corrección, para posteriormente remitirle una segunda realizada ya en galeradas. En otros casos tan solo se le envía la corrección final realizada sobre galeradas. Jamás se debe editar un libro antes de que el autor revise y apruebe galeradas y correcciones. Es un derecho que la ley le concede y que suele recogerse en todos los contratos de edición.

Maquetadores y diseñadores editoriales

Los maquetadores y diseñadores editoriales suelen ser profesionales externos que reciben encargos puntuales o colaboran de forma más o menos habitual en la maquetación de libros o en el diseño de toda una colección. Solo en editoriales muy pequeñas es el propio editor quien maqueta, y ni siquiera en las más grandes los maquetadores suelen estar en plantilla, aunque excepcionalmente, sobre todo las más veteranas, mantienen profesionales en plantilla.

Los diseños que se usan para conformar el libro presentan singularidades frente a las revistas, catálogos o diseños comerciales. Por eso, debemos escoger bien al diseñador al que confiamos nuestras colecciones, no solo en cuanto a portada, sino también interior. Caja, papel, tipografía, márgenes y una extensa casuística que debe ser diseñada con esmero. Es fundamental, para no llevarnos sorpresas desagradables, elegir buenos profesionales que conozcan las normas básicas de la edición y que amen la máxima de que el libro está hecho para ser leído, no para lucirse en su diseño. Aunque parezca una obviedad, a la hora de la verdad no siempre está tan claro y en más de una ocasión nos encontraremos con maquetas que, cuando nos las entreguen, directamente habremos de tirarlas a la papelera. Tiempo y dinero perdidos, y alguna que otra cólera momentánea.

Si el libro está hecho para ser leído, su diseño ha de acompañar la lectura y no perjudicarla. Suponiendo que el trabajo de corrección ortotipográfica y de estilo ha sido satisfactorio, y al maquetador o al diseñador editorial se le ha entregado un texto limpio, ahora su diseño y maquetación deben de estar a la altura, y que acompañe la forma a la función. Lo más importante es la buena elección de los tipos de letra, sus tamaños, sus interlineados y, por supuesto, un buen uso de los márgenes en la página.

Normalmente, los editores tienen elaboradas por escrito las normas tipográficas para cada colección o para cada tipo de libro: distintas fuentes de letra, interlineados, tamaños de caja, normas para la colocación de las notas al pie, para los textos destacados, para las citas largas, para las tablas y las gráficas que acompañan el cuerpo de texto, para las menciones de capítulos o partes…, incluso distintos usos del color o colocación de imágenes. Cuanto más elaboradas y concretas sean las normas tipográficas, mejor resultado obtendremos tras la maquetación del original.

El maquetador aplicará de una forma racional estas normas al texto en bruto que le fue entregado y nos devolverá lo que se conoce como galeradas o primeras pruebas. Exigiremos que nos entregue un documento en PDF (Portable Document Format), que imprimiremos después de una revisión rápida en pantalla y el documento abierto de origen, es decir, el documento en el archivo nativo en el que se ha maquetado. Tener el documento abierto es fundamental, dado que trabajamos con plazos de vértigo casi siempre y que el cuerpo de maquetadotes suele ser externo, y es inevitable que el editor en ocasiones tenga que realizar retoques de última hora antes de enviar la prueba al autor o, si se trata del arte final, a la imprenta. Desde alguna errata que se ha pasado por alto en corrección hasta la colocación del número de ISBN o de depósito legal en la página de créditos.

Con la revolución tecnológica que ha sufrido todo el proceso de diseño y maquetación han existido numerosos estándares, desde el archiconocido PageMaker de la empresa Aldus de finales de los ochenta, pasando por el QuarkXpress y la fuerte irrupción de la aplicación InDesign de Adobe, que en la actualidad se presenta como imbatible en el terreno de la creación editorial.

Es necesario comprender que, pese a tener unas excelentes y desarrolladas normas tipográficas, y trabajar con un buen maquetador que conozca el proceso y domine las herramientas de diseño, el ojo del editor indudablemente mejora el libro y ha de ser una figura omnipresente durante toda la producción; de lo contrario, será perceptible esta ausencia, bien porque los plazos se alarguen o porque el resultado final no sea el deseado.

El tiempo preciso para realizar una maqueta depende de su dificultad. Desde las pocas horas precisas para una novela corta, siempre y cuando se tenga claro qué es lo que hay que hacer, hasta las varias semanas necesarias para libros técnicos con gráficos, fotos y abundancia de cuadros. También en nuestra carrera como editores nos encontraremos con libros que parecen enquistarse, los plazos irán corriendo por encima de ellos y los veremos constantemente bailar a través de los meses, pareciendo que nunca van a acabar. Antes de que acaben con nuestra moral, y para evitar males mayores, un buen consejo puede ser cogerlos con ganas, determinación y mucha paciencia. Aunque no es normal, puede darse el caso (y, de hecho, se da) de tener que sentar en una mesa de trabajo al diseñador o maquetador, junto con el autor y el editor, para poner en común e intentar solucionar las diferencias de criterio. Estos problemas suelen aparecer normalmente por inexperiencia, ya sea del propio editor, del maquetador o del autor. Los autores noveles son, en ocasiones, reacios a los diseños que el editor les propone, especialmente porque ya tenían una idea preconcebida de su obra. Otras veces, simplemente se trata de que el material entregado a producción es tan deficiente (especialmente, en el caso de gráficos o imágenes) o está tan desordenado que es prácticamente imposible trabajar con él. Aun así, el editor tendrá que moldearlo hasta que cobre forma de libro. No es raro tampoco que nos encontremos con algunos maquetadores que, bien por su poca experiencia o por su idiosincrasia, traten de «escurrir el bulto» y señalen en exceso problemas con el material entregado; el editor con experiencia sabrá qué hacer en cada caso, y el recién llegado aprenderá rápidamente, sobre todo cuando tenga que explicar ante el autor y ante el director editorial o el Consejo Editorial el porqué de tanto retraso. En cualquier caso, el editor debe dar su impronta al libro. Por eso, en obras de compleja maquetación y diseño, y aunque no existan problemas *a priori* con el material entregado y trabajemos con nuestro mejor maquetador, es conveniente que el editor entre en contacto directo con el autor, para solucionar las posibles dudas que le surjan y evitar repeticiones de todos aquellos trabajos que posteriormente no satisfagan al autor. Bastantes editores son muy reacios a esta comunicación directa, pero mi experiencia me permite afirmar que en muchos casos es más que recomendable.

En cuanto a la retribución, no existe un único criterio. Algunos maquetadotes cobran por horas; otros, por páginas; otros, en función de su dificultad, y otros poseen unas igualas generales. Cada editor deberá buscar un acuerdo marco satisfactorio para ambas partes. Para el editor que empieza es muy importante que negocie bien los precios. Un diseño o una maquetación excesivamente cara para una tirada pequeña de libros puede lastrar la edición de por vida y condenarla al fracaso antes de que tenga su oportunidad comercial. Es más que recomendable hacer los números necesarios antes de comprometerse ante el autor o el Consejo Editorial con un tipo de edición que, a la hora de la verdad, será inviable.

Portadistas e ilustradores

El editor, con respecto a las portadas, debe considerar al menos tres variables: la estética, pues ambicionamos hacer libros hermosos; la de identidad, pues queremos que nuestro catálogo sea reconocible, y la comercial, pues necesitamos que nuestros libros sean comprados. Ya hemos comentado la importancia que para el devenir de un libro tiene su portada, por ejemplo, en su dimensión comercial. Una cubierta bien acabada y seductora está diciendo al comprador potencial: «Cómprame, soy un producto de calidad». Frente a otra de peor factura que no puede quitarse el cartel de «Soy un libro patrocinado; si me das la vuelta, verás que estoy lleno de logotipos institucionales; mejor no me compres, intenta conseguirme gratis de algún modo». O simplemente: «Soy un libro que no merece la pena; no me compres o espera a la feria del libro de ocasión».

Acertar en su diseño es una tarea compleja para la que, desgraciadamente, no es fácil encontrar profesionales con la suficiente sensibilidad. Porque para ser un buen portadista no bastan los conocimientos técnicos en el perfecto manejo de las herramientas de diseño. El portadista es un artista que debe saber captar la esencia del libro y trasladarla en una composición de imágenes, color y texto. Los conocimientos informáticos se pueden aprender en cualquier escuela; los artísticos, en cambio, se llevan dentro.

Pero todo eso no basta. Una vez que el potencial comprador detiene los ojos en nuestro libro con nuestra espectacular cubierta, leerá su título, luego continuará examinándolo. Es conveniente, en algunos casos, reforzar la portada con algunas frases promocionales que enganchen, bien utilizando fajillas auxiliares, o bien imprimiendo directamente sobre la portada. Esta información complementaria ayuda a situar el libro ante el posible comprador.

El costo de hacer una portada es de lo más variable. Desde los 75 € los más económicos, hasta los 1500 € que pagan las grandes editoriales a sus equipos externos de diseño para los grandes lanzamientos.

El editor y el equipo de producción editorial revisarán todos los detalles de portadas (contraportadas, códigos de barras, ISBN, PVP, THEMA, lomos y solapas) antes de enviarlas a imprenta. Es recomendable tener una plantilla de comprobación, para que no se nos olvide ningún detalle.

La cubierta, como bien sabemos, no es solo la portada. También hay que diseñarla, recomendamos que sea el mismo portadista el que la cierre con los textos y criterios que le pase el editor.

Hay muchos tipos de portadas y estilos, y cada diseñador o editor escoge los que le parecen más adecuados para la colección y el título. Pero existe una tendencia creciente a poner títulos y subtítulos que sinteticen de manera atractiva el valor que aporta el libro. Tenemos que pensar que, expuesto en una librería, el posible comprador apenas pasará la vista unas décimas de segundo sobre él. Debemos darle información gráfica y textual de por qué podría interesarle leerlo. Los títulos más alegóricos son hermosos, pero, sobre todo en búsquedas de internet, no se identifican con la materia que los lectores buscan.

Producción

Aunque en una editorial media las funciones de producción son habitualmente realizadas por el propio editor, en las grandes editoriales existe una figura independiente que es responsable directa de la producción y del cumplimiento de los plazos de entrega de los libros acabados al distribuidor.

La función de producción comienza cuando el editor entrega las galeradas completamente terminadas y corregidas, así como los créditos, salvo los textos relativos a la impresión y depósito legal, si es la imprenta la encargada de gestionarlo. También hay que entregarle completamente finalizadas las cubiertas, con los textos de contraportada y solapas.

Aunque, en principio, corresponde al editor la determinación del formato y del tipo de papel y del cartón de la cubierta, el responsable de producción debe tener voz en estos asuntos. Así, por ejemplo, la determinación del formato no debe decidirse tan solo por cuestiones estéticas o de maquetación. También tiene importantes consecuencias económicas, ya que el precio de impresión de uno a otro formato puede variar de forma importante. ¿Por qué? Pues por el grado de utilización que permite el papel empleado en la imprenta. Normalmente, se imprime en plano sobre pliego (los más usuales son de 70 x 100 o de 100 x 120 en plano o sobre bobina de un ancho de 100-120 en rotativa). Dado que los cuadernillos se realizan plegando estos pliegos, el que hayamos elegido uno u otro formato significará que aprovechamos mejor el papel de imprenta o que lo desperdiciamos en el refilado. El responsable de producción conoce perfectamente cuáles son los formatos más económicos o más adaptados a la maquinaria de cada una de las imprentas con las que trabaja.

Otra importante cuestión es la paginación. Si va cosido, los libros se componen de cuadernillos, fruto del plegado tras la impresión. Los cuadernillos más habituales son los de 16 o 32 páginas. Los de 8 son menos usados, y los de 64 a veces (y no son los únicos). Las modernas máquinas pueden producirlos con el consiguiente ahorro en dinero y tiempo. Todas estas cuestiones debe consultarlas el editor con el director de producción, para que el arte final que se entrega para su impresión no tenga cualquier número de páginas, sino aquel que cuadre con los cuadernillos que nos resultan óptimos según la máquina que vaya a imprimir nuestro libro. Incorporamos a continuación un cuadro que relaciona el tamaño del libro con las dimensiones óptimas del pliego para imprimir y el número de páginas que saldrían en forma de cuadernillo del pliego impreso una vez plegado. Conocer estos datos ayudará tanto al editor que adquiere el papel como al que no lo hace, pues estas relaciones entre formato de libro/pliego/cuadernillos permitirán al impresor optimizar sus precios, y al editor, obtener un menor costo de imprenta.

FORMATOS LIBROS			TAMAÑO PLIEGO			FORMATO MÁQUINA IV	PÁG./ PLIEG.
17	x	24	70	x	100	70 x 100	32
18	x	28	65	x	90	70 x 100	16
24	x	31	70	x	100	70 x 100	16
26	x	37	65	x	90	70 x 100	12

FORMATOS LIBROS			TAMAÑO PLIEGO			FORMATO MÁQUINA V	PÁG./ PLIEG.
17	x	24	70	x	100	70 x 100	32
18	x	28	65	x	90	70 x 100	16
24	x	31	70	x	100	70 x 100	16
26	x	37	65	x	90	70 x 100	12

En la actualidad, son muchos los libros que no van cosidos, sino encolados. Las tripas de los libros no se conforman con cuadernillos cosidos, sino encolados con cola PUR. Es una opción más económica, que funciona bien, pero que supone un punto menos de calidad que el cosido.

El acabado de cubierta —si es peliculado, con relieve o con reserva UVI para los principales caracteres— debe también ser decidido entre el editor, el portadista y el director de producción, que, una vez tenga claros todos los aspectos técnicos del formato del libro y su encuadernación, procederá a encargar su elaboración a la imprenta y a la encuadernadora.

Los editores pequeños y medianos no suelen comprar grandes partidas de papel para tratar de abaratar el precio, sino que utilizan el que el impresor tiene almacenado. Los directores de producción de las editoriales con mucho movimiento de impresión suelen comprar grandes partidas de papel, con las que obtienen mejores precios y reducen su coste, que después suelen almacenar en los talleres de sus impresores o, también, en los propios.

Preimpresión

Antes de ordenar la impresión, resulta del todo imprescindible aprobar los formatos, materiales, y comprobar que los colores del material gráfico o de las tipografías se corresponden con lo que queremos. Esta revisión nos servirá para confirmar que el libro quedará tal y como lo hemos diseñado. Si no la hacemos, corremos un alto riesgo de encontrarnos con una desagradable sorpresa cuando nos entreguen el libro. No podemos arriesgarnos a ello, por la enorme pérdida de dinero y tiempo que supone. Aunque los modernos sistemas digitales permiten una fácil comprobación en pantalla, en muchas ocasiones seguimos recomendando el procedimiento clásico, que suponía que, antes de dar la orden de impresión de la tirada de cualquier libro, se solicitaba al taller de impresión que cumpliera los siguientes requisitos indispensables.

1. Pruebas de interior: presentación de pruebas a tamaño real y en condiciones de óptima legibilidad para su comprobación. El editor, indicará de forma clara (en las propias pruebas o ferros de interior) las páginas que sufren modificaciones. En casos de numerosas correcciones al arte final, se realizarán nuevas pruebas de interior, salvo que el editor indique lo contrario.

2. Cromalines de interior: cuando sea necesario, por la naturaleza del trabajo, se realizarán cromalines de una muestra representativa del libro que se usarán como referencia para la impresión definitiva.

3. Pruebas de cubierta: presentación de pruebas a tamaño real y en condiciones de óptima legibilidad para su comprobación. El editor indicará de forma clara (en la propia prueba o ferro de cubierta) las modificaciones. Se realizará nueva prueba de cubierta, salvo que el editor indique lo contrario.

4. Cromalín de cubierta: una vez aprobada la prueba de cubierta, se realizará un cromalín de esta que servirá como referencia de impresión.

5. Encuadernación: antes de la encuadernación, se mostrará al editor una cubierta que habrá de ser aprobada para poder continuar con el trabajo.

6. Materiales: será necesario mandar una muestra de los materiales utilizados en la confección de la obra. En el presupuesto se detallarán todos los materiales utilizados y sus características específicas, incluyendo el color de las guardas y de las cabezadas para los libros de cartoné.

Impresión y encuadernación

Una vez comprobado que todo el material está correctamente finalizado, el responsable de producción debe encargar a una imprenta el trabajo de impresión y encuadernación. Para ello, suelen tener homologadas dos o tres imprentas a las que piden precios y plazos de entrega. Cuatro son los criterios básicos para la selección del taller más adecuado: precio, calidad, confianza y plazo de entrega. La posibilidad de almacenamiento temporal de las novedades o la manipulación para enviarlas a distintos almacenes también puede ser un factor determinante en la elección.

Normalmente, el responsable de producción envía por vía telemática al FTP del impresor el arte final de la obra que va a ser impresa. Los talleres de artes gráficas modernos solo aceptan, en la mayoría de los casos, los artes finales (ya sea de las tripas o interior, o de la cubierta) en archivos PDF. Si en el apartado de diseño y maquetación ha existido una revolución tecnológica en estos 40 años, esta no ha sido menor en el aspecto que nos ocupa. Hoy en día, desaparecidos los fotolitos, se trabaja con CTP. Son las siglas de la expresión inglesa *Computer to plate* («Del ordenador a la plancha»). Con esta frase se indica el sistema de producción de artes gráficas por el que se graban las planchas de imprenta directamente desde el ordenador sin la necesidad de pasos intermedios como los fotolitos. Para ello existen máquinas capaces de insolar las planchas directamente, sin pasos intermedios entre el fichero informático y la propia plancha. Esto supone un ahorro de tiempo y, principalmente, un aumento de la calidad notable. En el caso de la impresión digital, el proceso es directo y rápido.

El impresor encarga a un taller de preimpresión las planchas de impresión, antes de realizarlas y meterlas en sus máquinas, desde la preimpresión se imprime una prueba definitiva que se conoce como ferro, ferros o simplemente pruebas de imprenta, y que remite a la editorial. Jamás se puede dar una orden de impresión sin que el editor haya aprobado este material. Una vez aprobado, se ordena imprimir. En el caso de libros de cierta complicación, el responsable de producción puede ir a pie de máquina para comprobar el tono de las primeras impresiones. El impresor también debe remitir al editor las pruebas de portadas, para que se les dé el visto bueno.

La dirección de producción debe establecer procedimientos de compra. Adjuntamos un protocolo reducido de una editorial de tipo medio.

1. Solicitud de cotización: se confeccionará desde la herramienta *online* la solicitud de cotización, que se ajustará a

las características reales del libro, especificando la fecha de entrega de artes finales a imprenta y la fecha deseada de la entrada del libro finalizado en nuestro almacén.

2. Revisión de solicitud de cotización: se revisará la solicitud metódicamente y hará constar al editor cualquier deficiencia que perciba en la misma. Posteriormente, enviará la solicitud al taller de artes gráficas que corresponda.

3. Recepción del presupuesto: a la recepción del presupuesto, se revisará que se ajusta a las características solicitadas por el editor/productor del libro y, en caso positivo, le remitirá una copia a este. En caso negativo, pedirá a la imprenta que rehaga el presupuesto.

4. Recepción del presupuesto por el editor: el editor/productor comprobará que las características especificadas se ajustan a las solicitadas anteriormente.

5. Cambios en las características técnicas: en caso de que cambien las características técnicas de la obra, se realizará una nueva solicitud de cotización que seguirá pasos idénticos a las anteriores. Cada una de ellas se archivará en versión impresa en la carpeta testigo del libro.

Con frecuencia, el impresor no dispone en su propio taller de toda la maquinaria necesaria para la encuadernación —sobre todo tapa dura— y para la elaboración de los efectos sobre las cubiertas (estampaciones, relieves, reserva UVI, peliculados, etc.), por lo que suele subcontratarlas a otros talleres. No es conveniente que el director de producción encargue directamente a un taller las cubiertas y a otros «las tripas» de impresión. Esa dualidad le acarreará problemas. Debe hacer un encargo único, responsabilizándose la imprenta de entregar el libro completamente acabado. Las encuadernaciones más habituales son en tapa dura (al cromo o con sobrecubierta), en rústica (con o sin solapilla) o en edición de bolsillo. También existen encuadernaciones artísticas, realizadas de manera casi artesanal, pero son cada vez más extrañas, y destinadas tan solo a las tiradas especiales para bibliófilos.

La impresión puede realizarse de tres maneras: mediante rotativa, mediante impresión *offset* en plano sobre pliego, o bien a través de la moderna impresión digital. En tiradas de más de 2000 ejemplares y textos a una sola tinta sin fotografías, es recomendable imprimir en máquina rotativa. Nos saldrá más barato y los tendremos antes. Si el texto es a más de una tinta o lleva fotografías, tendremos que ir a impresión en plano. Las actuales rotativas han mejorado mucho su calidad de impresión; si las fotografías poseen el suficiente contraste, podría tirar en ellas, también, libros ilustrados y con fotografía.

Una vez plegados los cuadernillos, se alzan para formar el cuerpo del libro y después se cosen, en su caso; se fresan, si se encolan. Existe actualmente una tendencia a fresar —esto es, a pegar con cola en vez de coser— estos cuadernillos con objeto de bajar el precio. Una vez fresados o cosidos los cuadernillos, las tripas ya están listas para pasar a encuadernación.

Una vez encuadernados, es conveniente que los libros se retractilen en paquetes y se depositen en cajas. La imprenta debe realizar estas operaciones, indicando con claridad en las caras externas de las cajas el título (con su ISBN) y el número de ejemplares que contienen. Las cajas suelen apilarse para formar los palés, que, debidamente protegidos, serán la unidad transportable desde la imprenta hasta el almacén del editor o de sus distribuidores.

Es muy habitual que tanto el jefe de producción como la imprenta trabajen soportando una gran presión. Son el eslabón final de toda la cadena editorial, y todos los retrasos que se han ido acumulando de las anteriores fases editoriales de maquetación y diseño se acumulan sobre la producción física del libro. Debemos saber que las imprentas hacen libros, pero no milagros, y que los retrasos acumulados siempre se terminan pagando en calidad o en plazo de entrega.

TIPO DE IMPRESIÓN	VENTAJAS	INCONVENIENTES
En rotativa	- Más rapidez. - Mejor precio a partir de una tirada. - Se obtienen directamente los cuadernillos.	- Menor calidad de impresión, sobre todo en libros ilustrados o de color.
En impresión plana sobre pliego	- Mejor calidad de impresión, sobre todo en libros ilustrados o en color.	- Más caro. - Más lento. - Hay que plegar posteriormente los pliegos para obtener los cuadernillos.
Impresión digital	- Hace posible tiradas cortas, desde 25 hasta 700 ejemplares a precio y calidad razonable. - Permite subir el libro a POD.	A partir de 700-1000 ejemplares no es competitiva con el *offset*.

En los últimos tiempos aparece con gran fuerza la opción de la impresión digital. Frente a la tradicional, ofrece dos ventajas teóricas. Por una parte, permite tiradas cortas —desde unas pocas docenas de ejemplares hasta unos setecientos, es más barata que la impresión *offset* tradicional— y optimiza la gestión de reposiciones. Algunos editores la usan argumentando que prefieren realizar tiradas cortas para arriesgar menos dinero, y que, si el libro tira, se encargan sucesivas reimpresiones de pocos ejemplares. También, que, una vez que el libro está digitalizado, se puede imprimir en cualquier lugar del mundo un solo ejemplar, si se quiere, lo que se conoce como POD. Es una propuesta muy atractiva para tiradas cortas de novedad o reimpresiones. Pero una editorial de tamaño medio que aspire a una buena colocación en librerías y que necesite dejar un resto para reposiciones y exportación necesitará hacer tiradas iniciales superiores a los 1500 ejemplares, por lo que tendrá que ir a la impresión *offset*, al menos hasta que la digital no haya avanzado aún más en su competitividad en tiradas altas. En todo caso, el director de producción debe conocer sus posibilidades y hacer uso de ellas cuando pueda interesar.

Corresponderá al director de producción el depósito legal de los libros. La legislación de cada país marca cuántos libros hay que dejar en el depósito legal y cuántos en las diversas instituciones. En España, por ejemplo, hay que dejar cinco ejemplares en la sección Depósito Legal de la Delegación Provincial de Cultura. Dos de estos ejemplares serán para el depósito nacional, que custodia la Biblioteca Nacional; otros dos, para la Biblioteca Autonómica, y el último, para la Biblioteca Provincial. El registro del depósito asigna un número —precedido de las siglas de la provincia en la que se realiza el depósito— que debe incluirse en los créditos. En todas estas tareas administrativas hay que ser muy riguroso y sistemático. Algunas editoriales delegan esta responsabilidad en la imprenta, y otras realizan dichas tareas por sí mismas o por el propio editor, sobre el que recaerá, en todo caso, el control y la responsabilidad del adecuado depósito y de que el número de depósito legal figure en créditos.

Logística y transporte

El director de producción debe finalizar su tarea con el transporte de los libros hasta el almacén del distribuidor o hasta los propios de la editorial. A veces se guardan en centros logísticos, donde, además de almacenar los libros, estos se pueden manipular, preparar pedidos, etc.

Normalmente, es la propia imprenta la que encaja los libros y los prepara para remitirlos a su destino formando palés, tal y como hemos visto anteriormente. El director de producción da fechas de salida de imprenta y de entrada en el almacén indicado, controlando los correspondientes albaranes de salidas y entradas, que deberán pasar al Departamento de Administración para el seguimiento contable de los costos.

Lo más normal es que el director de producción tenga un acuerdo marco con una o varias agencias de transporte. Es importante recordar que, en la empresa editorial actual, los costes de transporte son muy elevados, ya que al transporte inicial desde la imprenta hasta los almacenes hay que sumar los infinitos transportes desde un almacén a otro para cubrir la disminución de *stocks*, por no hablar de las devoluciones desde el almacén del distribuidor. Los costos totales de transporte por la suma de estos conceptos no deben superar el 1 % de la venta bruta. Los costos de transporte son gastos generales de la editorial, aunque es recomendable cargar el primer transporte desde la imprenta hasta nuestro almacén como coste directo del libro a la hora de calcular el PVP. Nos evitaremos así más de una sorpresa.

Los editores pequeños suelen usar a su distribuidor como almacén, custodiando tan solo los ejemplares que precisen para promoción, autor o depósito legal. Los distribuidores cobrarán por ello, al igual que si decidimos enviarlos a un centro logístico para que hagan la operación y el almacenaje de nuestros fondos.

En caso de que tengamos almacén propio, debemos ser conscientes del costo que supone nuestro fondo, que nos forzará, para los títulos que menos vendan, a saldos y descatalogaciones.

En gran parte, el patrimonio y los beneficios acumulados del editor se encuentran inmovilizados en el almacén, lo que hace recomendable realizar anualmente un inventario exquisito para conocer los ejemplares que tenemos, los que nos interesa descatalogar o mantener.

DISTRIBUCIÓN Y COMERCIAL

Mercado nacional

El Departamento Comercial es el responsable de la red de ventas de la editorial. Dado que normalmente las ventas se hacen a través de los distribuidores, la responsabilidad del director comercial es triple. En primer lugar, debe conseguir una red de distribución adecuada, con la que mantenga una relación fluida y de la que obtenga suficiente información. No es fácil. Más adelante nos extenderemos en los sistemas de distribución actuales y podremos comprender el profundo cambio en el que también se encuentran. La segunda responsabilidad es mantener abierta una relación permanente con los verdaderos clientes, las librerías, las cuales deberá visitar periódicamente, procurando tenerlas suficientemente atendidas. Y, en tercer lugar, planificar los lanzamientos, coordinándolos con las presentaciones de los distribuidores, las campañas de promoción y los distintos elementos de *marketing* en librerías. Además de todas estas funciones directas, el director comercial debe tener voz en los consejos donde se decidan portadas, tiradas, acciones de promoción y colecciones editoriales. Por último, debe elaborar un detallado informe mensual de ventas donde se especifiquen los porcentajes de colocación de novedades, movimientos del fondo por colecciones, ventas por clientes y zonas, etc.

Su opinión debe ser tenida muy en cuenta a la hora de fijar precios, aunque el editor ha de ser consciente que la red comercial siempre intentará bajar los precios de los libros para hacerlos más competitivos e incrementar ventas. Otra tendencia natural es la de no considerar los gastos de promoción de un libro como gastos directos que han de ser tenidos en cuenta para fijar el PVP del mismo. Error. Todos los gastos deben ser tenidos en cuenta a la hora de fijar el PVP. Calcularlo no es fácil, como veremos más adelante. La sobreoferta de títulos en el mercado editorial empuja a la baja el precio del libro. Resulta muy frecuente escuchar la queja de los lectores acerca del excesivo precio del libro. Y eso, por no hablar de los lectores de América Latina, que repiten hasta la saciedad que los libros europeos les resultan prohibitivos. Mientras que el editor intenta defender un precio razonable para sus novedades, las librerías se llenan de ofertas y saldos. Libros que hasta hacía pocos meses se adquirían a 20 € se ofrecen a uno; grandes formatos de libros artísticos, con fotografías a todo color, se venden a 5 €. ¿Cómo no va a experimentar el posible comprador la sensación de que los libros de novedad o de fondo son caros? Únanse a lo anterior los libros y colecciones ofertados a diario por los periódicos, para comprender hasta qué punto resulta complejo intentar conseguir mantener un precio que retribuya el esfuerzo que libreros, distribuidores, editores, profesionales de la edición y autores realizan en cada libro.

Sin embargo, los editores no debemos obsesionarnos con bajar el precio de nuestros libros, sino que la estrategia debe ser la de ofrecer libros que aporten valor al lector. Un libro nunca es ni barato ni caro, depende del valor que el comprador le conceda. Por eso, entrar en la lucha de precios bajos como única estrategia comercial es un gran error en el que caen algunos editores, quienes incluso sortean coches o viajes en avión por la compra de un libro. Se equivocan. No solo no venderán más, sino que devaluarán sus libros y su sello. El editor debe esforzarse por ofrecer calidad y valor añadido al lector; en eso debe radicar su competitividad y su garantía de que el lector no apreciará como caro lo que adquiere. Todo dependerá de lo que valore lo que obtiene —en placer, diversión o conocimiento— de su lectura. Y ahí está el secreto del editor, su posibilidad de supervivencia. El seguir ofreciendo libros que satisfagan el interés de sus lectores específicos. En términos económicos, si se me permite, en editar libros de «alto valor añadido» para su lector. En principio, un lector no comprará un libro por el simple hecho de su precio. Comprará un libro porque le guste el tema, el autor, o porque le sirva para algo. Mentalmente, estimará si su valor es superior a su precio. El buen editor ofrece libros de mayor valor que precio marca. ¿Qué valor posee para un opositor el libro con su temario? ¿O para un enamorado el libro de poemas que le emociona? ¿O para un profesional el manual que le permite superarse en su profesión? ¿Qué vale una novela que nos subyuga o embelesa? Sin duda, mucho más que su PVP. El editor no debe obsesionarse con vender libros baratos. Debe esforzarse por ofrecer buenos libros que aporten valor a sus lectores y procurar producirlos a un precio razonable. Vender sin margen es puerta segura a la defunción de la editorial.

De esta reflexión debe participar el director comercial, máximo responsable de la política de ventas. El director comercial deberá organizar, con libreros y distribuidores, los diferentes acontecimientos y eventos que giran en torno al libro, organizar firmas, presentaciones, realizar operaciones especiales, etc.

Un tema controvertido es el de la venta directa a librerías cuando, en teoría, le correspondería a un distribuidor. No tengo duda al respecto. Debe venderlo el distribuidor, por más que perdamos algunos puntos. La gestión puntual de librerías sueltas, más sus cobros correspondientes, no justifica el romper una zona de distribución con la consiguiente tensión del distribuidor. Otra cuestión son las ventas directas a autores, empresas o instituciones, así como saldos y liquidaciones, que sí se pueden realizar directamente desde la editorial y que suponen para las editoriales pequeñas y medias una entrada importante de tesorería y de mejora del margen.

Ya veremos más adelante que la distribución tradicional está transformándose. Normalmente, el distribuidor de zona realizaba una triple misión: almacén, logística de entregas y devoluciones; facturación a librerías y pagos al editor, y, por último, visitas comerciales a librerías para presentación de novedades y levantar pedidos de reposición. En este modelo, el editor no tiene relación comercial con la librería. Esto está cambiando, al separarse la función logística de la comercial. Así, por ejemplo, grandes editoriales como Grupo Planeta tienen externalizada su logística, mientras que su propio equipo comercial realiza las tareas comerciales y de relación con librerías. Como veremos en el capítulo correspondiente, se abren nuevas posibilidades a las que el pequeño o medio editor puede acceder mediante unión o asociación a una distribución digna. El criterio del director comercial en estas cuestiones debe ser muy tenido en cuenta por el editor. La elección del modelo comercial y de distribución es una de las grandes decisiones estratégicas que permitirán a la editorial crecer o que, por el contrario, la condenarán al ostracismo. Hay que dedicarle todo el tiempo de reflexión y análisis antes de decidir. Una vez que se entra en un modelo de distribución, es muy complejo y costoso salir de él.

Por último, si una editorial decide iniciar una colección que hemos definido «de nicho», se encontrará que la distribución habitual solo cubre las librerías, pero no llega a aquellos puntos de venta específicos, tales como tiendas, asociaciones, congresos, donde podrían venderse los libros por razón de la materia. Por ejemplo, si editamos libros de caballos, tiene toda la lógica del mundo que los expongamos en las tiendas de hípica, o si publicamos libros de deportes, en las tiendas de deporte, por citar dos ejemplos muy obvios. Museos y tiendas de *souvenirs* en cascos históricos podrían ser otros ejemplos típicos. Es muy probable que las distribuidoras generales no cubran esos puntos de ventas. El director comercial debe encontrar una solución para poder atender esos canales específicos, que pueden suponer ventas muy cuantiosas que se perderían de no dar con el modelo adecuado de distribución. Salvo contadas excepciones, esta distribución está mal resuelta. En la mayoría de los casos, los comerciantes interesados deberán ir a un *cash* a adquirir lo que encuentren, sin que tengan conocimiento de catálogos ni de fondos. Aunque Internet irá facilitando la atención a estos puntos de venta, no cabe duda de que para las pequeñas editoriales o para aquellas que empiezan estos canales específicos suponen una entrada asequible para acceder posteriormente a la gran distribución.

Mercado de exportación

Aunque, como hemos dicho, existen muchos tipos de editoriales que atienden a demandas muy diferenciadas, casi todas ellas, por pequeñas que sean, deberán abordar el asunto de la exportación de algunos de sus fondos. Desde luego, para las editoriales que trabajan con la lengua española es casi una obligación el planteárselo, dado que vivimos en un espacio cultural de quinientos millones de hispanohablantes. Renunciar a la exportación a otros países de la misma lengua es limitar de forma severa el potencial de expansión de cualquier editorial. Es cierto que el mundo es global, pero en el caso de los libros existe la frontera de la lengua. Dentro de esa frontera, el libro puede comprenderse y amarse con relativa facilidad; fuera de ella, debe traspasar la frontera de la traducción. La editorial en lengua española debe aspirar a estar presente por su propio sello en los restantes países hermanos de lengua. La masa crítica de potenciales lectores que nos aporta el ser miembros de una comunidad lingüística tan extensa es un factor de competitividad de extraordinaria importancia frente a editoriales cuya lengua activa sea más restringida. Pero la exportación de libros requiere una atención comercial especializada, diferente de la más cómoda distribución nacional. La gestión de envíos, las aduanas, la garantía del cobro son complejas, y el editor que se plantee salir a otros países —obligación de casi todas las de lengua española con fondos generales— debe arbitrar una fórmula para conseguirlo. Crear una estructura permanente de exportación tan solo merecerá la pena en el caso de editoriales que tengan un catálogo amplio y un adecuado ritmo de publicaciones susceptibles de ser vendidas en el mercado internacional.

Llamamos «exportación» a la venta de libros al extranjero. La venta de derechos de traducción a editoriales de países terceros no la consideramos a los efectos del presente capítulo, sino que la contemplamos en el capítulo dedicado a la gestión de la propiedad intelectual. Dado el altísimo coste que supone la exportación (con descuentos que superan el 60 %, alcanzando en ocasiones el 70 %), muchos editores la consideran como una opción para dar a los libros una segunda vuelta una vez que haya finalizado su ciclo de ventas en su país de origen. Esta consideración de la exportación como una especie de «venta a saldo» puede ser válida en determinadas ocasiones, pero jamás puede inspirar a la política de exportación de una editorial que aspire a conquistar un lugar destacado en varios países. Los mercados y los distribuidores son muy sensibles, y rechazarán a la editorial que solo envía saldo y fondo descatalogado. Cada vez son más exigentes y reclaman novedad. De ahí la firme tendencia a los lanzamientos simultáneos en varios países, o el incrementar tiradas iniciales para abastecer desde un principio los pedidos internacionales.

Tan solo los grandes grupos podrán tener un director de comercio internacional. En las editoriales medias, corresponderá al director comercial o al propio director de la editorial organizar la red de exportación. Para ello asistirá a ferias internacionales, para contratar distribuidores, o bien decidirá modelos alternativos, según mostramos en el cuadro siguiente.

CANALES DE EXPORTACIÓN	CONCEPTO	VENTAJAS	DESVENTAJAS
Venta directa	Relación directa con instituciones o empresas.	- Seguridad en el cobro. - Mayor margen.	- No se está presente en el mercado. - Limitado a libros específicos.
Venta por nuestra web	Venta de los ejemplares que nos soliciten por Internet.	- Seguridad en el cobro. - Se puede vender cualquier título del fondo. - Margen completo.	- Ventas muy reducidas. - Alto coste de envío. - Logística y operación desde la propia editorial.

CANALES DE EXPORTACIÓN	CONCEPTO	VENTAJAS	DESVENTAJAS
Venta a través de exportadores	Un exportador agrupa fondos de varias editoriales y organiza su red de exportación.	- Mayor seguridad en el cobro. - Trato más fácil, al ser otra empresa del mismo país que el editor. - Normalmente, mejor trato en descuentos.	- La red comercial exterior es del exportador, no de la editorial.
Venta a través de Importadores/distribuidores	El editor envía su fondo a un distribuidor en cada país, que le liquida mensualmente según ventas.	- Se pueden cubrir varios países, ya que la gestión de exportación se limita a llegar a acuerdos con sus distribuidores.	- Altos descuentos. - Difícil control de los depósitos. - Riesgo en el cobro. - Dependencia de su buen hacer comercial.
Red propia internacional	La propia editorial abre empresas filiales que realizan tareas de distribución en cada país.	- Control absoluto de la gestión comercial y de los fondos. - Seguridad de cobro. - Posibilidad de implementar políticas globales.	- Tiempo y recursos muy elevados para llegar a crear la red propia. - Alto coste de estructura. - Compleja gestión interna de la empresa y necesidad financiera de funcionamiento en grupo.

CANALES DE EXPORTACIÓN	CONCEPTO	VENTAJAS	DESVENTAJAS
Distribución digital por *e-book* y POD	La editorial sube los archivos a las plataformas adecuadas.	- Baja inversión. - Todo el catálogo de disposición. - Cobro seguro.	- Falta de presencia en librerías, ferias y demás.

Venta directa internacional

Es habitual que universidades, instituciones o empresas pidan determinados fondos que se envían directamente, sin necesidad de disponer de una red comercial en el país de destino y sin exigirnos grandes descuentos. Son ventas en firme, sin derecho a devolución, que en muchos casos se cobran antes de enviar la mercancía. Otra forma de venta directa es a través de los autores que reciben peticiones para dar conferencias o clases. A veces, las instituciones que los invitan compran directamente otras. En otras, lo mejor es vendérselos directamente a los autores, con su descuento, y que sean ellos los que cubran el acto con sus libros.

Venta por web

Es frecuente que entren a nuestra página web pedidos o petición de información de los lugares más inverosímiles. Se pueden atender, si es política de nuestra editorial, estos pedidos, siempre que el cliente pague el transporte, que supondrá más coste que el propio libro.

Venta directa a librerías

Algunas librerías, sobre todo de países pequeños, donde una distribución apenas podría sobrevivir, importan libros a determinadas editoriales para venderlos en su propio establecimiento. Ciertas librerías se convierten en importadores directos, e incluso hacen alguna pequeña distribución local. Se suele establecer una relación directa que dura años. Conozco pequeños editores que envían un par de veces al año su fondo a determinadas librerías de Centroamérica.

Venta a través de exportadores

Un exportador representa varios fondos que exporta a través de su propia red comercial. En este caso es el exportador el que mantiene la relación con los compradores y distribuidores de cada uno de los países, a los que, habitualmente, el editor no llegará ni a conocer. Esta figura tuvo mucha importancia en el pasado, pero en la actualidad la editorial prefiere mantener la relación directa con los importadores/distribuidores de cada país. Ejemplos de exportadores en España son CELESA o La Panoplia. Puvill también exporta a instituciones americanas los fondos de numerosas editoriales.

Venta a través de importadores/distribuidores

Es la más habitual. El descuento medio para este tipo de distribución suele superar el 60 % y ronda el 65 %, aunque en algunos casos puede ascender hasta el 70 %. La correcta elección de su empresa distribuidora es una de las elecciones más importantes que debe adoptar un editor. Debe tomarse el tiempo preciso para conocer a los candidatos, pedir informes a otras editoriales que estén siendo distribuidos por ello y tantear su reputación y eficacia en librerías y compradores. Un error en la elección puede costar muy caro al editor tanto en dinero como en tiempo. Y un consejo: por muy solvente que nos parezca el importador, resulta imprescindible garantizar las operaciones de exportación; nos evitará grandes problemas en el futuro.

Los importadores/distribuidores tradicionales son empresas que representan a varios fondos internacionales y también nacionales. Algunas de ellas poseen librerías propias, y otras son independientes. Normalmente, se trabaja a depósito con ellos. Se les envía la mercancía que solicitan, pagando usualmente ellos tanto el transporte internacional como los gastos de aduana. Liquidan mensualmente en función de ventas. Además del riesgo del cobro, resultará casi imposible para el editor controlar que la gestión y las liquidaciones mensuales responden a la realidad, de ahí la importancia de asociarse a empresas de confianza. Montar una red internacional es tan fácil —o tan difícil— como ir seleccionando distribuidores en cada país. El pago suele oscilar entre los 120 y 150 días fecha factura.

Red propia internacional

La tendencia es que el importador/distribuidor independiente vaya perdiendo peso frente a las empresas distribuidoras integradas en grupos verticales u horizontales. Es muy frecuente que las grandes editoriales tengan casa propia en varios países y que realicen su propia distribución en cada uno de ellos. Así, por ejemplo, Planeta o Penguin Random House tienen sede y distribución propia en casi todos los países de habla hispana. Otras editoriales grandes, como Océano o Urano, también poseen distribución propia en la mayoría de esos países. Un importante cambio se está produciendo en las actividades de estos grandes grupos. De distribuir en el pasado únicamente sus propios fondos, también se han abierto a distribuir fondos de terceros, con el objeto de optimizar sus recursos. Así, por ejemplo, la propia Penguin Random House de EE. UU. distribuye fondos de editoriales en español, y editoriales como Urano y Océano se han convertido en grandes distribuidores internacionales. Con esta estrategia consiguen los beneficios de las economías de escala, al tiempo que obtienen fuerza de negociación frente a las grandes cadenas. El crear y gobernar una red propia internacional requiere un enorme esfuerzo financiero y de gestión interna, y tan solo está al alcance de los grandes grupos.

Antes de comenzar la exportación a un país debemos conocer su legislación, que varía sensiblemente de uno a otro. Así, por ejemplo, en Chile el importador debe abonar un IVA del 19 % en la aduana, por lo que el libro importado sale caro al mercado. Otros países, como Colombia, México o Argentina, no aplican IVA al libro. Para el cálculo aduanero, se suele pedir una factura de entrada, como si los libros estuvieran realmente vendidos, cuando lo más habitual es enviarlos en depósito. Al igual ocurre con el material promocional, que deberemos facturar aparte, poniéndole un valor testimonial a efectos aduaneros. Todas estas cuestiones deben tenerse en cuenta antes de enviar los libros. Así nos evitaremos los angustiosos problemas en frontera que tanta tensión causan. Tres son las dificultades básicas para el libro español en América. En primer lugar, el precio. Debido a la fortaleza del euro, los libros españoles importados resultan francamente caros para la economía media de muchos de estos países, especialmente los que se encuentran inmersos en crisis económicas. El segundo problema es el pirateo, que alcanza proporciones desmesuradas en algunos países. Las editoras de éxito estiman que el 30 % de los libros que se adquieren de sus principales títulos son pirateados. Una tercera limitación es el uso del lenguaje, sobre todo en los textos de no ficción. El uso de expresiones del español de España extraña a los lectores de terceros países. Lo mismo nos ocurre en España con libros escritos en lenguaje coloquial de español mexicano o argentino, por poner dos ejemplos. Otras cuestiones, como el cargo de determinados impuestos —como el caso del IVA en Chile— o de incentivos fiscales concretos —como los que contempla la Ley colombiana del Libro—, también dificultan la capacidad competitiva de editores de terceros países.

También existen mercados para libros en español en zonas no hispanoparlantes. En Europa, por ejemplo, cada vez aparecen con mayor frecuencia en las grandes librerías secciones específicas para libros en español. Por ejemplo, FNAC o Waterstones dedican un espacio para libros en nuestro idioma. No debemos olvidar las universidades, bibliotecas o círculos de hispanistas tan en boga en numerosos países del planeta. Todos ellos suponen potencial de exportación para nuestros títulos.

Venta e-books y POD

Como ya hemos comentado con anterioridad, la revolución de la impresión digital permite la presencia de nuestro fondo editorial en múltiples países sin tener que exportar los libros ni crear una costosa y venturosa red de distribución. Basta que se los descarguen como libros electrónicos en cualquier dispositivo lector, como Kindle. Más avanzada es la impresión a demanda o POD, por la que el lector puede comprar el libro en librerías —físicas o digitales— asociadas al sistema para que se emita una orden de impresión individualizada a una de las imprentas en red, con los archivos de la obra disponible en la plataforma compartida. Al cliente le llegará un libro de papel impreso especialmente para él. Ya es una realidad al alcance de la mano, aunque las ventas son todavía reducidas.

Ferias nacionales e internacionales

La asistencia a ferias del libro es una de las acciones comerciales casi obligada para cualquier editorial. Desde las pequeñas y locales hasta las grandes internacionales, las ferias son el escaparate ideal donde exponer nuestro fondo y dar a conocer nuestros libros y nuestra realidad de empresa editorial. Además, nos permite estar al día de las nuevas tendencias y gustos.

Existen muchos tipos de ferias. Algunas de ellas están limitadas a librerías, por lo que, si queremos asistir, deberá ser en compañía de una de ellas, compartiendo gastos y cediendo nuestro margen al librero, que se compromete a exponer nuestro fondo. En las ferias medias conviven editoriales y librerías. El editor debe ser generoso en todo momento y dar prioridad en presentaciones y demás actos a las librerías, que son sus clientes durante todo el año, y para muchas de las cuales las ventas de la feria suponen un importante ingreso. Para el editor lo importante no han de ser las ventas que genere durante la feria, sino la imagen pública y comercial que obtiene. Por último, existen las grandes ferias editoriales, que suelen tener dimensión internacional. El editor, en función de sus prioridades y posibilidades, debe decidir si le merece la pena asistir con *stand* propio, o le es mejor compartirlo con otras editoriales agrupadas en un gremio o en una caseta institucional, por ejemplo. En todo caso, con exposición de los fondos propios o no, los editores debemos asistir a alguna de las grandes ferias internacionales, donde podremos comprobar los derroteros por donde se mueve el mundo editorial, amén de conocer nuevos títulos y autores cuyos derechos nos pueden interesar. De la visita a una feria siempre nos traemos buenas ideas.

La feria del libro más importante es la de Frankfurt, que se celebra en octubre de cada año. Es una auténtica babel de lenguas y culturas. Están presentes todas las grandes editoriales del mundo y las principales agencias literarias. Es visita obligada para cualquier editor. Aunque, si no lleva agenda previamente cerrada, puede encontrarse perdido en aquella inmensidad. Aun así, merece la pena conocerla, para observar tendencias y conocer parte de la realidad editorial mundial. En tiempos se podían comprar derechos para traducción. Hoy en día, las agencias realizan esas operaciones durante todo el año, y la feria es un acto de encuentro, para cimentar nuevas relaciones de cara al futuro. Consejo logístico: reservar con tiempo un hotel que esté relativamente cerca del recinto ferial. Si no se hace, será preciso invertir todos los días más de una hora en traslados.

Las dos ferias más importantes para el libro en español son la FIL y el Liber; la primera, muy destacada sobre la segunda.

En FIL (Feria Internacional del Libro) de Guadalajara, Jalisco, México, es la más importante para las editoriales de lengua española. Se celebra entre finales de noviembre y principios de diciembre, y, como también ocurre en Frankfurt, cada año se dedica a un país. Asistir a esta feria resulta imprescindible para las editoriales que deseen operar en el conjunto de América Latina, España y Norteamérica, ya que cada año es más nutrida la delegación de librerías, agencias y bibliotecas de los EE. UU. interesadas en adquirir libros en español. Organizada por su prestigiosa universidad, la FIL de Guadalajara ha conseguido, después de años de esfuerzo y buen hacer, desbancar a las restantes ciudades que compitieron por ese honor. En efecto, el mundo de la edición en español podría haber escogido Buenos Aires, Barcelona, Madrid, Bogotá, Miami o cualquier otra gran ciudad hispana para celebrar tal acontecimiento. Pero, de forma espontánea, todo el sector se fue poniendo de acuerdo en encontrarse en la hermosa ciudad mexicana. En un mundo global y abierto, la cultura en español no entiende de fronteras. Tan solo habita en la república de la lengua española, con más de cuatrocientos millones de súbditos. Y Guadalajara es la capital de ese maravilloso reino de tinta y papel.

El valor económico de la lengua española es muy elevado. De una forma directa o indirecta, determinaba el 15 % de nuestro producto interior bruto. La lengua española no es solo cultura, también es economía. Hablamos mucho de la nueva sociedad del conocimiento y, casi inconscientemente, dirigimos nuestra mirada hacia el sector audiovisual, cuando es en el tradicional sector del libro donde los españoles brillan con luz propia. El sector editorial español es el quinto del mundo en cuanto a volumen e importancia económica, detrás de EE. UU., Alemania, Inglaterra y China. Este posicionamiento de gigantes no sería entendible sin el vasto mercado de hispanohablantes.

El siglo XX contempló el nacimiento de importantes editoriales americanas, especialmente en México D. F., Bogotá y Buenos Aires, al tiempo que se desarrollaban las grandes editoriales españolas. Con el paso de los años, fueron estas últimas las que crecieron en aquel mercado. Muchas de las editoriales americanas fueron víctimas de las periódicas crisis económicas que golpearon a sus respectivos países y terminaron cerrando o siendo adquiridas por los grandes grupos españoles. Asombrará al asiduo de las librerías sudamericanas el absoluto dominio del mercado de las editoriales españolas o de sus filiales americanas. Aunque existen algunas excepciones, como las del grupo colombiano Norma, o la empresa pública mexicana Fondo de Cultura Económica y Sexto Piso, la práctica totalidad de las grandes editoriales tienen su centro de decisión en España. Nuestras empresas tienen pues una excelente oportunidad de negocio, pero, al mismo tiempo, una alta responsabilidad. No podemos alinear ni homogeneizar una variedad cultural tan rica ni dormirnos en los laureles. La adecuada atención a los nuevos valores hispanoamericanos y a sus propios temas de interés consolidará nuestra privilegiada posición. Debemos estar muy atentos a la irrupción del libro en español en Estados Unidos, ya que las grandes editoriales norteamericanas están abordando este mercado y, sin duda alguna, pronto saltarán a los países iberoamericanos.

Madrid y Barcelona se turnan anualmente para ser sede del Liber, en teoría, la principal feria del libro dedicada a profesionales. Tradicionalmente la visitan libreros, editores, distribuidores y bibliotecarios latinoamericanos al coincidir sus fechas con la de Frankfurt. Para aquellos editores españoles que deseen distribución en América puede ser un buen lugar de trabajo, aunque el Liber tendrá que redefinirse para el futuro, ya que cada año pierde fuerza e interés.

A continuación, mostramos algunas de las principales ferias internacionales, clasificadas en torno a la lengua, que, como sabemos, es la verdadera república del mundo editorial.

NOMBRE	CIUDAD	FECHA	WEB
Frankfurt Book Fair	Frankfurt	Octubre	www.book-fair.com
Leipzig Book Fair	Leipzig	Marzo	www.leipziger-buch-messe.de
Feria Internacional del Libro	Buenos Aires	Abril-mayo	www.el-libro.com.ar
Rio De Janeiro International Book Fair	Río de Janeiro	Septiembre	http://www.fagga.com.br
Beijing International Book Fair (BIBF)	Beijing	Agosto-septiembre	http://www.bibf.net
Feria internacional de Bogotá	Bogotá	Abril-mayo	http://www.feriadellibro.com
Havana International Book Fair	La Habana	Febrero	http://www.cubarte.cult.cu
Cairo International Book Fair	El Cairo	Enero-febrero	http://www.cibf.org
Abu Dhabi International Book Fair	Abu Dhabi	Abril-mayo	http://www.adbookfair.com
Liber	Madrid	Octubre	http://www.liber.ifema.es
BookExpo America	Nueva York	Mayo-junio	www.bookexpoamerica.com
Salon du Livre	París	Marzo	www.salondulivreparis.com
Hong Kong Book Fair	Wanchai	Julio	http://www.hkbookfair.com
International Book Festival Budapest	Budapest	Abril	http://www.mkke.hu
London Book Fair	Londres	Abril	http://www.lbf-virtual.com

NOMBRE	CIUDAD	FECHA	WEB
Jerusalem International Book Fair	Jerusalén	Febrero	www.jerusalembookfair.com
Bologna Children's Book Fair	Bolonia	Abril	http://www.bookfair.bolognafiere.it
Turin International Book Fair	Turín	Mayo-junio	http://www.fieralibro.it
International Book Fair	Tokyo	Julio	web.reedexpo.co.jp
Baltic Book Fair	Vilnius	Febrero	http://www.litexpo.it
Salon International de l'Edition et du Livre	Casablanca	Febrero	www.minculture.gov.ma
FIL (Feria Internacional del Libro)	Guadalajara	Noviembre	http://www.fil.com.mx
International Book Fair Warsaw	Warsaw	Mayo	http://www.bookfair.pl
Expolingua Portugal	Lisboa	Marzo	www.expolingua.pt/en_index.htm
International Book Fair - Bookworld	Praga	Mayo	http://www.bookworld.cz
Bookfest Bucarest	Bucarest	Junio	http://www.bookfest.ro
Moscow International Book Fair (MIBF)	Moscú	Septiembre	http://www.bookfair.ru
Cape Town - 2nd Cape Town Book Fair (CTBF)	Cabo Verde	Junio	http://www.capetown-bookfair.com

NOMBRE	CIUDAD	FECHA	WEB
Göteborg Book Fair	Göteborg	Septiembre	http://www.goteborg-bookfair.com
Bangkok International Book Fair	Bangkok	Marzo-abril	http://www.bangkokibf.com
Istanbul Book Fair	Estambul	Octubre	http://www.tuyap.com
Feria Internacional del Libro	Santo Domingo	Abril-mayo	http://www.ferilibro.com

Principales distribuidores y cadenas de librerías en México

A título indicativo, exponemos algunas de las principales distribuidoras y cadenas de librerías en México. Como distribuidoras, podemos reseñar Planeta, Penguin Random House, Urano, Océano, Nirvana, Sexto Piso o Colofón. Como cadenas de librerías, Gandhi, Sanborns, Gonvill, Porrúa, El Sótano, El Péndulo o Fondo de Cultura Económica.

Almacén

Aunque tengamos nuestra distribución en manos de distribuidores terceros, o incluso si la hemos externalizado a una empresa de logística integral, siempre quedará al editor una tarea de almacén. Normalmente, la gestión del almacén suele asociarse a un departamento, que podrá ser el comercial u otro, en función de la editorial, su organización y tamaño. Aunque la tendencia de la editorial actual es externalizar el almacenamiento, siempre será necesario un mínimo almacén para procesar las devoluciones, atender los pedidos directos, las operaciones especiales, Internet o las compras de los propios autores. En general, las tareas mínimas a desarrollar son:

- Colocar y ordenar el fondo que disponemos.
- Tareas de *picking* o preparación de pedidos.
- Gestión de devoluciones y de salidas, y ordenar el fondo.
- Realización de inventarios periódicos.

Cualquier editorial media tiene un almacén de cientos o miles de referencias que, tras las devoluciones, sumarán muchos miles de libros. Tanto el coste de alquiler del almacén como su manipulación suponen una partida muy importante, amén de una compleja operación más a la que atender. Por eso, las editoriales tratan de quitárselo de encima. Su gestión no produce valor añadido, aunque resulta de vital importancia para el correcto funcionamiento de la editorial.

Las grandes editoriales son tajantes en cuanto al destino de los libros una vez que han concluido su vida comercial. O se saldan, o se destruyen. No les dan un día de gracia. Las pequeñas editoriales suelen ser más condescendientes con sus libros, ya que les merece la pena prolongar la vida de sus fondos. La venta por las plataformas digitales puede que ayude a mantenerlos vivos más tiempo. En todo caso, la gestión de los *stocks* antiguos es muy compleja, y, por más que nos duela la idea del destino al guillotinado de muchos fondos, la industria de hoy todavía no ha sabido darle respuesta al problema. Y me temo que la sobreoferta del libro editado, combinada con el encarecimiento del valor del suelo y los alquileres, no hará sino profundizarlo.

Ventas digitales

A todos los efectos, debemos considerar la versión electrónica del libro —sea *e-book* o audiolibro— como sujeto de distribución y comercialización. En estos casos, y salvo que se tenga plataforma propia de descarga y venta con las suficientes garantías, lo normal es subir nuestros libros electrónicos a plataformas terceras con plataformas de pago, como Amazon o Casa del Libro, por ejemplo, desde las que los lectores pueden descargárselas. Mensualmente, estas plataformas liquidan al autor, aplicando el descuento pactado, que, en materia digital, suele ser inferior al que aplican los distribuidores del libro físico.

Con respecto a los audiolibros, salvo que sean de producción propia, lo normal es que vendamos los derechos a una empresa especializada, como Storytell o Audible, que serán los que hagan la producción con locutores profesionales y los comercialicen. Normalmente, estas empresas seleccionan aquellos libros de nuestro catálogo que les interesan, nos pagan un anticipo y realizan liquidaciones periódicas, bien trimestrales o semestrales.

En recomendable que el libro electrónico se comercialice de manera paralela al libro de papel. La subida del *e-book* a las correspondientes plataformas debe estar protocolizada y realizarse de manera sistemática y ordenada.

Ofertas, descatalogaciones y saldos

Para animar las ventas de un libro perezoso, se puede poner en oferta, bajando el PVP. De esta manera, se recuperan al menos los costes de impresión. Se debe notificar al autor y a todo el canal. El libro se quedaría con el nuevo PVP rebajado hasta que se agotara o terminara su ciclo.

Cuando el libro ha terminado su periodo de venta y no se mueve, toca saldar y, en su caso, descatalogar. Cuando se pone en saldo, hay que notificarlo al autor. Existen empresas saldistas que compran grandes partidas, pero a precios muy reducidos que no llegan a cubrir ni siquiera los costos de impresión.

Cuando se va a descatalogar y a enviar a reciclaje de papel, hay que avisar al autor, que podrá retirar los libros que desee, pagando él los portes. Conviene agrupar varios títulos en estas opera-

ciones dolorosas de retirada de libros para guillotinado. El precio
que pagan los recicladores es realmente bajo, pagan a tanto por
kilo, apenas unos pocos euros por palé.

Ventas directas y coediciones

Como hemos indicado, las ventas directas al autor o a alguna institución o empresa es una fuente muy importante de ingresos,
tesorería y margen que debemos cuidar. También se considera
como venta directa la que el editor realiza en su propia caseta de
feria o a través de su página web.

Al autor suele concedérsele un descuento del 40 % sobre el
PVP; a las ventas directas a empresas, un descuento menor.

La coedición, por la que el autor o una institución aporta dinero o compra ejemplares para ayudar a la edición, también resulta
muy frecuente. A veces, conlleva poner los logos de la empresa o
institución en la contra del libro, al igual que ocurre normalmente con los libros patrocinados.

Para algunas editoriales especializadas, los libros en coedición
o bajo patrocinio suponen su principal fuente de ingresos. Para
las pequeñas editoriales también constituyen un importante apoyo para su cuenta de resultados.

MARKETING

Hemos repetido hasta la saciedad que el libro no es un producto
cualquiera. Un lector no comprará un libro sencillamente porque
sea más barato o porque sorteen un vehículo. Lo adquirirá y lo
leerá, si espera obtener de su lectura conocimiento, placer, emoción o añoranza. No obstante, para lograr atraer la atención del
lector sobre él, sobre todo en los inicios de su andadura en librerías, un buen *marketing* favorecerá de forma muy directa la marcha de las ventas.

El primer elemento del *marketing* de un libro es su portada, que debe ser sugerente y atractiva. En el océano encabritado de los miles de libros que se arremolinan en las librerías, una buena portada supone la llamada imprescindible para atraer la atención del posible comprador. Por eso, en algunas editoriales, las portadas se diseñan en el Departamento de Marketing. Otras prefieren vincularlo al editorial, aunque lo mejor es que se aprueben en sesiones conjuntas entre el Departamento Comercial, Editorial y de Marketing, o en el propio Consejo de Dirección. El editor debe prestar mucha atención a las portadas de sus libros, consiguiendo aunar su belleza con la eficacia de la atracción que genere. El costo de su ejecución debe repercutir como coste directo en la primera edición de la obra.

Los marcapáginas, los libros no venales de cortesía para los libreros previos al lanzamiento de la novedad, prepublicaciones de folletos o capítulos del libro a editar, carteles, cajas expositoras o los diversos elementos promocionales en lugar de venta —conocidos como PLV— son elementos tradicionales de *marketing* directo, que son del agrado del librero y que suelen cumplir con la misión de resaltar el libro ante los posibles compradores y ante el propio librero. Sería prolijo enumerar el sinfín de posibilidades que ofrece este tipo de *marketing* directo que, sin duda alguna, es aconsejable usar, con medida y mesura, eso sí. Los costos de *marketing* directos hay que cargarlos a la cuenta del libro. Tan solo los de *marketing* global de la editorial podrán imputarse a gastos generales.

El responsable de *marketing* deberá desarrollar una gran creatividad, teniendo como limitación los importes reducidos que permite el mundo de la edición. En los grandes grupos, existe un departamento específico, subcontratando a veces los servicios de empresas especializadas. En las editoriales más modestas, las tareas de *marketing* suelen compartirse entre el Departamento Comercial y el de Comunicación. Por facilitar la relación con los distribuidores y libreros, aconsejo que estas funciones dependan en líneas generales del Departamento Comercial, correspondiendo al Departamento de Comunicación la coordinación de las campañas de publicidad en medios que pudieran decidirse.

Las editoriales no suelen anunciar sus libros, dado que la publicidad tiene un coste muy superior al margen que puede ofrecernos la venta de un libro normal. Los anuncios suelen limitarse a las revistas dirigidas a los libreros, a los suplementos culturales de los periódicos, a las revistas de libros o a la promoción de determinados actos o programas culturales. También existe casi una «obligación» del editor de anunciarse de vez en cuando en los medios para corresponder la atención que le prestan durante todo el año. Hablaremos de la publicidad en medios al desarrollar el Departamento de Comunicación.

El conjunto de acciones promocionales —acciones de *marketing*, publicidad y comunicación— debe coordinarse perfectamente. Por ello las decisiones se han de tomar en consejo, donde participen los departamentos implicados. Las presentaciones públicas y las firmas de libros también podrían considerarse dentro del imperio del *marketing* del lanzamiento, y deben dirigirse desde el Departamento Comercial y el de Comunicación.

Pero el *marketing* no se debe limitar al libro o a su lanzamiento. Existe un *marketing* de empresa que empezaría desde el logo del sello, la imagen corporativa, pasando por la papelería, la página web —muy importante—, el diseño de catálogos, el del boletín de novedades, *newsletters*, redes sociales, convocatoria de premios, así como el de cualquier material promocional en general. La programación cultural que impulse la editorial, sus eventos, la participación en ferias e incluso la decoración de la propia oficina son también parte del mensaje a trasladar.

Un caso muy especial de *marketing* es el que aplican las editoriales de venta directa mediante correo o suscripción. En las editoriales de nichos específicos, el *marketing* deberá estar orientado hacia el segmento de potenciales lectores de nuestro interés. Las nuevas tecnologías nos ofrecen nuevos soportes para el *marke-*

ting. Páginas webs, promoción en blogs, portales específicos, etc., serán instrumentos cada día más frecuentes para la tarea de promoción de nuestro fondo.

Nunca debemos olvidar que, en el mundo editorial, el *marketing* es un instrumento para ayudar al conocimiento e incrementar el atractivo de un libro. El verdadero fin es hacer libros buenos, lo demás es un simple apoyo. Algunos ejecutivos que proceden de otros sectores piensan que, con grandes inversiones en *marketing,* cualquier libro puede convertirse en un *best seller.* No es verdad, todos conocemos grandes campañas de promoción que se saldaron con estrepitosos fracasos. A la hora de la verdad, es el libro el que habla, no la publicidad. Con perplejidad observo como algunas importantes editoriales —sobre todo, en sus libros de bolsillo— promocionan algunos títulos o campañas mediante el sorteo de turismos o todoterrenos, o el regalo de billetes de avión. Es un error. Por más libros que vendan —que también tengo mis dudas en la eficacia de esta estrategia—, este tipo de campaña de «Compre mi libro y le regalo algo que vale mucho más» es un grave error. ¿Que por qué? Pues porque devalúa el libro, le arranca todo su encanto, su poder de seducción. Lo convierte en una mercancía más, tipo ofertas de supermercado. Y, además, ofende a su inteligencia. Podíamos caer en la misma dinámica que los periódicos, regalando vajillas. En su subconsciente, el lector que entra en una librería buscando un título rechaza la intromisión de la cultura de «plástico». En resumen, que el *marketing* es una herramienta que, bien dosificada, nos puede resultar un complemento muy útil. Pero no es una receta milagrosa, ni nos salvará de una mala gestión editorial. Y, por último, un consejo: invierta en *marketing* sobre libros buenos, no malgaste el dinero sobre los malos.

COMUNICACIÓN

Una de las funciones imprescindibles en una editorial es la de la comunicación. Tanto el libro como la editorial precisan de conocimiento público, y para ello es imprescindible que tengan reflejo en los medios de comunicación. El director de comunicación debe ser un profesional del periodismo, estar familiarizado con las nuevas tecnologías y disponer de un carácter abierto que le permita la cordial relación con autores y periodistas. La política de comunicación tiene una triple dimensión: la de la propia imagen de la editorial, la de las actividades que organiza —tipo premio, presentaciones o certámenes— y la de los libros y autores que edita, la más importante. Aun en las editoriales más pequeñas es recomendable tener activa una política de comunicación. Lo mejor, desde luego, es que exista la figura de director de comunicación dentro de la editorial, participando de las decisiones del Consejo de Dirección. En otros muchos casos, se puede recurrir al apoyo de gabinetes o empresas externas de comunicación, existentes en toda ciudad media. Los editores más pequeños quizás tengan que realizar ellos mismos esas funciones. Sea de una u otra forma, la función de comunicación es imprescindible para la editorial actual.

Un editor está obligado a luchar porque sus libros tengan la mayor notoriedad posible. Y esto no es fácil, dada la sobreabundancia de novedades que inundan nuestros mercados. En conseguirlo radica el reto del director de comunicación. La notoriedad alcanzada por un libro se convierte en un poderoso argumento de venta para nuestra red de distribución, para conseguir mayores pedidos, alcanzar una buena presencia en librerías y atraer a los lectores.

De la no ficción, sobre todo del ensayo, es fácil obtener reseñas si el tema es de interés en la actualidad. Si sus teorías son novedosas, bien justificadas o rompedoras, suelen levantar titulares. Con la novela es mucho más difícil. Siempre es más sencillo «vender» a los medios de comunicación a los escritores conocidos por sus anteriores obras o por su propia notoriedad. En caso de escritores desconocidos, conseguir reseñas o noticias de sus novelas es francamente complicado, salvo en su directo ámbito local.

El Departamento de Comunicación debe disponer de un amplio directorio al que remitir el boletín de novedades —que suele ser digital— y, posteriormente, los ejemplares solicitados de promoción. Los contratos de edición contemplan que un porcentaje de la tirada —que puede llegar hasta el 10 %— se dedique a promoción. Al editor, que no paga derechos de autor por los libros destinados a promoción, no debe dolerle el número de ejemplares que se envían a medios, aunque tampoco puede caer en la tentación de inundar estérilmente redacciones y gabinetes. Es muy importante la selección de medios a los que remitir el ejemplar, dada la hiperinflación de títulos que cada uno de ellos recibe diariamente. Debe mantener un criterio de selección. Así, el director debe saber a cuáles de ellos interesará más el tema o el autor, o cuáles son los medios de comunicación más interesados en una materia determinada. Es recomendable remitir el libro a personas concretas, dado que la posibilidad de que se «pierda» en las grandes redacciones es alta. Y es que es cierto lo que se susurra en voz baja, que algunos redactores o periodistas tienen auténticas bibliotecas en casa… de libros que se llevaron y jamás reseñaron.

Hay libros en los que es conveniente realizar una prepromoción, para que, antes de que salgan, obtengan reseñas y titulares para ir calentando el ambiente y conseguir una amplia implantación. Pero son los menos. Lo normal es que la promoción se realice una vez que el libro esté en la calle. Es importante este matiz, que ya esté en librerías. En muchas ocasiones, por mal cálculo del editor, se realizan ruedas de prensa u otros actos de promoción cuando el libro todavía no está en librerías, sino en el almacén del distribuidor. Es un error, un tiro al aire, ya que, si alguien lee o escucha la noticia y va a la librería a buscar el libro y no lo encuentra, las posibilidades de que regrese más adelante para adquirirlo se reducen sensiblemente.

La figura de los productores en los programas audiovisuales resulta del máximo interés para los jefes de comunicación. Son ellos los que plantean los temas a tratar en los programas y los que los priorizan en los guiones. Por eso, en la mayoría de los casos, son a quienes tenemos que venderles nuestro libro o nuestro autor. Y esta «venta» no debe limitarse a una acción pasiva. Hay que llamarlos o escribirles para explicarles las características y valores más importantes de la obra, o lo que de ella llama la atención y por qué le vendría bien al programa. Esta tarea puede realizarla hasta la editorial más modesta. Los directores de programa no mirarán, a la hora de decidir el contenido de sus programas, el tamaño de las editoriales que lo remiten, sino el interés que el libro puede levantar en la audiencia.

Amén de enviar los libros para reseña, los directores de comunicación deben presentar al autor y su libro a los medios. Algunos utilizan un desayuno de prensa, otros dan ruedas de prensa, los más organizan ronda de entrevistas de prensa, televisión y radio. También realizan convocatorias de prensa para las presentaciones sociales, donde lo más que se suele obtener es una fotografía del acto y de los presentadores. De cara a la editorial, las presentaciones sociales son de muy poca rentabilidad. Suponen mucho esfuerzo y dinero, para muy poca repercusión en medios y ventas. Y eso, suponiendo que se consiga una audiencia digna, pues en muchos casos, de no disponer de un directorio amplio a quien remitir invitaciones, el aforo se limita a unas cuantas docenas de personas. A pesar de eso, la organización de las presentaciones supone una obligación del editor, pues es deseada por los autores y algo de promoción se obtiene; además, se dan a conocer tanto el libro como la editorial, y algunos ejemplares se venden. El mejor lugar para celebrarlas es en las propias librerías o en centros culturales. Algunos autores piden hacerlas en hoteles o lugares que suponen un costo que los editores no pueden soportar.

Recomendamos solo llevarlas a cabo en lugares onerosos si un patrocinador —o el propio autor— las financia.

Una hoja de ruta de los procesos más habituales de comunicación sería la siguiente:

1. Conocimiento del libro, de sus principales características y aportaciones antes de que salga. Redactar los puntos más reseñables que nos permitan obtener notoriedad. El director de comunicación debe participar en los Consejos de Dirección en los que se debata la programación editorial y el contenido de los libros. Mientras más los conozca, mejor podrá «venderlos».

2. Diseño de la campaña de promoción, conjuntamente con los comerciales y con *marketing*. Cada libro es distinto, y debe tener diseñados itinerarios específicos de promoción. Hay que programar presentaciones a medios, especificando fechas y lugares.

3. Anticipo a todos los medios de comunicación, mediante nota de prensa a través del correo electrónico o envío de boletín de las novedades de cada mes o cada temporada. Es muy importante que el material que se envía esté bien elaborado. Se trata de «vender» la obra a los medios, y en las redacciones están muy ocupados y saturados de propuestas. Las notas deben ser resumidas y claras, con titulares atractivos y llamativos. Un breve resumen del contenido, de las propuestas, y sobre todo indicar qué aspectos son más reseñables. Se pueden acompañar de reseñas obtenidas en otros países, en casos de traducción.

4. Envío del libro a los medios de comunicación que hayan manifestado interés, acompañado de una ficha resumen. En general, se recomienda enviar todos los que nos soliciten, amén de los que enviemos nosotros directamente en función de la relevancia del medio para nuestro libro.

5. Seguimiento activo de esos libros. Es importante comunicarse con los redactores, críticos o periodistas para tratar de «venderles» activamente el libro.

6. Realización de los actos previstos en el plan de promoción (ruedas de prensa, desayunos/comidas con periodistas o críticos, presentaciones públicas, firmas, etc.), procurando la máxima notoriedad de todos ellos.

7. Acompañar al autor en alguna de las rondas de medios que haga en las grandes ciudades. Es conveniente que el director de comunicación conozca personalmente al mayor número posible de periodistas y redactores.

8. Organización de las entrevistas que soliciten los distintos medios. Es necesaria la coordinación entre el autor y los medios de comunicación, que deben dirigirse a la editorial y no directamente al escritor.

9. Una vez concluido el periodo de promoción, la editorial debe remitir al autor un dosier que contenga todas las reseñas y noticias que su libro haya conseguido. Actualmente, esta información se proporciona a través de la web, en la que deben figurar vinculadas a cada título las reseñas que ha obtenido.

10. Seguir la actualidad y, cuando un tema salta al debate público, ofrecer a programas el libro que tengamos sobre la materia. Este tipo de actuaciones suele tener alta eficacia si tenemos la suerte de contar con los libros adecuados a los temas de actualidad, lo que alarga en el tiempo su notoriedad y oportunidad.

Hasta aquí el protocolo habitual para promoción de los libros. Pero el director de comunicación debe también colocar las noticias corporativas de la editorial y sus actividades y convocatorias. Es muy habitual mantener una sección de noticias en nuestra propia web. Esta comunicación integral reforzará la imagen de la editorial. Y en torno a la imagen, debemos hacer una reflexión general. Salvo lectores muy iniciados, los libros no se compran generalmente en función de la editorial que los edita. Los libros se venden en gran medida por el autor y el tema tratado, siendo también importantes la portada y la presencia del libro en general. Haga la prueba. Pregunte a cualquier amigo o familiar que esté leyendo un libro por su título y autor. Seguro que le da la respuesta correcta. Pregúntele, a continuación, por la editorial que lo ha editado y comprobará como, en la mayoría de los casos, no sabe responder. No se ha fijado en el sello editorial. ¿Significa esto que el sello editorial carece de importancia? En absoluto. La imagen y el nombre de una editorial resultan de fundamental importancia y trascendencia, pero operan en mayor grado en la distribución, librerías, autores y medios de comunicación que en el directo comprador. En efecto, comprobaremos como en las mesas de las librerías existen superficies asignadas en función de la calidad de la editorial. La imagen de la editorial y la experiencia previa que el librero haya tenido con sus fondos determinarán que le asigne más o menos espacio, o que haga pedidos más o menos cuantiosos. La imagen de calidad de la editorial también influirá en el tipo de librería que la expone y en el lugar que le otorga. Idéntica dinámica experimentará el distribuidor. ¿Y qué decir de los autores? Como es lógico, desean ser editados por las mejores, las de más calidad de edición y de autores, y las que le garanticen una adecuada distribución. Los autores saben que se impregnan del prestigio de la editorial que les publica. Los medios de comunicación también son sensibles al sello editorial. Dedicarán más espacio y darán mayor relevancia a las de mayor prestigio y conocimiento que a las de menos. Y, en alguna medida, el lector confiará más en la casa que le haya ofrecido libros que le gustaron con anterioridad. ¿Quién dijo que la imagen de la editorial no tiene importancia? Y, aunque esta imagen se consigue por la calidad del catálogo, no cabe duda de que una adecuada política de comunicación colaborará eficazmente en otorgar esa imagen de calidad al sello.

Por último, y es una obviedad el comentarlo, el director de comunicación debe informar de las actividades, premios y certámenes de la editorial, al tiempo que mantiene viva la sección de «noticias» de la página web con información de elaboración propia.

ADMINISTRACIÓN, CONTABILIDAD Y FINANZAS

La gestión contable y financiera de una editorial es su pulmón para funcionar. Este departamento funciona de manera muy similar al del resto de las empresas, teniendo en cuenta las singularidades que la ley contable señala para el mundo de la edición. Las funciones mínimas que debe desempeñar el director del departamento son las siguientes:

- Contabilidad.
- Gestión financiera y de tesorería.
- Cobros y pagos.
- Gestión de subvenciones.
- Nóminas y seguros sociales.
- Fiscalidad.
- Elaboración de los presupuestos anuales y control presupuestario.
- Informes de gestión económica.
- Establecimiento de los procedimientos administrativos y contables.
- Control de gastos generales.
- Cuestiones legales y judiciales.
- Archivo de documentación.
- Control financiero de inventarios.
- Liquidación de derechos de autor.

- Administración general.
- Inversiones.
- Llevanza de libros oficiales.

Dado que en capítulos posteriores abordaremos en profundidad los diversos aspectos económicos y financieros de la gestión editorial, considero que con estos apuntes queda manifiesta la importancia del departamento, que debe estar dirigido por una persona de adecuado nivel. Es muy recomendable encargar una auditoría externa anual incluso en los casos en los que no sea legalmente preceptivo. Hemos incluido el área de derechos de autor en el ámbito financiero, aunque muchas editoriales lo mantienen en un departamento aparte. En todo caso, se encuentran íntimamente interrelacionados.

GESTIÓN DE DERECHOS

En cuanto una editorial crece, la gestión de los derechos se complica. Al cabo de pocos años son cientos o miles las liquidaciones de derechos de autor a enviar, a las que habrá que sumar los derechos de las traducciones, de las ilustraciones y de los directores de colección. Por eso, resultará imprescindible crear el Departamento de Gestión de Derechos, dependiente, en gran manera, del Departamento Financiero, puesto que ordena los pagos y gestiona los cobros.

La gestión de derechos tiene una doble dimensión: la de contratar y la de vender. Y dentro de la compra consideraremos tanto los contratos de edición normales que se realizan con escritores de la lengua nativa, como los derechos de traducción que compramos de obras extranjeras. Estas compras las deciden los editores, tras la propuesta del Consejo Editorial y la aprobación del Consejo de Dirección. Pero, una vez decidida la compra, es el Departamento de Derechos el que gestiona los contratos, su formalización y su registro. El contrato de edición es un documento fundamental. Su contenido recoge las obligaciones del autor hacia la editorial —básicamente, ceder la explotación de una obra concreta por un tiempo determinado y la entrega del manuscrito libre de otras cargas en una fecha acordada— y las de la editorial hacia el autor —básicamente, la garantía de edición y de distribución, así como la retribución de una cuantía económica en función de ventas o a precio cerrado, que podrá o no tener un anticipo—. Una vez registrado el contrato de edición, se activa el programa de gestión editorial —existen varios buenos en el mercado—, para que, de forma automática, una vez que se carguen las ventas del año, se produzca la liquidación según las cuantías indicadas. Resulta vital que el proceso quede por completo automatizado, pues resultaría del todo imposible realizarlo de manera manual una vez alcanzado un determinado volumen. Tanto los anticipos a abonar como las liquidaciones a pagar se pasan del Departamento de Derechos al Financiero, para que proceda al pago efectivo.

En el Anexo I recogemos un modelo de contrato de edición según criterios adecuados a la Ley de Propiedad Intelectual. Aunque la ley recogida sea la española, dado el carácter internacional que tienen estas normas, puede considerarse válido para un alto número de países.

Muchos autores desean comprar ejemplares de su libro con el descuento habitual del 40 % sobre el PVP. En algunas editoriales —sobre todo, las pequeñas—, es posible cargar esas compras contra el saldo de liquidación de derechos de autor. En las grandes, esas compras deben pagarse independientemente del saldo de la liquidación anual que resulte. El editor debe decidir un criterio, correspondiendo al departamento su gestión.

El editor está obligado a liquidar con honestidad los derechos correspondientes al autor. Jamás debe intentar ocultarle ventas para disminuir sus haberes. La mejor editorial es la más transparente. Ahora bien, existe un problema de difícil solución. Como los derechos se calculan habitualmente sobre los ejemplares liquidados a 31 de diciembre, en plena campaña de Navidad, periodo punta de ventas, existe una alta posibilidad de que, entre febrero y primavera, nos venga una alta devolución de los libros de la campaña navideña. Si hemos pagado el 100 % de los libros que iban colocados a 31 de diciembre, habríamos abonado más ejemplares de los realmente vendidos, con la consiguiente pérdida para el editor. ¿Qué hacer? Para los libros editados a partir de septiembre —esto es, únicamente para los de la campaña de Navidad, para los editados antes no hay que hacer ninguna excepción—, las editoriales adoptan usualmente uno de estos dos criterios:

a. Liquidar derechos sobre el saldo resultante de restar a los ejemplares colocados a 31 de diciembre el porcentaje de devolución media que hayamos tenido durante el año, y ya ajustar a ventas reales en la segunda liquidación correspondiente al segundo año.

b. Liquidar esos derechos más tarde, una vez pasada la devolución de primavera. En vez de hacerla en marzo-abril, realizarla en mayo-junio.

En todo caso, el procedimiento debe ser transparente y figurar en el contrato editorial para que el autor tenga conocimiento del mismo. Normalmente, las liquidaciones le llegarán al autor por correo electrónico, y vendrá asociada a cada uno de sus títulos la liquidación de ventas en todos los formatos comercializados, por ejemplo, rústica, bolsillo y *e-book*.

El Departamento de Derechos gestionará tanto los contratos de edición firmados directamente con el autor como los que se hacen a través de la agencia literaria.

Pero el Departamento de Derechos, como decíamos al principio del apartado, debe tener una doble dimensión. Además de comprar derechos ajenos, debe vender los propios. En general, las editoriales del espacio hispanohablante están más preparadas para la gestión de compras que para la de ventas. La editorial del futuro tendrá que reforzar este Departamento de Ventas, para gestionar los derechos subsidiarios de los contratos de edición en su haber. El responsable tendrá que intentar vender esos derechos para traducciones a otras lenguas, para ediciones de bolsillo, clubes de lectura, guiones audiovisuales, etc. Para ello deberá tener buen cuidado de incluir estos derechos que los contratos de edición que firme de forma directa con sus escritores. Hablaremos más adelante detalladamente de la gestión de la propiedad intelectual, tanto en derechos normales como subsidiarios, por lo que no nos extendemos en este punto. Simplemente reseñar que la función de gestión de derechos es una necesidad para la editorial actual y aún adquirirá mayor peso en la editorial del mañana, donde el editor no solo venderá papel, sino también, y cada vez en mayor proporción, derechos a los distintos soportes posibles.

GESTIÓN Y DINAMIZACIÓN CULTURAL

Esta función no suele sustentarse en un departamento concreto, sino que se reparte entre el conjunto de la editorial. Sin embargo, las editoriales que están convencidas de la importancia de esa función la refuerzan con la contratación de un responsable. Por eso, esta novedosa tarea tendrá que incorporarse en sus organigramas, se nombre o no a una persona responsable. Ponemos como ejemplo algunas de las competencias que abarcarían este innovador Departamento de Gestión Cultural:

- Asistencia con *stand* propio a ferias del libro.
- Asistencia a ferias especializadas con los libros de la colección adecuada a la temática.
- Organización de conferencias y presentaciones.
- Organización de eventos combinados con otras artes. Por

ejemplo, presentaciones de libros con música, representaciones de teatro, exposiciones, etc.

- Atención a las numerosas entidades —institutos, colegios, universidades, ayuntamientos— que se dirigen a las editoriales para solicitarles autores o patrocinios. Mejor pagar en especie que en dinero.
- Ofrecer contenidos culturales para otros organizadores de eventos.
- Organización de circuitos culturales con escritores y temáticas de la editorial.
- Ofrecer ideas e iniciativas a instituciones para organizar actos culturales.
- Apoyo a la organización de cursos asociados a los textos de nuestras colecciones específicas.
- Atención a bibliotecas públicas.

Se podrían añadir mil posibilidades a esta función de gestión cultural, a la que auguro un papel creciente. El editor debe reflexionar sobre su desarrollo en esta línea, hasta ahora bastante virgen.

Gestión de equipos humanos

En el capítulo anterior hemos descrito las principales funciones que debe desarrollar una editorial actual. Ya sabemos que son muchas y variadas. ¿Cómo puede el editor coordinarlas? Pues no existe otra vía que la de organizar un eficaz equipo humano. Tanta importancia tiene este aspecto que merece la pena que nos detengamos en reflexionar sobre la materia. Ya sabemos que muchos editores son lobos solitarios que gustan de encargarse personalmente de todas las facetas de la editorial, que no saben delegar o que, sencillamente, no están dispuestos a que otras personas participen en la línea editorial. Y también los hay que, por tamaño, no puedan permitírselo. Sin equipo, les costará crecer. Su editorial llegará hasta donde lleguen sus propias energías. Aquel editor que sepa crear y liderar un buen equipo tendrá un horizonte mucho más abierto de posibilidades. Ya sabemos que dos personas trabajando juntas desarrollan más del doble de trabajo que una trabajando sola. Y si son tres, muchísimo más del triple. Pero desengañémonos. El talento para saber trabajar en equipo es extraño, y son muchos los que prefieren ser cabeza de ratón a embarcarse en aventuras donde tengan que delegar o compartir decisiones. En fin, que cada editor haga lo que quiera, lo que sepa o lo que pueda, en función de su visión y propósito.

ÓRGANOS DE GESTIÓN Y COORDINACIÓN

El principal talento del empresario actual es su capacidad para liderar equipos humanos. El editor que quiere que su editorial crezca deberá dedicar cada vez más tiempo a coordinar a los profesionales que trabajen en la editorial y menos a su propia creatividad individual. Le resultará imposible corregir él mismo las pruebas, realizar portadas, asistir a presentaciones, tutelar las traducciones, hojear las obras que presentan los agentes literarios, impulsar las diversas colecciones, atender a distribuidores y libreros. Deberá ir cediendo competencias a sus colaboradores y, por tanto, tendrá que compartir responsabilidades con ellos. No todos los editores son capaces de esto. Algunos se creen imprescindibles y tienden a concentrar sobre ellos todas las decisiones, creyendo que los demás no acertarán. Este tipo de editor podrá tener una excelente «editorial de autor», pero jamás podrá desarrollarse más allá de sus propias capacidades personales. Si quiere crecer, deberá aprender a trabajar en equipo, una tarea harto difícil, pero donde radica la clave del éxito de las modernas organizaciones. La editorial que no sea capaz de dotarse de un buen equipo tiene sus alas cortadas. Pero es el propio editor-empresario quien tiene que optar por el modelo de su editorial, tal y como ya sabemos. Si quiere crecer, debe aprender a trabajar en equipo y debe saber delegar. Los buenos profesionales tienen criterio propio, y a veces no coincidente con el del jefe. En este permanente contraste de pareceres radica la clave de la creatividad de una organización. Las dudas y el debate interno siempre aumentan las posibilidades de acierto en la decisión final. Hay que arbitrar como mecanismo para la toma de decisiones, porque lo peor que puede ocurrir en una organización es que no se tomen decisiones. Que se debata internamente hasta la saciedad en el seno de la empresa, pero que al final se decida. Y para la decisión final, el criterio del editor-empresario debe ser el determinante. A medida que la editorial crece, la relación entre los que en ella trabajan se hace más compleja.

Por eso, hay que ir creando departamentos —ya hemos escrito de ellos— y, sobre todo, consejos para coordinar su acción. Resulta del todo imprescindible el adecuado funcionamiento de estos consejos para que la empresa-editorial pueda funcionar como un todo homogéneo y coordinado. Soy partidario de la máxima transparencia interna en la vida de la empresa. Así, todos sus responsables tendrán suficiente información para coordinarse. A muchas personas les cuesta participar en consejos donde sus propuestas son cuestionadas o donde su opinión puede salir derrotada. Pero los debates y decisiones en el seno de estos consejos incrementan sensiblemente las posibilidades de acierto de las decisiones, al tiempo que aumentan la autoestima y la responsabilidad de sus participantes. Aunque en algunos consejos terminen escocidos, no cabe duda de que se sentirán mucho más partícipes de la marcha de la editorial. El propio editor-empresario atemperará muchas de sus propias opiniones tras el correspondiente debate.

El primero de los consejos debe ser el Consejo Editorial, constituido básicamente por los editores, aunque es conveniente que asistan el director comercial y el de comunicación, en su caso. En el Consejo Editorial se deciden los libros a editar, se aprueban las nuevas colecciones y se establecen el programa y el calendario de publicaciones. Deben proponerse portadas y contraportadas para su aprobación en el Consejo de Dirección. En caso de grandes editoriales, en las que existe un responsable de compras de derechos, también resultará imprescindible su presencia en esta reunión. Un segundo consejo, que podrá celebrarse simultáneamente con el anterior, o no, será el Consejo de Promoción y Lanzamientos, al que deben asistir los editores, o al menos el responsable del departamento editorial, el director comercial, el de comunicación y el de *marketing*. En este consejo se decidirá qué acciones de promoción y de comunicación deben acompañar a cada lanzamiento, así como el calendario de actos de presentación, tanto sociales como a medios de comunicación. El tercer consejo imprescindible es el Consejo de Dirección, en el que deben participar los responsables de todos los departamentos, incluido el de Administración y Finanzas, con el director de la editorial. La celebración de este consejo resulta del todo imprescindible, pues en su seno se debaten todos los aspectos generales y se aprueban las propuestas de los consejos anteriormente descritos, al tiempo que se adoptan decisiones generales de tipo económico, se aprueban gastos e inversiones necesarios para el óptimo funcionamiento de la organización y se van debatiendo asuntos de RR. HH. Deben aprobarse en su seno las propuestas del Consejo Editorial y las condiciones para la contratación de derechos, así como los presupuestos para las acciones de promoción. Se debatirán en su seno los asuntos comerciales, de distribución y generales. Se expondrán los informes de ventas y, dada su primordial importancia, se seguirá la producción y se aprobarán portadas, contraportadas, solapillas y textos promocionales.

En pequeñas editoriales se pueden celebrar de forma conjunta algunos de estos consejos. Dada su importancia, hay que fijar un día determinado de la semana para su celebración. La asistencia a los mismos debe ser obligatoria, pues, de alguna forma, en su seno se va cocinando la cultura de empresa y la eficacia de la organización.

TIPO DE CONSEJO	CONSEJO EDITORIAL	CONSEJO DE PROMOCIÓN Y LANZAMIENTOS	CONSEJO DE DIRECCIÓN
Participantes	Editores, director comercial y de comunicación.	Editores, director comercial, responsable de *marketing*, director de comunicación.	Editores, director comercial, responsable de *marketing*, director de comunicación, director de administración, financiero y de derechos.
Competencias	Propuestas de libros a editar, autores a incorporar y colecciones que iniciar. Seguimiento de producción.	Acciones de *marketing*, comunicación y presentaciones que deben acompañar al lanzamiento de una novedad.	Aprobación de las propuestas del Consejo Editorial. Aprobación de condiciones de contratación. Aprobación de presupuestos y acciones de promoción. Debate y aprobación de asuntos comerciales y generales. Informes de ventas. Seguimiento de producción.
Periodicidad	Semanal	Quincenal	Quincenal/ mensual

CRONOGRAMA DE FUNCIONES

¿Cuánto tiempo se tarda en editar un libro? ¿Cuándo debe entrar a trabajar cada uno de los departamentos descritos? ¿Cómo planificar los lanzamientos cuando todavía no tenemos los manuscritos definitivos? Responder a estas preguntas no es fácil, y de hecho ocupa mucho tiempo y esfuerzo en las editoriales. Ya sabemos la cantidad de personas que participan en la edición de un libro y las múltiples funciones que hay que coordinar. Para hacernos una idea general de los tiempos, desarrollamos el siguiente cronograma orientativo.

a. Entrega de manuscritos. Es el periodo más difícil de estimar. Algunos autores —pocos— cumplen los plazos estipulados en el contrato. Los más se retrasan meses —o incluso años— en entregar sus manuscritos. En la cultura editorial, los plazos se consideran estimativos, y no se suele exigir la obligación contractual de su cumplimiento. Es tarea del editor llamarlos de vez en cuando para preguntarles cómo va la marcha de la obra y presionarles suavemente para que culminen lo comprometido. Dado la imposibilidad de poner ni siquiera un plazo medio, montaremos el cronograma a partir de que el autor nos entrega su primer manuscrito completo. En el caso de que adquiramos los derechos para traducir una obra, la obra terminada se nos entregará en mano, salvo que adquiramos derechos de obras aún no escritas, lo cual no es muy frecuente.

b. Traducción. Una buena traducción de un texto le tomará al traductor entre tres meses y un año en función de la extensión, la dificultad y el grado de dedicación del traductor. Ojo con este tiempo, que también se incumple con frecuencia. Los actuales sistemas inteligentes de traducción acortan estos plazos, pero insistimos en que siempre deben estar tutelados por un traductor experimentado.

c. Tarea de edición. Aunque el editor ha podido trabajar con el
    autor a lo largo del periodo de su escritura, lo habitual es que
    comience a trabajar en el texto una vez que haya entregado
    un primer manuscrito. La tarea de edición puede ser somera
    —sugerencias en cuanto a estructura, extensiones, etc.— o
    más profunda, metiéndose en personajes o tramas. Por ello,
    estimaremos un tiempo de dos semanas para la somera y de
    dos meses para la profunda, dado que el manuscrito tendrá
    que ir y venir en varias ocasiones desde el editor al autor.

d. Correcciones de estilo y ortotipográficas. La simple co-
    rrección ortotipográfica puede tardar entre una semana y
    dos. La corrección de estilo es más compleja de estimar,
    pero puede oscilar entre dos semanas y un mes.

e. Maquetación. Un buen maquetador puede maquetar una
    novela en muy pocas horas, y precisar hasta tres semanas
    para obras más complicadas, con cuadros, fórmulas o ín-
    dices onomásticos.

f. Comprobación de galeradas. El autor debe darles el visto
    bueno a las galeradas finales, con todas las correcciones
    incorporadas. Al menos hay que prever entre una y dos se-
    manas para esta tarea.

g. Realización de portadas y contraportadas. Deben realizar-
    se en paralelo a los trabajos de edición, corrección y ma-
    quetación del libro, para que el autor apruebe las portadas
    de forma simultánea a las galeradas. Hay que estimar en-
    tre una semana y dos el tiempo necesario para realizar una
    portada si se encarga a un portadista, por lo que hay que
    anticiparla lo máximo posible.

h. Preimpresión. Debemos estimar entre una y dos semanas
    desde que «colgamos» el texto en el FTP del editor y reci-
    bimos el ferro de comprobación.

i. Impresión. Desde que aprobamos el ferro, la impresión tomará entre dos semanas y un mes.

j. Transporte a almacenes y distribución. Los libros llegarán hasta los almacenes del distribuidor apenas unos días después de la impresión. Una vez que los libros hayan llegado hasta el distribuidor, hay que contar que tardarán entre dos semanas y un mes en estar expuestos en librerías.

k. Comunicación. El libro no debe promocionarse en los medios de comunicación hasta que no esté disponible en librerías. Si lo hacemos antes, estaremos pegando tiros al aire. Si logramos levantar el interés de un posible lector y se acerca hasta la librería para no encontrarlo, es posible que no regrese después por él. En lanzamientos especiales se puede iniciar un calentamiento previo, indicando siempre, eso sí, la próxima publicación con fechas aproximadas. Dado que muchos libros están tan solo pocas semanas en librerías, lo óptimo es concentrar todas las acciones de comunicación posibles en las tres primeras semanas desde que el libro llega a librerías.

l. Primera liquidación. El distribuidor nos hará su primera liquidación entre un mes y dos meses después de recibir la novedad.

Gestión económica del libro

Vamos a adentrarnos ahora en uno de los aspectos más complejos de la gestión editorial, su faceta económica. Es aquí donde la editorial más se asemeja a cualquier otra empresa que debe facturar, fijar precios de ventas, controlar costes e intentar dar beneficio. Y es precisamente en esta área —unida a la del buen trabajo en equipo— donde el editor medio presenta más lagunas. Con frecuencia oigo a editores argumentar: «Yo soy de letras, ¿cómo quieres que me entere de las cuentas?». Recuerdo entonces la anécdota de José Janés, fundador de la editorial Janés, semilla de la posterior Plaza-Janés, que siempre decía que él «era un hombre de letras, pero de letras de cambio», que tenía que llevar de un banco a otro para poder mantener viva su editorial. Se sea de letras o de ciencias, cualquier editor debe poseer unos rudimentos de las matemáticas necesarias para la gestión económica del libro y de sus conceptos básicos. Me resulta increíble encontrarme con editores con muchos años de experiencia que todavía no entienden cómo se calcula el PVP del libro, o que no saben estimar cuántos ejemplares hay que vender para cubrir los costos de la edición. Y eso, por no hablar de las distintas imputaciones a costes directos o gastos generales. Vamos a intentar ayudarle.

El editor novel, al comprobar la diferencia entre el costo de imprimir un libro y el precio de tapa en librería, puede engañosamente pensar que se encuentra ante un negocio de gran margen. Cometerá un grave error. En verdad, la actividad editorial es una de las que se trabaja con menor margen económico. Es muy frecuente encontrar a una persona que se autoedita y te dice: «Si este libro me ha costado en imprenta dos euros, ¿cómo puede estar en las librerías a veinte?». Por más que le expliques que los gastos generales, los derechos de autor y los costes de distribución son muy altos y proporcionales a ese PVP, algunos piensan que acaban de dar con el negocio del siglo y comienzan a editar con la esperanza de consolidar un pequeño catálogo. Los tortazos suelen ser enormes. A la primera liquidación del distribuidor, si es que lo encuentra, comprobará lo reducido del importe a percibir y... ¡a cobrar a 120 días, encima! Y mientras, el proveedor de la imprenta, la maquetación o la traducción, en su caso, exigiendo el pago de sus facturas. Y, encima, al autor, a buen seguro, le parecerá escaso el importe destinado a la promoción de su obra. Es bueno que repitamos lo que ya sabemos. La editorial es una empresa que debe vivir y crecer en un mercado de muy poco margen. Por eso, los empresarios normales no suelen crear empresas editoriales; la rentabilidad que les prometen es mucho más reducida que la de otras muchas posibilidades empresariales. Así, si una editorial obtiene un margen de un 2 o 3 % de beneficios sobre venta bruta —que suele ser el doble sobre la neta—, puede darse por satisfecha. Tan solo las excepcionalmente rentables alcanzarán un casi imposible 10 %. «Bueno —podría preguntarnos nuestro amigo, ese que desea meterse a editor—, y si el negocio editorial tiene tan poco margen, ¿dónde queda el dinero de la diferencia entre la imprenta y la librería?». Esa pregunta tan fácil no tiene una respuesta simple. Debemos explicarle los conceptos de gastos generales y costes directos; costes financieros y de distribución, y, por último, los derechos de autor. Quizás haya llegado el momento de detenernos en estos conceptos, antes de seguir avanzando en este maravilloso mundo de la gestión editorial. Los desgranaremos uno a uno, paso a paso. Disculpen los editores más conocedores de la materia lo detallado de las explicaciones y sus ejemplos, pero considero fundamental que estos principios queden sólidamente aprendidos por todos aquellos que consulten este manual.

INGRESOS

Los ingresos de una editorial pueden venir derivados de varias fuentes, que podremos agrupar en grandes familias: venta de libros, venta de derechos, venta de servicios, subvenciones, coediciones, liquidaciones de sociedades de gestión de derechos (CEDRO), acuerdos varios, organización de eventos, acuerdo de representación e imagen de los autores, por señalar los más directamente asociados al objeto de la editorial.

INGRESOS
Venta de libros
Venta de derechos
Venta de servicios
Subvenciones
Coediciones y patrocinios
Representación e imagen de autores
CEDRO
Otros (acuerdos varios, organización de eventos…)

La más directa e importante es la venta de libros, bien sea a través de distribuidores nacionales —con un descuento medio alrededor del 55 %—, exportación —con un descuento medio del 65 %—, venta a autores —con un descuento medio del 40 %—, venta directa (clientes y operaciones especiales, institucionales, presentaciones de libros…) —con descuentos muy oscilantes—, venta por web —sin descuento, o del 5 % como máximo— o venta de saldo, con un valor muy reducido, normalmente por debajo del precio de costo.

Las editoriales venden novedades, fondo y reediciones de obras que tienen gran rotación y que son capaces de agotar sucesivas ediciones. El editor debe meditar muy bien reeditar una obra, porque es muy frecuente ordenar la reedición de un título debido a la presión de los distribuidores para que, tras la devolución, nos la tengamos que «comer» entera. Rafael Borràs nos cuenta en sus memorias una máxima que siempre repitió, entre la incomprensión general: los editores se hacen ricos gracias a los libros que no editan y a las últimas reediciones que nunca encargan.

A continuación, mostramos en un cuadro los descuentos más habituales según el tipo de venta de libros.

INGRESOS	DESCUENTO %
Venta de libros	
Distribuidores nacionales	55
Exportación	60-70
Autores	40
Directa	<40
Internet	0-5
Saldo	90
Otras	¿?

La posibilidad de venta de derechos es muy amplia, pero nos limitaremos a reseñar las más habituales. Venta de derechos para traducción a otras lenguas: se cobra un 8 % del PVP de los ejemplares liquidados en los terceros países, menos el porcentaje que cobre la agencia literaria, que suele ser el 10 %. Otra importante fuente de venta de derechos es para libros de bolsillo, en la que se suele cobrar entre el 5 y el 7 %, siendo el 6 % la cuantía más frecuente. En la venta de derechos para clubes de lectura también se cobra entre el 5 y el 7 %. Más difícil de estimar es el valor de la venta de los derechos audiovisuales o para guion de películas, venta de derechos para guion de espectáculos, venta de los derechos de los personajes, iconografía o títulos como soporte de *merchandising*. La venta de derechos para textos de teleformación oscila entre el 10 y el 30 % del valor del curso para el usuario. Existen otros derechos que pueden venderse y cuantificarse, pero son de menor entidad que los enumerados. En caso de que la editorial represente los derechos de imagen del autor para entrevistas, reportajes, publicidad, etc., suele obtener un margen de entre el 20 y el 30 % de lo que consiga para el representado. Otra fuente de ingresos es la que aportan las entidades de gestión de la propiedad intelectual, que cobra los derechos de la copia privada y las fotocopias a través de un canon que se reparten entre los socios. Explicaremos el funcionamiento de estas entidades más adelante, pero, a los efectos de este capítulo, cabe indicar que la entidad más importante en España y América Latina se llama CEDRO, y que es conveniente que todas las editoriales se asocien, pues cada año recibirán un ingreso en función del número y el tipo de libros editados. Normalmente, estos derechos se consideran como derechos subsidiarios y se reparten con el autor en función del porcentaje pactado en el contrato, por lo general al 50 %.

INGRESOS VENTA DERECHOS	VALOR (SOBRE PVP)
Derechos de traducción	8 %
Derechos para libro de bolsillo	5-7 %
Derechos para clubes de lectura	5-7 %

INGRESOS VENTA DERECHOS	VALOR (SOBRE PVP)
Derechos audiovisuales, televisión, cine	A negociar
Derechos para guion de espectáculos	A negociar
Derechos para *merchandising*	A negociar
Derechos para teleformación	10-30 %
CEDRO	Variable en función del tipo y del número de libros editados
Otros	A negociar

La venta de servicios es más difícil de concretar. Es muy frecuente que algunas editoriales se agrupen para afrontar determinados gastos —como comerciales o de distribución—, o que una de ellas facture esos servicios a otras. Asimismo, entre empresas de un mismo grupo es muy frecuente la facturación cruzada de servicios. En las pequeñas editoriales, ocasionalmente se ofertan servicios editoriales —maquetación, diseño, control de imprenta...— a instituciones, servicios de publicaciones, particulares u otros. En general, el mundo posible de la venta de servicios es tan amplio y heterogéneo que no se podría recoger en un cuadro. Pero es importante que lo reseñemos como concepto posible de ingresos.

Otra forma frecuente de disminuir el riesgo en el lanzamiento de determinado libro o colección son las coediciones. Como su nombre indica, en las coediciones los editores implicados comparten ingresos y gastos. Otra fuente de ingresos son las subvenciones. Algunas instituciones públicas ayudan a la edición de libros mediante subvenciones a la edición o mediante compra de libros para bibliotecas. También existen subvenciones de tipo genérico para cualquier empresa que nazca o que realice inversiones para su modernización o crecimiento. Debemos considerarlas como ingreso, aunque jamás una editorial debe condicionar su actividad a la existencia de dichas subvenciones. Como ya desarrollamos, otra posible fuente de ingresos es la derivada de los derechos de representación de los autores para exclusivas, conferencias, participación en jornadas o debates, programas de televisión, etc. Se suele cobrar entre el 20 y el 30 % de la facturación, correspondiéndole al autor representado entre el 70 y el 80 % restante. Más extraña y difícil de valorar es la gestión de los derechos de imagen de los autores, que en España no es habitual, pero que sí es frecuente en EE. UU.

Las editoriales que realizan actividades de gestión cultural también pueden obtener una fuente de ingresos por este concepto, así como de la organización de eventos culturales, jornadas, conferencias, etc.

VENTAS Y DEVOLUCIONES

Como ya sabemos, las librerías siempre tienen derecho de devolución de los libros que no venden. Así, cada mes, el distribuidor sirve novedades y reposición, mientras que recoge las devoluciones que se producen. Este flujo se refleja en la liquidación que mensualmente se realiza al editor. Pongamos un sencillo ejemplo de cómo funciona el sistema.

TÍTULO	EJEMPLARES VENDIDOS	EJEMPLARES DEVUELTOS	EJEMPLARES LIQUIDABLES
El sol	27	7	20
El río	42	8	34

En muchas ocasiones, el saldo neto sale negativo, debido a que los ejemplares devueltos son superiores a los vendidos.

TÍTULO	VENTA	DEVOLUCIÓN	EJEMPLARES LIQUIDABLES
El mar	4	5	-1
El cielo	8	20	-12

Para calcular los importes a liquidar, se calcula el importe de ventas y se le resta el de las devoluciones. El resultado será la venta bruta del mes a la que el distribuidor aplicará su descuento. El resultado será la venta neta a liquidar con el editor, tal y como veremos en el siguiente apartado.

Ejemplo

Utilizaremos los dos ejemplos anteriores. Calcularemos el importe de la venta que nos liquidaría el distribuidor.

El PVP de los libros indicados es el siguiente:

TÍTULO	PVP (€)
El sol	10
El río	20
El mar	10
El cielo	20

La liquidación quedaría de la siguiente forma.

TÍTULO	EJEMP. VENDIDOS	IMPORTE VENTAS BRUTAS €	EJEMP. DEVUELTOS	IMPORTE BRUTO € DEVOLUCIÓN
El sol	27	270	7	70
El río	42	840	8	160
El mar	4	40	5	50
El cielo	8	160	20	400

TÍTULO	EJEMP. LIQUIDABLES	VENTA REAL BRUTA(€)
El sol	20	200
El río	34	680
El mar	-1	-10
El cielo	-12	-240

VENTA BRUTA Y VENTA NETA. COSTE DE LA DISTRIBUCIÓN. DESCUENTO MEDIO

Llamamos «venta bruta» a la que resulta de multiplicar el número de ejemplares vendidos por su PVP. Pero esa venta bruta en verdad no la hace la editorial, sino la librería, que es la que vende a precio de tapa. El editor cobra el importe de la venta neta, que es el resultante de aplicar a la venta bruta el porcentaje de descuento de la distribución. Ya hemos comentado que, para una editorial pequeña, el descuento que le aplica el distribuidor superará el 50 %, rondando entre el 55 %. El coste de la exportación nunca bajará del 60 %. Nosotros, a modo de ejemplo, utilizaremos un descuento medio del 55 %, dado que, aunque los distribuidores aplican un descuento mayor, también las editoriales venden a los autores con un descuento del 40 % y pueden tener un pequeño porcentaje de venta directa con menor descuento. Lo prudente es que los presupuestos se hagan estimando un descuento del 55 %.

Si el importe de venta de nuestros libros a PVP fuera de 100.000 € de venta bruta, al aplicarle el 55 % del descuento de la distribución, nos quedará una venta neta de 45.000 €, que es la cantidad que realmente entra en nuestras cuentas. La suma de la venta neta más los costos de distribución nos debe dar la venta bruta. En términos porcentuales, si el descuento de la distribución es del 52 %, significaría que la venta neta sería del 48 % frente a la venta bruta. Es importante que tengamos en cuenta que el porcentaje de la venta neta es el resultante de restar a 100 el descuento de la distribución.

Volvamos al ejemplo del apartado anterior. Calculemos cuál sería la venta neta. Si el descuento fuese del 55 %, el neto sería el 45 % de la venta bruta.

TÍTULO	IMPORTE VENTAS BRUTAS €	IMPORTE BRUTO € DEVOLUCIÓN	VENTA BRUTA REAL (€)	DESCUENTO 55%	VENTA NETA 45%
El sol	270	70	200	110	90
El río	840	160	680	374	306
El mar	40	50	-10	-5,5	-4,5
El cielo	160	400	-240	-132	-108
TOTAL	1310	680	630	346,5	283,5

Podemos comprobar cómo la venta neta más el descuento debe coincidir con la venta bruta real.

No todas las ventas las hacemos con los mismos descuentos. Por eso es importante que conozcamos nuestro descuento medio, que será el que utilicemos a la hora de confeccionar nuestro presupuesto y el PVP de nuestros libros.

Ejemplo

Una editorial presenta el siguiente cuadro de ventas. Hay que calcular cuál es su descuento medio.

	VENTA BRUTA	DESCUENTO	VENTA NETA
Exportación (€)	50.000	60 %	20.000
Distribuidores (€)	425.000	55 %	191.250
Grandes cadenas	120.000	45 %	66.000
Autores	20.000	40 %	12.000
Venta directa	22.000	25 %	16.500
TOTAL	637.000		305.750

La venta neta frente a la bruta sería del 48 % (305.750 / 637.000 = 0,4799). El descuento medio sería, por tanto, del 52 % (1 - 0,48 = 0,52). Recordemos lo que decíamos, que la venta bruta debe ser igual a la suma de la venta neta más el costo de distribución, expresada esta suma en valores absolutos o porcentuales.

Ejercicio

Calcule las ventas netas, el importe de los descuentos y el descuento medio de una editorial que presente el siguiente cuadro de ventas:

	VENTA BRUTA	% DISTRIBUCIÓN	VALOR COSTE DISTRIB.	VENTA NETA
Exportación	50.000	62 %		
Distribuidores	300.000	55 %		
Cadenas	90.000	45 %		
Autores	12.000	40 %		
Venta directa	25.000	20 %		
TOTAL (€)	477.000			

GASTOS GENERALES

¿Qué son los gastos generales? Pues aquellos que se producen en el funcionamiento habitual de la empresa y no directamente achacables a los libros que se publican. Así, son gastos generales los alquileres, salarios, seguridad social, suministros, asesorías, teléfono, luz, seguros, correos, mensajería, informática, viajes, publicidad general, gastos representativos etc. Estos gastos se producen todos los meses, de forma casi independiente de los libros que editemos. Aunque no editásemos ninguno, tendríamos que seguir pagando el alquiler o la limpieza de la oficina, por citar dos ejemplos necesarios. Los gastos generales de un ejercicio podemos calcularlos con relativa facilidad en los presupuestos del año, y, si tenemos cierta experiencia y dosis de realismo, no existirá gran variación al finalizar el ejercicio sobre lo calculado inicialmente. Los gastos generales podemos conocerlos, más o menos, al principio del ejercicio en función de nuestra estructura.

Aunque la diferencia entre los conceptos de «gasto general» y «coste directo» parece sencilla a simple vista, en muchas ocasiones no resulta tan obvia en su aplicación. Es un error frecuentísimo, y responsable de muchos fracasos empresariales, el no contemplarla adecuadamente. Y en el mundo editorial, con mayor incidencia aún, dada la aplicación de algunas partidas de aplicación equívoca, como el caso de los gastos de promoción de un libro. ¿Qué son? ¿Costos directos repercutibles a la explotación del título objeto de la promoción, o, por el contrario, gastos generales que se deben cargar al conjunto del presupuesto? Explicaremos con ejemplos la distinta naturaleza de los gastos.

Ejemplo

Calcularemos los gastos generales, y la repercusión porcentual que tienen sobre el presupuesto de ventas en el siguiente ejemplo. Supondremos que la editorial debe pagar dos sueldos: el del editor y el de un auxiliar de apoyo.

GASTOS GENERALES DE UNA PEQUEÑA EDITORIAL	MES (€)	AÑO (€)
Sueldos y Seguridad Social	3000	36.000
Alquiler	600	7200
Teléfono y comunicaciones	300	3600
Material de oficina	120	1440
Luz, agua, comunidad	200	2400
Leasing de equipos informáticos	300	3600
Correos, mensajería	250	3000
Viajes	500	6000
Seguros y varios	250	3000
Gastos de representación	150	1800
TOTAL	5670	68.040

Supongamos que las ventas netas anuales de la editorial que hemos puesto como ejemplo ascienden a 297.465 €. Si el descuento medio que paga la editorial por distribución es del 55 %, eso significa que hemos tenido unas ventas brutas de 297.465 / 0,45 = 661.033 €. Un dato fundamental para conocer nuestra editorial y poder calcular, entre otras cosas, el PVP de nuestros libros es el porcentaje que nuestros gastos generales suponen frente a nuestras ventas. En este ejemplo serían del 10,29 % (68.040 / 661.033 = 0,1029), un porcentaje de gastos generales muy razonable.

Una editorial debe realizar necesariamente este presupuesto cada ejercicio. Debemos ser realistas en la estimación de los gastos en los que vamos a incurrir a lo largo del ejercicio. Aunque algunas partidas (sobre todo, las de viajes y teléfono) no pasan de meras estimaciones, debemos procurar ser conservadores y presupuestar ligeramente al alza. Siempre es mejor encontrarse al final del año con que hemos gastado menos de lo presupuestado que a la inversa. Ya sabemos que simplemente el abrir la oficina de la editorial que hemos puesto como ejemplo nos va a costar 68.040 € al año. ¿Quién nos paga esos gastos? Pues la venta de libros, por lo que debemos repercutirlos en su precio. Y aquí está uno de los principales errores de muchos editores, el no asignar adecuadamente estos gastos en la fijación del precio. ¿Y cómo podemos saber qué parte del gasto de la secretaría o de la informática debe ser pagado por cada libro que vendemos? Pues no es tan difícil calcularlo. Lo difícil es disciplinarnos para mantener su aplicación. Mi experiencia me dice que siempre hay un motivo para justificar la relajación en cuestión de la aplicación de gastos generales. Cada libro que vendamos debe colaborar en su parte proporcional a pagar esos gastos generales. Por eso, son determinantes a la hora de calcular el precio de venta. Anticiparemos que el rango óptimo de gastos generales frente a la venta bruta debe rondar el 10 %-15 %. Las editoriales que están creciendo pueden soportar algo más, mientras que aquellas a las que se les dispara algún superventas pueden incluso bajar de ese 10 %. Las editoriales pequeñas suelen tener unos gastos generales más altos, que oscilan entre el 15 y el 20 %. Jamás se debe sobrepasar de esa proporción, pues nos pondría en unos límites en los que prácticamente sería imposible obtener beneficios.

COSTES DIRECTOS

Los costes directos son los necesarios para elaborar un libro. No consideramos como tales los derechos de autor, ya que estos vendrán estimados, como es habitual, como un porcentaje sobre las ventas. Así, son costes directos todos los de preimpresión (costes de corrección, maquetación, ilustraciones, portadas, fotografías, arte final, etc.), así como los costes de imprenta y de transporte hasta el almacén del distribuidor o hasta el nuestro, en caso de poseer distribución propia. El coste del transporte desde el almacén hasta la librería se imputa al coste de distribución. En caso de devolución, es el distribuidor quien paga el transporte hasta nuestro almacén. La traducción, cuando se estima a precio cerrado, también se puede considerar como un coste directo en los libros de tiradas cortas. Pero, cada vez con mayor frecuencia, los traductores prefieren cobrar también en concepto de derechos de autor, estimando un coste que oscila entre el 1 y el 2 % de las ventas, siendo el 1,5 % un porcentaje medio habitual. Por tanto, a nuestros efectos de cálculo, no consideraremos la traducción como un coste directo, sino como un coste derecho de autor a sumar a los que ya percibe el escritor. Ya sabemos que la suma de ambos conceptos jamás debe superar el 10 % sobre el PVP. Como sabemos, al traductor se le paga una cantidad de anticipo. Dado que normalmente el anticipo supera los derechos que corresponderían a su 1,5 %, nosotros solemos considerar el 50 % de dicho anticipo como coste directo, y el otro 50 % ya lo dejamos como concepto de derechos. Se trata de un criterio arbitrario, pero prudente.

El coste directo más importante es la imprenta. El coste unitario por libro es inversamente proporcional a la tirada que hagamos. A más tirada, menos coste unitario, pero más coste total. La tendencia de las editoriales actuales es mandar a imprimir tiradas ajustadas, para no cargarse de costosos *stocks*.

Pongamos un ejemplo. Supongamos que tenemos que editar un libro y dudamos si ordenar la impresión de 2000 o de 3000 ejemplares. Dado que los restantes costes de preimpresión son independientes del número de ejemplares impresos, podemos calcular con facilidad los costos directos unitarios.

TIRADA	2000 EJEMPLARES	3000 EJEMPLARES
Corrección ortotipográfica	290 €	290 €
Maquetación	280 €	280 €
Portada	120 €	120 €
Total preimpresión	690 €	690 €
Impresión	5000 € (2,5 €/ud.)	6300 € (2,1 €/ud.)
TOTAL COSTE DIRECTO	5690 € (2,845 €/ud.)	6990 € (2,33 €/ud.)

Ya tenemos los números para decidir. Si tiramos 3000 ejemplares, nos costará un total de 6990 €, frente a los 5690 € que nos gastaríamos si editáramos 2000. Ahora bien, el coste unitario ejemplar es mucho más favorable en la tirada más alta, con lo que nos permitiría bajar el PVP e incrementar el margen. Como veremos en un próximo apartado, la mejor manera de calcular el precio al que debemos sacar un libro al mercado es multiplicando los costes fijos por un coeficiente que estimaremos. ¿Qué debemos hacer en el ejemplo anterior? Pues mi consejo es ordenar la tirada que creamos que podemos vender, sin obsesionarnos en demasía la diferencia del PVP. Si al tirar menos ejemplares salen más caros, no debemos preocuparnos. Peor será que se nos mueran de pena en el almacén.

En las reimpresiones, los costos directos unitarios disminuyen, ya que nos encontramos con los trabajos de preimpresión ya realizados (solo hay que modificar la página de créditos y las correcciones). Una vez en taller, algunas de las planchas que se utilizan para la impresión siguen siendo válidas para la reimpresión, con lo que también podríamos obtener una nueva reducción de costo.

Pero los costos directos no cubren tan solo los de preimpresión e impresión. Es recomendable incorporar los del transporte desde la imprenta al almacén, y obligatorio los de gastos de promoción directa. Vamos a utilizar el ejemplo anterior. El transporte de los 2000 libros hasta nuestro almacén (o hasta el almacén del distribuidor) es de 350 €. Si transportamos los 3000 libros, nos costaría 425 €. Además, la promoción acordada del libro incluye una presentación estimada en un coste de 250 €, unos folletos que valen 150 € y unos carteles con un valor de 100 €. Es decir, que tendríamos unos gastos de promoción de ese título, independientemente de que tiremos 2000 o 3000 ejemplares, de 500€.

Veamos cómo quedarían el total de costos directos y la estimación del costo unitario en cada supuesto.

TIRADA	2000 EJEMPLARES	3000 EJEMPLARES
Corrección ortotipográfica	290 €	290 €
Maquetación	280 €	280 €
Portada	120 €	120 €
TOTAL PREIMPRESIÓN	690 €	690 €
Impresión	5000 €	6300 €
Transporte	350 €	425 €
Gastos de promoción	500 €	500 €
TOTAL GASTOS DIRECTOS	6540 € (3,27 €/ud.)	7915 € (2,64 €/ud.)

Lo hemos repetido en numerosas ocasiones. Los gastos de promoción directamente achacables a un libro hay que incorporarlos en su costo unitario directo, ya que nos será fundamental a la hora de calcular el PVP. Los gastos generales solo deben cubrir los gastos de promoción general de la editorial.

Hemos calculado los costes de imprenta como un todo. Muchos editores e impresores diferencian entre gastos de arranque y sucesivos para su cálculo. Nosotros no entraremos en esa distinción, pero lo dejamos apuntado para quien pudiera interesarle.

Otra cuestión. En todos los ejemplos ponemos un PVP sin IVA, al igual que sin IVA figuran todos los costes. Ya sabemos que en España el IVA del libro es del 4 %, pero cada país mantiene su propia legislación al respecto. Por ejemplo, en México no tienen IVA. Por eso, irán tanto PVP como costes sin IVA, que es como hay que hacer los cálculos. El IVA a nuestros efectos de margen es neutro, no en cuanto a tesorería y a flujo de caja, pues normalmente en el mundo del libro pagamos más IVA del que cobramos, lo que supone, en principio, salida neta de caja que más tarde Hacienda regulariza con la devolución. Pero no nos metamos en honduras fiscales y trabajemos con ejemplos sin IVA.

DERECHOS DE AUTOR

Los derechos de autor se pueden acordar de formas diversas, pero lo más habitual es hacerlo en función de un porcentaje sobre el PVP de los libros vendidos. Es importante recordar esta referencia, puesto que algunos editores se empeñan —por desconocimiento o por simple interés— en liquidar sobre el importe neto de venta. Lo normal es liquidar sobre la venta bruta real (venta bruta menos devolución bruta), y no sobre la neta, y ya sabemos bien la diferencia entre ambos conceptos. Los descuentos son responsabilidad del editor y no interesan al autor, que desea —y en eso tiene razón— la máxima transparencia en sus liquidaciones, transparencia que solo la referencia a un precio fijo, el PVP, puede proporcionarle. Los derechos de autor oscilan entre el 6 y el 10 % del PVP de los libros vendidos, en caso de tratarse de la edición en rústica o tapa dura, y alrededor del 6 %, en caso de edición de bolsillo, pudiéndose anticipar alguna cuantía en el momento de la contratación o a la entrega de manuscritos. No se deben acordar derechos por encima del 10 %, puesto que comprometerían muy seriamente la viabilidad del proyecto editorial. Cuando se trate de libros que requieran traducción, los derechos que debemos pagar al autor o a la agencia literaria que lo represente, en su caso, no deben sobrepasar el 8,5 %, ya que a estos derechos de autor deberemos sumar los de traducción, que rondan el 1,5 %. La suma de los gastos de los dos derechos debe quedar por debajo del 10 %. A veces también hay que pagar derechos por el uso de ilustraciones. Es muy importante recordar que el anticipo de autor no es un coste directo aplicable al libro, sino que es una entrega a cuenta de los derechos de autor resultantes de la explotación del libro. Lo mismo ocurre con los derechos a la propiedad intelectual de la traducción, que corresponden al traductor. El espíritu de la Ley de Propiedad Intelectual nos recomienda retribuir estos derechos de traducción de forma proporcional —con unos derechos que oscilan entre el 1 y el 2 %— con una entrega a cuenta como anticipo.

¿Cómo se estima la cuantía de anticipo? No existe una regla fija. En algunos títulos de escritores que venden mucho, se abre una especie de subasta entre las editoriales interesadas. Normalmente, dado que los derechos de autor no suelen sobrepasar el 10 %, lo que se aumenta son los anticipos. Y aquí debemos tener cuidado, puesto que son muchos los casos en los que los derechos generados sobre ventas reales no cubren el anticipo pagado. Por eso, debemos ser muy cuidadosos con la determinación de los anticipos. Las agencias literarias estiman esos derechos de forma muy simple. Calculan los derechos que les corresponderían suponiendo unas ventas de la mitad de la tirada inicial.

Ejemplo

Supongamos que deseamos adquirir los derechos de un libro a una agencia literaria, que nos pide un 8 % de derechos. La tirada inicial que prevemos hacer es de 2000 libros, y el PVP, de 20 €.

¿Qué anticipo nos pedirán? La agencia realizará el siguiente cálculo. ¿Qué derechos generaría el 50 % de los libros de la tirada inicial vendidos? Es fácil de calcular: 2000 x 0,50 = 1000 libros teóricamente vendidos. Derechos que corresponderían a esas ventas = 1000 libros x 20 €/libro x 0,08 = 1600 €. Pues esa sería la cuantía a anticipar.

Ejercicio

Calcule los anticipos habituales en los siguientes supuestos.

TIRADA PREVISTA	PVP	DERECHOS	ANTICIPO
2500	20	8 %	
4000	18	7,5 %	
5000	16	7 %	

Si el anticipo ha sido bien calculado y las ventas responden a nuestras expectativas, cuando realicemos la liquidación anual nos tocará pagar la diferencia entre los derechos realmente generados y el anticipo abonado.

Supongamos que hemos pagado un anticipo de 3000 € para un título del que hemos tirado 5000 ejemplares, hemos vendido 2750 ejemplares y el costo de los derechos contratados fue del 9 %. ¿Qué deberíamos pagarle al autor en la liquidación, en caso de que el PVP del libro fuera 15 €?

Los derechos realmente generados serían 2750 x 0,09 x 15 € = 3712,5 €. Como el anticipo pagado fue de 3000 €, se genera un resto de 712,5 € a liquidar al autor.

Tirada	5000 ejemplares
Libros vendidos	2750 ejemplares
Derechos acordados	9 %
PVP	15 €
Derechos generados	3712,5 €
Anticipo	3000 €
Pendiente liquidación al autor	712,5 €

Ejercicio

Calcule los derechos de autor que genera el siguiente supuesto y el resto pendiente de liquidar al autor.

Tirada	6000 ejemplares
Libros vendidos	3750 ejemplares
Derechos acordados	10 %
PVP	16 €
Derechos generados	€
Anticipo	5000 €
Pendiente liquidación al autor	€

Los anticipos siempre suponen una merma de nuestra tesorería, ya que se abonan mucho antes de que el libro vea la luz y comience a generar los primeros ingresos. Esa es una de las causas por las que el editor siempre procura pagar el menor anticipo posible. Pero no es la razón más importante. Lo peor que puede pasarle es que haya estimado mal el anticipo y las ventas no cubran las expectativas. Puede entonces incurrir en grandes pérdidas.

Son muy conocidos los casos de grandes editoriales que pagaron anticipos astronómicos por unos libros que después resultaron ser unos auténticos fiascos editoriales.

Ejemplo

Supongamos que hemos pagado 6000 € de anticipo por un libro del que finalmente hacemos una tirada de 5000 ejemplares y vendemos 2750 libros. Los derechos de autor ascienden al 9 % sobre las ventas y el PVP del libro es de 15 €. Los derechos realmente generados serían 2750 x 0,09 x 15 € = 3712,5 €. Como el anticipo pagado fue de 6000 €, se genera un déficit de 2287,5 €.

Tirada	5000 ejemplares
Libros vendidos	2750 ejemplares
Derechos acordados	9 %
PVP	15 €
Derechos generados	3712,5 €
Anticipo	6000 €
Déficit	-2287,5 €

¿Qué quiere esto decir? Pues que, en verdad, los derechos de autor que hemos pagado no son del 9 % sobre las ventas, sino un porcentaje más alto, lo cual, con casi toda probabilidad, y dado el estrecho margen del que disponemos, nos habrá colocado el libro en pérdidas. El anticipo máximo que deberíamos haber pagado por ese libro sería del orden de 3500 €, para que al final nos saliera un saldo a pagar, que sería de 212,5 € en el caso del ejemplo.

¿Podemos calcular qué porcentaje hemos pagado realmente de derechos en el ejemplo anterior? Sí, es muy fácil. Basta calcular el porcentaje que suponen 6000 € con respecto a la venta bruta. La venta bruta sería el resultado de multiplicar los ejemplares vendidos por su PVP. VB = 2750 x 15 = 41.250 €. El anticipo de 6000 € significa un 14,54 % de esa cuantía. Nuestro mal cálculo del anticipo ha terminado significando que, en vez de un 9 % de derechos, hemos pagado un 14,54 %, un porcentaje imposible de rentabilizar.

Ejercicio

Calcule el saldo en la liquidación final al autor. En caso de déficit, estimar qué porcentaje real ha supuesto el anticipo como derechos de autor.

Tirada	10.000 ejemplares
Libros vendidos	5750 ejemplares
Derechos acordados	10 %
PVP	15 €
Derechos generados	€
Anticipo	10.000 €
Saldo liquidación al autor	€
Venta bruta	€
Porcentaje real derechos autor	%

Estimemos ahora los derechos que deberíamos abonar en el siguiente supuesto. Hemos adquirido los derechos de traducción de una obra extranjera con un costo del 8 % y un anticipo de 6000 €. Nuestra tirada inicial son 5000 libros; el PVP, de 20 €, y los libros realmente vendidos, 4100. También contratamos los derechos de traducción al 1,25 %, con un anticipo de 500 €. ¿Qué deberíamos liquidar al autor y al traductor?

Los derechos serían bien fáciles de calcular. Al autor corresponderían 4100 ej. x 20 €/ej. x 0,08 = 6560 €. Como ya le habíamos anticipado 6000 €, tendremos que pagarle la diferencia, 560 €.

El cálculo de derechos a abonar al traductor se realizaría de forma idéntica: 4100 ej. x 20 €/ej. x 1,25 % = 1025 €. Como el anticipo fue de 500 €, nos restaría por pagarle 525 €.

Tirada	5000 ejemplares
PVP	20 €
Derechos de traducción	1,25 %
Derechos de autor	8 %
Anticipo autor	6000 €
Anticipo traductor	500 €
Ventas real de ejemplares	4100 ejemplares
Ventas brutas reales	82.000 €
Derechos totales autor	6560 €
Derechos totales traductor	1025 €
Pdte. pago autor	560 €
Pdte. pago traductor	525 €

Como sabemos, las editoriales no solo compran derechos, sino que también los venden. En este caso, el importe de las ventas se calcularía de forma idéntica a los calculados en el ejemplo anterior, con la única diferencia de que, en vez de estar ante un gasto, lo contabilizaríamos como ingreso.

ESTRUCTURA DE COSTOS. CÁLCULO
DEL MARGEN POR LIBRO

Dado que algunos de los principales costes del libro, el de la distribución y el de los derechos de autor, se calculan en función de un porcentaje sobre el PVP de los libros vendidos, la mejor forma de analizar la cuenta por libro es de manera porcentual. El principal coste de un libro es el de la distribución, que incluye el descuento que se le concede a las librerías (desde un 25 % para las pequeñas hasta el 45 % de las grandes cadenas de librerías y grandes almacenes), más los costes de distribución y logísticos en su caso. Por ejemplo, a una nueva editorial, el distribuidor le pedirá un descuento que oscilará entre el 55 % y el 60 %. En caso de que vaya destinado a exportación para Latinoamérica, el descuento se elevará desde el 60 % al 70 %. Por eso, sin temor a equivocarnos, podemos estimar que el descuento medio —a efectos de cálculo— será del 55 % sobre el PVP.

La segunda partida de gastos corresponde a los gastos de producción y promoción del libro, que llamaremos «gastos directos». Incluyen gastos de corrección, maquetación, ilustraciones, traducción, fotografías, portadas y todas aquellas partidas de *marketing* que utilicemos en exclusiva para la promoción del libro, como expositores en punto de venta, folletos, ejemplares no venales, etc., más los costes directos de promoción. Otros costes, como comidas de prensa para su presentación, por ejemplo, pueden considerarse como gastos directos o generales, según criterio de la editorial. La repercusión de gastos directos no puede superar el 15 % del PVP de los libros vendidos.

La tercera partida en importancia son los derechos de autor, que oscilan entre el 6 % y el 10 %. A efectos de nuestros cálculos, estimaremos un 10 %. Los gastos generales, que son muy importantes repercutir sobre el libro, porque, si no, nos estaríamos engañando, deben, en una editorial con un funcionamiento óptimo, estar por debajo del 10 %. Desgraciadamente, esto no es frecuente, elevándose los gastos generales hasta más del 15 %, lo cual impide los beneficios. Tomaremos en nuestro ejemplo un 12,5 %, que viene a ser difícil de conseguir.

Según los porcentajes de gastos anteriormente estimados, y suponiendo que se vendiera el 100 % de la tirada, la estructura del margen sería la siguiente:

Costes de distribución	55 %
Gastos directos	15 %
Derechos de autor	10 %
Gastos generales	12,5 %
Gastos financieros	1 %
Total	93,5 %
Margen	6,5 %

Como nunca se vende la totalidad de la tirada —en el mejor de los casos hay que destinar varias decenas de libros a promoción para prensa y crítica—, el coste directo resultante no será del 15 %, sino que habrá que dividirlo entre el porcentaje de libros realmente vendidos. Pongamos, por ejemplo, que se vende el 70 % de la tirada. Los costes directos tendrían que repercutirse sobre ese porcentaje de libros vendidos y no sobre el total de la tirada, por lo que su repercusión unitaria sería mayor. En efecto, si para el 100 % de la tirada vendida el coste directo ascendía al 15 %, si vendemos el 70 % de la tirada, los costes directos ascenderían a 15 / 0,70 = 21,43. Si realizamos de nuevo el cálculo, tendríamos:

Costes de distribución	55 %
Gastos directos	21,43 %
Derechos de autor	10 %

Gastos generales	12,5 %
Gastos financieros	1 %
Total gastos	99,93 %
MARGEN	0.07 %
TOTAL	100 %

Quiere esto decir que, en este caso, el 70 % de la tirada es lo mínimo que debemos vender si queremos obtener algún beneficio. Es muy importante que sepamos estimar esta ratio. Para editoriales y tiradas medias, suele oscilar alrededor del 60 %.

Ya vemos el estrechísimo margen que ofrece el sector editorial. Salvo en el caso de que algún *best seller* dispare la cuenta de resultados de la editorial afortunada, estos márgenes editoriales son muy estrechos. Lo normal es que en una editorial bien gestionada el beneficio oscile entre el 3 y el 5 % de las ventas. Algunos grupos multinacionales exigen hasta un 15 % de rentabilidad media, lo cual es casi imposible en una explotación normal. Sus gestores se ven forzados a exprimir los libros de los autores consagrados y entrar en una huida hacia delante que puede terminar mal.

DETERMINACIÓN DEL PRECIO DE VENTA AL PÚBLICO

Una de las decisiones importantes que debe adoptar el editor es fijar el PVP del libro. El precio del libro no lo pone el mercado. Tiene que determinarlo el editor en función de sus costes. Si se puede editar, se edita, pero, si considera que el precio resultante es demasiado elevado con relación a los libros de idéntica calidad de la competencia, lo mejor es no sacarlo a librerías.

La única forma que tienen las editoriales de bajar precio es aumentar la tirada o reducir la calidad de la edición. Los costes porcentuales de la distribución suelen ser intocables, y los derechos de autor tampoco suelen tener grandes variaciones. Otra manera es reducir sus gastos generales.

Cuando se piensa editar un libro, siempre miramos el precio que tienen los de similar calidad en el mercado. Muchos editores están tentados de intentar sacar su libro a un precio algo más reducido, con la esperanza de poder competir mejor. Pero no debemos engañarnos. Para fijar el PVP de un libro, el indicador no es el precio del mercado, sino la inversión que hayamos hecho en él. Y para ello llamaremos «factor de multiplicación» al número por el que multiplicamos los costos directos para estimar el PVP. En la estructura de determinación de precios tenemos una variable, que es propia de la empresa, y otras del libro que lanzamos. La variable de empresa más determinante es la de los gastos generales, que ya aprendimos a estimar como un porcentaje sobre las ventas. Aunque ya sabemos que el ideal es que estos gastos no superen el 10 %, la realidad nos indica que en muchos casos se encuentran entre el 15 y el 20 %.

Aunque existen varias fórmulas para calcular el PVP, la más usual y simple es la de multiplicar el costo directo unitario por un coeficiente. Nuestra recomendación es que cada editorial sepa con qué parámetros se encuentra para saber cuál debe ser el valor de este coeficiente. En los casos medios, este factor jamás debe bajar de 6, y es recomendable que supere el 7. Nuestra recomendación es no multiplicar nunca por menos de 8. Las grandes tiradas permiten que alcance cifras más altas, superando incluso el 10. Es muy importante que determinemos correctamente los que entendemos como costos directos, a saber, imprenta, maquetación, corrección, ilustraciones, promoción directa, etc.

Los costos de traducción de pequeñas tiradas son más difíciles de aplicar, dado que el anticipo superará con creces los derechos que tendríamos que abonarle según ventas. ¿Cómo consideramos este anticipo? ¿Como coste directo, o variable? Lo más prudente es, en el caso de tiradas por debajo de 3000 ejemplares, considerar esos anticipos como costo directo, sometiéndolos, por tanto, al factor de multiplicación para calcular el PVP. Lo mismo debemos hacerlo con las traducciones contratadas a precio cierto, aun a sabiendas de que, en el caso de que las ventas se nos dispararan, el juez podría obligarnos a pagar al traductor un porcentaje sobre las ventas.

Suponiendo unos costos de distribución del 55 %, unos derechos de autor máximos del 10 % y unos gastos financieros del 1 %, y que queremos cubrir gastos con el 60 % de la tirada vendida, ¿qué coeficiente multiplicador utilizamos? Recomendamos utilizar la siguiente tabla para calcular los coeficientes multiplicadores mínimos en función del porcentaje de gastos generales sobre ventas brutas que soporte nuestra editorial. Lo recomendable incluso es aumentarlos, siempre que el mercado lo soporte, dado que, si lo aplicamos y vendemos el porcentaje estimado, tan solo logramos cubrir gastos, con el consiguiente beneficio cero.

Cuando usemos datos de entrada comprendidos entre algunos de los porcentajes recogidos en la tabla, podemos utilizar unos coeficientes intermedios a los más próximos. Siempre es recomendable redondear al alza en caso de duda.

Veámoslo en los siguientes ejemplos, en los que, utilizando las tablas y redondeando los valores intermedios, estimaremos los coeficientes multiplicadores mínimos que tendremos que utilizar para calcular el PVP en función de los siguientes supuestos.

	EDIT. A	EDIT. B	EDIT. C
% de gastos generales	12,5	16,25	18
% de tirada que hay que vender	60	50	55
Costo de distribución	50	55	57,5
Coeficiente mínimo	6,3	11,4 (aprox.)	12 (aprox.)

% Tirada mínima a vender para cubrir gastos	50 %				60 %				70 %			
% Gastos de distribución sobre PVP	45	50	55	60	45	50	55	60	45	50	55	60
% Gastos generales sobre ventas brutas	Coeficientes multiplicadores mínimos. (Se obtiene con ellos un margen cero)											
10	5,9	6,9	8,4	10,6	4,9	5,8	7	8,8	4,2	5	6	7,6
12,5	6,4	7,6	9,3	12,2	5,3	6,3	7,8	10,1	4,5	5,4	6,7	8,7
15	6,9	8,4	10,6	14,3	5,8	7	8,8	12	5	6	7,6	10,3
17,5	7,6	9,3	12,2	17,4	6,3	7,8	10,1	14,5	5,4	6,7	8,7	12,5
20	8,4	10,6	14,3	22,3	7	8,8	12	18,6	6	7,6	10,3	15,9
22,5	9,3	12,2	17,4	30,8	7,8	10,1	14,5	25,7	6,7	8,7	12,5	22
25	10,6	14,3	22,3	50	8,8	12	18,6	41,7	7,6	10,3	15,9	35,8

Ejercicio

Estime los coeficientes multiplicadores mínimos para los siguientes supuestos:

	EDIT, A	EDIT. B	EDIT. C
% de gastos generales	15	16,25	19
% de tirada que hay que vender	50	60	55
Costo de distribución	55	50	52,5
Coeficiente mínimo			

No debemos olvidar que esos coeficientes nos permitirán cubrir gastos si alcanzamos a vender el porcentaje de tirada que utilizamos para su cálculo. Pero, como en una editorial hay que ganar dinero, lo recomendable es subir algo ese coeficiente, y después luchar por vender más porcentaje de tirada. Pondremos algunos sencillos ejemplos, para afianzar el modo de calcular el PVP mínimo y recomendar uno algo más elevado, para obtener beneficios. Lo calcularemos para tres libros distintos de tres editoriales diferentes. La A soporta unos gastos generales del 13 %; la B, del 18 %, y la C, del 20 %. En el cuadro indicamos el costo unitario directo de cada uno de los libros, el coste de distribución de cada editorial y el porcentaje de tirada con el que aspiramos a cubrir gastos.

	LIBRO 1 EDIT. A	LIBRO 2 EDIT. B	LIBRO 3 EDIT. C
Costo unitario libro	2 €/ud.	2,5 €/ud.	1,75 €/ud.
Gastos generales	13 %	18 %	20 %

Porcentaje mínimo de ventas sobre tirada	70 %	60 %	55 %
Costo de distribución	50 %	55 %	55 %
Coeficiente multiplicador mínimo, según tablas	5,6	10,5	13,15
Coeficiente recomendado	6 - 7	11 - 11,5	13,5 - 14
PVP mínimo	2 x 5,6 = 11,2 €	2,5 x 10,5 = 26,25 €	1,75 x 13,15 = 23 €
PVP recomendado	12€ - 14 €	27,5 € - 28,75 €	23,6 € - 24,5 €

Ejercicio

Calcule el PVP mínimo que debe ponerse a los libros con los supuestos que indicamos a continuación. Proponer un PVP algo superior para que el margen sea positivo.

	LIBRO 1 EDIT A	LIBRO 2 EDIT. B	LIBRO 3 EDIT. C
Costo unitario libro	2,1 €/ud.	1,8 €/ud.	2,3 €/ud.
Gastos generales	12,5 %	19 %	21 %
Porcentaje mínimo de ventas sobre tirada	67,5 %	50 %	65 %
Costo de distribución	55 %	52,5 %	50 %

Coeficiente multiplicador mínimo, según tablas			
Coeficiente recomendado			
PVP mínimo			
PVP recomendado			

Pongamos dos ejemplos algo más complejos. En el primero, supongamos una editorial cuyos gastos generales comporten un 18 % de su facturación, que soporta unos gastos financieros del 1 % y que tiene unos costos de distribución del 55 %. ¿Qué precio debería tener un libro con las siguientes características?

- – Tirada: 2000 ejemplares.
- – Costo de imprenta: 4980 €.
- – Costos de los derechos de edición: 8 % sobre ventas.
- – Coste de traducción: 1,5 % sobre PVP, anticipo de 1000 €.
- – Costos de maquetación, corrección y portada: 750 €.

Es un ejemplo muy clásico. Lo primero que deberíamos decidir es si el anticipo correspondiente a la traducción lo consideramos dentro de los costos directos al efecto del cálculo del PVP. Consideremos en un primer ejercicio que sí. Comencemos pasando todos los gastos a costos unitarios.

Costo de imprenta	4980 € / 2000 uds. = 2,49 €/ud.
Costo de maqueta, corrección y portada	750 € / 2000 uds. = 0,375 €/ud.
Costo de traducción	1000 € / 2000 uds. = 0,5 €/ud.
TOTAL COSTO DIRECTO UNITARIO	3,365 €/ud.

Según hemos visto con anterioridad, para gastos generales superiores al 17,5 % y aspirando a cubrir gastos con un 60 % de la tirada vendida, debemos ir a un coeficiente multiplicador mínimo del 10,1 (ver tabla). Utilizaremos en el ejemplo uno inferior, por ejemplo, 8,5, para ver qué ocurriría. El PVP del libro sería de 3,365 x 8,5 = 28,6 €.

Si no consideramos el importe del anticipo de la traducción como coste directo, el costo por ejemplar sería algo inferior, de 2,865 €, luego el PVP sería de 2,865 x 8,5 = 24,35 €.

Supongamos que vendemos el 60 % de la tirada. ¿Cuál sería nuestra cuenta de resultados en ambos casos? Calculémosla en valores absolutos. Si hemos vendido el 60 % de la tirada, serían 2000 x 0,60 = 1200 libros vendidos. Según el PVP sea de 28,6 € o de 24,35 €, tendríamos unos valores totales de ventas de 1200 x 28,6 = 34.320 €, o bien de 1200 x 24,35 = 29.220 €.

Los costos directos serían la suma de la imprenta, la maquetación, la corrección y la portada, a saber, 4980 + 750 = 5730 €. El resto de costos (autor, distribución, traducción, gastos generales y financieros) son proporcionales a las ventas. Podemos hacer pues un cuadro.

	PVP 28,6€	PVP 24,35€
Valor venta (€)	1200 x 28,6 = 34.320	1200 x 24,35 = 29.220
Coste directo (€)	5730	5730
Coste de distribución (55 %)	34.320 x 0,55 = 18.876	29.220 x 0,55 = 16.071
Coste de derechos de autor (8 %)	34.320 x 0,08 = 2974,4	29.220 x 0,08 = 2337,6
Coste de traducción (1,5 %)	34.320 x 0,015 = 514,08	29.220 x 0,015 = 438,3
Gastos generales (18 %)	34.320 x 0,18 = 6177,6	29.220 x 0,18 = 5259,6

Gastos financieros (1 %)	34.320 x 0,01 = 3432	29.220 x 0,01 = 2922
TOTAL COSTES	34.615,28	32.758,6
RESULTADO (€)	-295,28	-3538,5

Como utilizamos un coeficiente para calcular el PVP inferior al indicado en la tabla, el resultado nos da negativo. Pero la realidad es aún peor en este ejemplo. Observemos que el anticipo que pagamos por la traducción fue de 1000 €, que supera los derechos del 1,5 %. Pagamos unos anticipos superiores a los derechos que en verdad han generado las ventas, un error habitual que golpea nuestro margen. Luego, a la cuenta de resultados deberíamos restar la diferencia entre el costo porcentual que teóricamente deberíamos haber abonado al traductor y el anticipo realmente pagado.

RESULTADO (€)	-295,28	-3538,5
Diferencia coste de traducción	1000 - 514,08 = 485,92	1000 - 438,3 = 561,7
RESULTADO REAL	-295,28 - 485,92 = -781,2	-4099,5

Como vemos, el resultado nos sale negativo. Tendríamos que haber utilizado el coeficiente mínimo del 10,1 para calcular el PVP. Si lo hacemos, veremos como equilibramos el margen a cero. Para ganar algo de dinero, solo nos quedarían dos alternativas: o incrementar el coeficiente, o conseguir vender un mayor porcentaje de tirada. Además, como es muy difícil que en tirada por debajo de los 3000 ejemplares los derechos de traducción reales cubran el anticipo pagado, recomendamos considerar ese anticipo como coste directo a la hora de determinar el PVP. Y si el precio del libro nos parece demasiado alto, solo nos quedarían dos posibilidades: o aumentar la tirada, o no sacar el libro, porque lo más probable es que nos suponga pérdidas. Otra posibilidad es bajar los gastos generales, pero estos suelen tener una inercia mayor, y solo con recortes drásticos o con espectaculares incrementos de ventas podemos variar sensiblemente ese porcentaje.

Ya sabemos calcular el PVP de un libro. Es fácil. Se obtiene multiplicando el coste directo por un coeficiente que debe superar los mínimos mostrados en la tabla de cálculo. Como datos de entrada necesitamos el porcentaje de gastos generales sobre las ventas brutas totales que nuestra editorial soporta, los costes comerciales medios y la tirada con la que aspiramos a cubrir gastos. No nos debe doler aplicar coeficientes superiores a los mínimos, por muy elevados que nos parezcan. Si vemos que nuestros libros no son competitivos en precio y no somos capaces de vender más del 60 % de la tirada, lo más conveniente es no sacar el libro, si no somos capaces de adelgazar nuestros gastos generales.

Si creemos que a estos precios el libro es barato, podemos utilizar un coeficiente mayor. Lo que jamás debemos hacer es bajarlo. Lo repetimos por enésima vez. Mejor no editar que hacerlo a pérdidas, salvo que otorguemos un especial valor literario, testimonial de referencia en nuestro catálogo que valoremos por encima de las pérdidas que nos produce.

CÁLCULO DEL PORCENTAJE DE TIRADA NECESARIO PARA QUE EL LIBRO ENTRE EN RENTABILIDAD

Si hemos calculado bien el PVP de un libro, a efectos del análisis de la rentabilidad, lo más importante no es el número de ejemplares vendidos, sino el porcentaje que estos suponen frente al total de tirada. Es decir, que la rentabilidad de un título no depende de la fría cifra de ventas, sino de la proporción que los ejemplares vendidos suponen frente a la tirada total. Es muy frecuente oír que tal o cual libro no es rentable si no se venden más de 1000 o 2000 ejemplares, cuando en verdad lo correcto sería decir que tienen que vender el 50, el 60 o el 70 % de la tirada que hayan impreso para entrar en rentabilidad. Por ejemplo, será mucho más rentable un libro del que se hayan vendido 600 ejemplares de una tirada total de 1000 que otro que haya vendido 2000 ejemplares de una tirada de 5000. Aunque, como veremos, existe una fórmula para calcular el porcentaje de tirada que debemos vender para entrar en rentabilidad, que, según los costes medios estimados, suele oscilar entre el 50 y el 70 %. En este capítulo aprenderemos a calcular el porcentaje de la tirada que tenemos que vender para que el libro entre en rentabilidad. Nótese que el PVP y, por tanto, su coeficiente multiplicador ya nos vienen dados, algo muy frecuente en la edición, en la que en muchos más casos de los que pensamos el precio se estima erróneamente.

Pongamos un sencillo ejemplo. Supongamos un libro del que hemos decidido aplicar un coeficiente multiplicador de 7. Quiere decir que el PVP del libro sería el resultante de multiplicar por 7 los costes directos del libro. Si hablamos en términos porcentuales, los costes directos del libro serían de 100 / 7 = 14,28. Suponiendo unos costes de derechos de autor del 10 % sobre el PVP, unos costes de distribución del 55 % sobre el PVP, unos gastos generales del 18 % y unos costes financieros del 1 %, tendríamos la siguiente estructura de costes.

Gastos de distribución	55 %
Derechos de autor	10 %
Gastos generales	18 %
Gastos financieros	1 %
Gastos directos	14,28 %
Margen	1,72 %
TOTAL	100 %

Observemos el escasísimo margen que podríamos obtener de ese libro. ¡Y eso que hemos supuesto que hemos vendido el 100 % de la tirada, algo que es imposible porque, aparte de que siempre queda alguno en almacén, un porcentaje de la tirada se dedica a promoción y al autor. Supongamos que vendemos el 70 %, lo que podríamos considerar como un éxito editorial. En nuestra cuenta de resultados, los costes directos ya no se repercutirían sobre la tirada completa, sino sobre el 70 % de la tirada, que son en verdad los libros que vendemos y los que soportan toda nuestra estructura. Por tanto, su coste porcentual ya no sería del 14,28 %, sino del 14,28 / 0,7 = 20,4.

Gastos de distribución	55 %
Derechos de autor	10 %
Gastos generales	18 %
Gastos financieros	1 %
Costos directos	20,4 %
Margen	-4,4 %
TOTAL	100

Es decir, que en este ejemplo, incluso vendiendo el 70 % de la tirada, estaríamos en pérdidas. ¿Qué podemos hacer? Dado que tanto los gastos de derechos de autor y de distribución son siempre relativos a las ventas, no podemos actuar sobre ellos. Solo nos queda intentar disminuir los gastos generales o los directos. Pero los gastos generales vienen determinados por el conjunto del funcionamiento de la empresa, por lo que casi nada podemos hacer en la edición de un solo libro. Solo podemos actuar sobre la relación entre el costo directo y el PVP del libro, esto es, mediante el coeficiente multiplicador a aplicar. Supongamos que multiplicamos por

8 y que vendemos el 70 % de la tirada. ¿Qué ocurriría? Pues, si el PVP es el costo directo multiplicado por 8, el coste directo, en términos porcentuales, será de 100 / 8 = 12,5 %. Pero esto, en el caso de que vendamos el 100 % de la tirada. Si vendemos el 70 %, ese 70 % debe aguantar con todo el coste directo, por lo que en verdad sería de 12,5 / 0,7 = 17,85 %. Si volviéramos a hacer la tabla, descubriríamos que seguimos perdiendo un 1,85 %. ¿Qué coeficiente multiplicador tenemos que utilizar para cubrir todos los gastos, esto es, terminar a cero, sin pérdidas ni beneficios? Hagamos una sencilla operación. Si dejamos la tabla del margen en 0, esto es, el punto muerto de la operación, el cuadro correspondiente a costes directos debería ascender a 16 % para que la suma fuera 100. Si hacemos a la inversa las operaciones que antes hacíamos con el 0,7 correspondiente a la tirada, obtendríamos 16 x 0,7 = 11,2. Es decir, ya sabemos que, si los costos directos (en caso de que hayamos vendido el 70 % de la tirada) suponen el 11,2 % de la venta (o lo que es lo mismo, el costo unitario del libro es el 11,2 % del PVP), la edición del libro alcanzaría su punto muerto en términos económicos. Luego el coeficiente de multiplicación que utilizamos para calcular el PVP será de 100 / 11,2 = 8,93. Comprobémoslo.

Gastos de distribución	55 %
Derechos de autor	10 %
Gastos generales	18 %
Gastos financieros	1 %
Costos directos	11,2 / 0,7 = 16 %
Margen	0
TOTAL	100

Pongamos más ejemplos.

Recordemos que el coste directo será el resultado de dividir 100 entre el coeficiente multiplicador que decidamos. Pongamos que estimamos el margen en el supuesto de que vendamos el 100 % de la tirada.

Gastos de distribución	55 %	55 %
Derechos de autor	9 %	10 %
Gastos generales	17 %	12,5 %
Gastos financieros	1 %	1 %
Coeficiente multiplicador	8	7
Costos directos	100 / 8 = 12,5 %	100 / 7 = 14,28 %
Margen	5,5 %	7,22 %
TOTAL	100	100

Estimemos ahora la rentabilidad si vendemos un 60 % de la tirada en ambos supuestos:

Gastos de distribución	55 %	55 %
Derechos de autor	9 %	10 %
Gastos generales	17 %	12,5 %
Gastos financieros	1 %	1 %
Coeficiente multiplicador	8	7
Costos directos	12,5 / 0,60 = 20,83 %	14,28 / 0,60 = 23,8 %
Margen	-2,83 %	-2,3 %
TOTAL	100	100

Nos encontramos con que, vendiendo un 60 % de la tirada, estaríamos en pérdidas en ambos supuestos. Para que el margen fuese cero, el coste directo debería ser de 20,83 - 2,83 = 18 %. Para que esto fuese posible, el porcentaje de tirada mínimo que debería venderse sería del 69,44 % (12,5 / 18 = 69,44 %). Compruébelo. Si vendiéramos el 75 % de la tirada en el mismo supuesto anterior, tendríamos los siguientes márgenes positivos:

Gastos de distribución	55 %	55 %
Derechos de autor	9 %	10 %
Gastos generales	17 %	12,5 %
Gastos financieros	1 %	1 %
Coeficiente multiplicador	8	7
Costos directos	12,5 / 0,75 = 16,66 %	14,28 / 0,75 = 19,04 %
Margen	1,34 %	2,46 %
TOTAL	100	100

Aunque nos parezcan ajustados, estos son los márgenes habituales en el mundo de la edición.

La gestión presupuestaria de la editorial

ELABORACIÓN DE PRESUPUESTOS

Hemos estudiado la estructura económica y el margen por libro. Para ello, utilizábamos datos generales de la contabilidad de la empresa, tales como el porcentaje que suponen los gastos generales totales sobre el volumen de ventas, o el descuento comercial medio. Ahora aprenderemos a utilizar la herramienta presupuestaria sobre el conjunto de los datos económicos de la empresa. Para todas las editoriales, desde la más pequeña hasta la mayor, resulta imprescindible elaborar un presupuesto anual de ingresos y gastos, así como un cuadro de tesorería. Como su nombre indica, el presupuesto es una estimación inicial de los gastos en los que incurriremos a lo largo del año y de los ingresos que obtendremos. Como estimación que es, un presupuesto simplemente es un ejercicio de aproximación a la realidad. A lo largo del ejercicio veremos si nuestra realidad de explotación se asemeja a la que presupuestamos inicialmente. Para el presupuesto, utilizaremos el criterio del devengo —se considera ingreso cuando se factura la venta y el gasto cuando recibimos la factura del proveedor, independientemente del momento en el que se vayan a cobrar o a pagar—, y para el de tesorería, el criterio de caja, esto es, el del cobro y el pago efectivo.

Utilizaremos un modelo simplificado de presupuesto, en el que recogeremos las partidas más habituales de ingresos y costos. Los costos directos en la producción del libro se transforman en existencias en inventario (libros en almacén), y de aquí salen para ventas. Por tanto, contabilizaremos como gastos todos los costes de producción y como ingresos la suma de las ventas y el incremento de inventario. En caso de que el inventario disminuyera, habría que disminuir los ingresos en la misma cuantía de la reducción de inventario. Los fondos de más de dos años desde su edición deben provisionarse por completo, es decir, pasar su valor a cero.

	MES	AÑO
INGRESOS (1)		
Venta Neta de libros (2)		
Venta de derechos		
Subvenciones y CEDRO		
Servicios y coediciones		
Representación, actos y otros		
+/- Variación de existencias en inventario		
TOTAL INGRESOS		
GASTOS GENERALES		
Sueldos y salarios		
Servicios profesionales		
Alquiler y comunidad		
Teléfono, Internet, comunicaciones		
Luz, agua		
Limpieza y mantenimiento		

	MES	AÑO
Material oficina y editorial		
Informática, *leasings* y *rentings*, web		
Seguros		
Correos y mensajeros		
Gastos de viaje		
Publicidad		
Comunicación y presentaciones		
Ferias y atenciones protocolarias		
Otros gastos		
TOTAL GASTOS GENERALES		
GASTOS DIRECTOS		
Maquetaciones y corecciones		
Traducciones (en su caso)		
Imprenta		
Portadas, fotografías, ilustraciones y otros		
TOTAL GASTOS DIRECTOS		
DERECHOS DE AUTOR		
Provisión derechos de autor		
Anticipos		
TOTAL DERECHOS DE AUTOR		
GASTOS LOGÍSTICOS (3)		
Transporte		

	MES	AÑO
Almacén		
TOTAL GASTOS LOGÍSTICOS		
GASTOS FINANCIEROS		
TOTAL GASTOS		

1. A los efectos de ingresos consideramos tan solo la venta neta de libros, esto es, una vez deducido de la venta bruta el coste total de la distribución.

2. Las ventas netas corresponden tanto a la estimación de ventas de títulos editados en el año presupuestado, así como a las ventas del fondo de años anteriores.

3. Se podrían incluir gastos comerciales en caso de tener red comercial propia, o gastos comerciales compartidos con otras editoriales. En el presupuesto tipo consideramos que la distribución y comercialización de los fondos la realiza un tercero, al que se le paga con el descuento.

El margen teórico de la editorial será la diferencia entre ingresos y gastos.

	MES	AÑO
TOTAL INGRESOS		
TOTAL GASTOS		
MARGEN		

Aunque no profundizaremos en cuestiones de contabilidad, los resultados contables del ejercicio, válidos para Hacienda, será ese margen, en el que debemos incluir la variación de existencias. Al resultado de esa operación habría que restarle las amortizaciones y las distintas provisiones. Sobre el beneficio total se aplicarían los impuestos, y el resultado se destinará a reservas, salvo en el caso de que se decida un reparto de parte de esos beneficios.

CONTROL PRESUPUESTARIO

Podemos conocer cómo marcha realmente la editorial en comparación con el presupuesto inicial, ya que debe realizarse un comparativo entre los ingresos y gastos presupuestados y los realmente ejecutados, para así descubrir las variaciones presupuestarias. Este comparativo se analizará detenidamente al menos una vez al trimestre, siendo recomendable realizarlo mensualmente. La comparación debe realizarse partida a partida para conocer sus desviaciones presupuestarias. Para no repetir todas ellas, pondremos como ejemplo un cuadro resumen comparativo referido a un mes cualquiera. De forma idéntica podríamos realizarlo con valores trimestrales o anuales.

CONCEPTO	MES PRESUPUESTADO €	MES REAL €	DIFERENCIA €
INGRESOS	120.000	118.000	-2000
Gastos generales	35.000	36.000	+1000
Gastos directos	32.000	35.000	+3000
Derechos de autor	18.000	10.000	-8000

Gastos logísticos y comerciales	3000	3000	0
TOTAL GASTOS	88.000	84.000	-4000
MARGEN	32.000	34.000	+2000

La herramienta del control presupuestario es fundamental para el buen gobierno de la editorial. Si tenemos la suficiente experiencia para realizar bien los presupuestos, con los años comprobaremos como la realidad suele ajustarse bastante en los grandes números, al menos en lo referente a los gastos generales. De ellos podremos calcular el porcentaje de costes generales necesarios para el cálculo del PVP, así como muchos otros parámetros de gestión que serían prolijos de enumerar. Otra cuestión es acertar con las ventas, siempre a expensas de los libros que tiran y de los que no. A medida de que la editorial cumpla años e incremente su fondo, las variaciones suelen ser menores.

La gestión de tesorería

Una cosa es el presupuesto, y otra bien distinta es la gestión de tesorería. El presupuesto estima nuestro margen, esto es, si nuestros ingresos superan a nuestros gastos, mientras que el cuadro de tesorería nos permite conocer cuándo se producen los cobros y los pagos, y, por tanto, cómo queda afectada nuestra liquidez. Una editorial que esté ganando dinero —esto es, que lo facturado en ventas supere a lo que nos facturen por gastos— podría llegar a tener graves problemas de liquidez si los cobros se retrasaran y los pagos fueran exigidos con rapidez. De ahí que, aparte del presupuesto, la cuenta de resultados y el control presupuestario, para una editorial —como para cualquier empresa— resulte fundamental gestionar adecuadamente su tesorería. El instrumento más sencillo es el cuadro de tesorería, que consiste en llevar a un cuadro el momento exacto en el que se producen los cobros y los pagos, para conocer si el mes lo finalizaremos con superávit o déficit de tesorería.

Pongamos un sencillo ejemplo. Supongamos que estamos en el mes de enero y nuestra editorial presenta la siguiente cuenta de resultados, con indicación expresa del periodo de pagos/cobros.

CONCEPTO	IMPORTE (€)	PLAZO (DÍAS)
INGRESOS	25.000	120
Gastos generales	8500	0 (Contado)
Gastos directos	9500	120
Anticipo derechos de autor	3500	Contado
Logísticos y comerciales	1250	30
Financieros		
TOTAL GASTOS	22.750	
RESULTADO	2250	

Dado que la mayoría de las facturas las emitimos o nos llegan a final de mes, día 31 de enero en nuestro ejemplo, los 120 días vencerían a 31 de mayo.

	ENERO	**FEBRERO**	**MARZO**	**ABRIL**	**MAYO**
Ingresos					25.000 €
G. grales.	8500 €				
G. directos					9500 €
Derechos de autor	3500 €				
Logísticos		1250 €			
Financieros					
SALDO	-12.000 €	-1250 €			+15.500 €

Como podemos comprobar, tanto en enero como febrero tenemos saldo de tesorería negativo. No tendríamos dinero para atender a los pagos, por más que el mes nos haya dado un resultado positivo de 2250 €, ya que tendríamos un saldo de tesorería negativo de 12.000 €. Para cubrir este déficit recitamos tesorería. ¿Cómo la conseguimos? Existen muchas fórmulas para hacerlo. Desde la simple aportación de capital —recursos propios— hasta solicitar préstamos —recursos ajenos—. Este tipo de financiación se denomina «financiación de circulante», y se contabiliza como préstamos a corto, ya que tanto las pólizas de crédito como la de descuento no suelen tener más de un año de plazo. Por el contrario, la financiación de inversiones, sobre todo las de inmovilizado, suelen financiarse a largo plazo. Así lo encontraremos recogido en el balance de la editorial. Supongamos que, en el ejemplo anterior, para conseguir liquidez descontamos el pagaré o el recibo emitido —dependiendo de nuestro acuerdo con el cliente— el mismo día 31 de enero. Estimemos que el coste bancario de este descuento fuese de 2000 €. La liquidez que nos aportaría sería de 23.000 € (25.000 - 2000 = 23.000), con lo que ya no tendríamos problemas para hacer frente a los pagos, y nos sobraría tesorería para atender a los pagos de febrero.

	ENERO	FEBRERO	MARZO	ABRIL	MAYO
Cobros	25.000				
G. generales	8500 €				
G. directos	0				9500 €
Derechos de autor	3500 €				
Logísticos		1250 €			
Financieros	2000 €				
SALDO	11.000 €	-1250 €			-9500 €
SALDO ACUMULADO	11.000 €	9750 €			250

Es un ejemplo muy sencillo, pero así, en verdad, se realizan los cuadros de tesorería. Llevando a fechas concretas los pagos y los cobros, y estudiando cómo podemos cubrir esos déficits de tesorería. En estos cuadros se suele añadir una fila más con el saldo acumulado, que resulta de sumar al saldo anterior el saldo de cada mes. En el ejemplo anterior, al descontar el pagaré, tendríamos tesorería suficiente para el periodo, aunque los gastos financieros nos hubieran deteriorado el resultado.

Ejercicio

Realice el cuadro de tesorería en los siguientes supuestos, dando por hecho que el pagaré correspondiente a la factura del último día del mes nos llega a los quince días de la emisión de la factura con un coste de descuento del 10 %. Con los datos que aportamos, calcule la cuenta de resultado durante esos dos meses, tanto si descontamos los pagarés de los ingresos como si no lo hacemos. Rellene después en ambos supuestos el cuadro de tesorería.

Cuenta de resultados

	ENERO		FEBRERO	
Ingresos	20.000	120 días	22.000	90 días
G. grales.	4250	15 días	5000	15 días
G. directos	7000	120 días	7500	120 días
D. autor	1000	120 días	2000	Contado
G. logísticos	250	90 días	1000	90 días
Financieros				
RESULTADO MES				
RESULTADO ACUMULADO				

Cuadro de tesorería

	ENERO	FEBRERO	MARZO	ABRIL	MAYO	JUNIO
Ingresos						
Gastos generales						
Gastos directos						
Derechos de autor						
Gastos logísticos						
Gastos financieros						
SALDO MES						
SALDO ACUMU-LADO						

Socios necesarios

El editor hace libros para que los lectores puedan disfrutar o aprender con ellos. Pero la edición va mucho más allá de una exclusiva relación entre el editor y el lector; para el desarrollo de su misión última, precisa de unos socios imprescindibles a lo largo de todo el proceso editorial. Aunque algunos se empeñan en confrontar las posturas e intereses de editores con libreros, distribuidores o agencias literarias, en verdad son apoyos necesarios para el editor. No se pueden ver como rivales, sino como colaboradores, dejando claro, eso sí, lo que corresponde a cada actor en cada momento, y valorando adecuadamente la parte de la cadena de valor del libro que se lleva cada uno.

RELACIÓN ENTRE EDITOR Y AUTOR

Sin autor no existe libro ni editor. El autor y su talento son la materia con la que trabaja el editor. Buscarlos, descubrirlos, lanzarlos, apoyarlos, cuidarlos es tarea fundamental e imprescindible para el editor. En una reducción al absurdo, podría existir una editorial sin lectores, pero jamás sin autores. Sin embargo, la relación entre autores y editores se aleja de ser idílica, y existen desconfianzas e insatisfacciones recíprocas, que a veces desembocan en conflictos. Cuenta Muchnik que alguien se le acercó a su padre, también editor, en medio de una discusión sobre el sector editorial, para comentarle: «¡Qué negocio sería este, Jacobo, si no fuera por los autores y todo el dinero que se llevan!». Para el editor de raza la máxima motivación radica en la búsqueda de nuevos talentos. ¿Cómo una edición sin autores? ¿Cómo rehuir la relación con los autores? Es cierto que muchos editores se quejan a veces de la desconfianza que el autor siente hacia su tarea. Es frecuente oír a los autores lamentarse de que sus ventas escasas se han debido a que el editor no realizó una distribución adecuada, o no invirtió lo suficiente en la promoción del mismo. Esa relación es un clásico con el que tenemos que convivir, sabiendo, eso sí, que el escritor, al tiempo que se justifica ante sí mismo y ante los demás echando la culpa al editor, ya está pensando en su próxima obra. Si tenemos confianza en el escritor, debemos ir a por ella, por más que nos resulte cargante su atávica desconfianza.

Desde el respeto, el editor debe intentar mantener una relación de justo equilibrio con el autor. Jamás debe abusar de su obra ni engañarlo bajo ningún concepto. Es parte de la deontología más básica del oficio de editor. Pero ese mismo respeto hay que pedírselo al autor con respecto a la editorial. Porque de todo hay bajo la viña del Señor. La relación entre autor y editor debe regirse por el contrato de edición, que ambas partes deben cumplir escrupulosamente.

A lo largo del siglo XIX los editores tenían la imagen del vampiro capitalista que «chupaba la sangre» al pobre del autor. Algunos decían que «los editores beben champán en las calaveras de los escritores muertos de hambre». Algunos, incluso, quisieron rebelarse contra lo que consideraban una explotación y creaban sus propias editoriales, para autoeditarse, o cooperativas de autores, que terminaban sistemáticamente en quiebra. Afortunadamente, hoy la relación ha mejorado, puesto que la ley vela por los derechos de unos y otros.

Es difícil, muy difícil, encontrar un buen autor. Cuenta Muchnik en sus memorias que durante toda su carrera editorial siempre tuvo presente lo que Bruce Chatwin le comentó un día. Que para que un libro interesara al lector, debía concurrir en el autor una triple circunstancia: que tuviera algo que contar, que tuviese ganas de contarlo y que supiera hacerlo. Y el buen editor es aquel que localiza y motiva a esos autores que tienen cosas que decir, ganas de hacerlo y sabiduría suficiente para plasmarlo todo en el papel.

Todos los autores, digan lo que digan, y adopten la pose que adopten, quieren vender. Y todos sueñan con que su libro llegue a la lista de los más vendidos. Y no se trata tan solo de una cuestión de dinero o de ego. También subyace el lógico deseo de llegar al mayor número posible de lectores. Los autores son personas creativas y, por tanto, no podemos esperar que sean de carácter fácil, ni dócil, ni cómodo al trato. Y como artistas que son, muchos de los mejores tienen el ego sobrecrecido. Epstein reconoce que no tardó en aprender que «los autores a veces muerden cuando no se alimenta lo suficiente a sus egos». Algunos autores son para leerlos, pero no para tratarlos. Pero el editor jamás puede tener un temor general a los autores, ni una desconfianza global hacia ellos. El día que eso ocurra debe ir pensado en cambiar de oficio. El de editor conlleva un enamoramiento creativo de las obras que se editan y un respeto a sus autores.

Y si para el editor la figura del autor es vital, también para el escritor la figura del editor es fundamental. Le propone temas, le da confianza, lo apoya en su proceso creativo, invierte en él. Se necesitan y, en el fondo de sus respectivas almas, se aman. Siegfried Unseld, al respecto de la relación entre Hermann Hesse y su editor, S. Fischer, cita la siguiente reflexión: «Confiere realidad y sello espiritual a una obra no escrita […]. Brinda al autor esa sensación de sentido de su trabajo y ese apoyo esperado sin los cuales muchas obras nunca serían escritas». Por eso, a pesar de sus crisis matrimoniales, la pareja editor-autor está condenada a entenderse.

A cualquier editorial llegan a diario, por correo postal o electrónico, docenas de manuscritos no solicitados. En este caso, el editor está exonerado de dar una respuesta a cada uno de estos envíos no solicitados, por más que los espontáneos se molesten por ello. Aunque lo cortés sería responder a todos los envíos que nos hacen, por pura cuestión de costos nos resulta imposible. Sería precisa la ocupación de una persona tan solo para atender esos correos no solicitados. Caso distinto es el de los originales solicitados, a los que siempre debe el editor proporcionar una respuesta, sea positiva o negativa. En todo caso, es prudente echar un vistazo, aunque sea muy por encima, a los manuscritos que nos llegan. Entre todos ellos —la inmensa mayoría no valen gran cosa— puede existir una perla. A buen seguro, los genios del mañana son meritorios de hoy empeñados en conseguir que alguien les dé una oportunidad.

Las editoriales suelen apoyarse en los informes de lectura que realiza su equipo de lectores, personas con criterio externas a la editorial que redactan un breve informe sobre los manuscritos que leen. Estos informes deben ser muy sucintos y resumir el género y el argumento de la obra; valorar el estilo y el ritmo; opinar sobre el fondo y la forma, y recomendar o no su publicación. El Consejo Editorial solo decidiría sobre aquellos manuscritos que presenten informe de lectura positivo. Los lectores son muy importantes para una editorial. Muchas buenas obras se fueron porque de esa lectura inicial no se supo valorar la calidad que encerraba. El director editorial debe tener buen tino en la elección de sus lectores, aunque en muchas editoriales son los propios editores los que leen y valoran los manuscritos recibidos. La retribución que los lectores, en su caso, reciben es variable, normalmente en función del número de títulos leídos y sus correspondientes informes. Los escritores noveles, sin nombre ni influencia, solo tienen dos vías para abrirse un hueco: los concursos y los envíos masivos de sus obras a todas las editoriales, por si alguna mostrara interés. En muchos casos, la relación entre autor y editor comienza por alguna de estas vías.

Aunque ya lo comentamos en otro apartado, el editor siempre debe tener en cuenta que el autor infla notoria y sistemáticamente las ventas de sus obras anteriores. Por eso se debe ser muy prudente cuando se estiman los anticipos de la nueva obra que nos ofrece.

Un altísimo porcentaje de los autores entiende que su obra no está tan bien distribuida como se merece, o que la promoción en prensa ha sido insuficiente. Que, si no vende más, es, de alguna manera, responsabilidad de la desidia del editor, que prioriza otras obras frente a la suya. Esta sensación está muy extendida, sobre todo en los autores primerizos, que llaman con frecuencia muy enojados a la editorial porque su libro no está en tal o cual librería. El editor debe armarse de paciencia y explicarle cómo funciona la distribución, y cómo los libreros devuelven las obras o no las reponen. Otras veces, el fallo es de la distribución, o del propio editor, y debe solucionarse con prontitud. Por eso, el editor debe oírlo, comprobar que no existe un fallo en la distribución —muy frecuentes, por cierto— y explicarle los posibles motivos de la ausencia del libro. Los más habituales los conocemos bien. Lo más probable es que haya sido víctima de las riadas de devoluciones que arrasan las mesas de novedades. O que al librero no le haya interesado y no lo haya pedido, o que sencillamente haya considerado que su tiempo ya pasó. También es posible que se hayan vendido los ejemplares existentes en la librería y que el librero, por olvido o por libre decisión, no lo haya mandado reponer. Pero, en cualquiera de estos supuestos, el editor debe dar la cara y atender a su autor. Es normal, al fin y al cabo, que se interese por la máxima difusión de su obra. Y que sufra si no se vende, o, peor aún, si no la encuentra en los anaqueles de las librerías a las que acude su círculo familiar o de amistades. Siente estéril el tremendo esfuerzo realizado durante muchas horas de trabajo en soledad y responsabiliza de ello al editor. He conocido ya bastantes casos de resentimientos nacidos en el autor hacia el editor por estas razones. Se podrían haber evitado con una explicación a tiempo. En otras ocasiones, sencillamente, los autores no tienen razón, queriendo monopolizar toda la atención del equipo editorial. También hay que decírselo con claridad, y, si se pierde, pues que se pierda. Hay autores con los que no merece la pena trabajar. Afortunadamente, la mayoría de ellos son personas sensatas y colaborativas, a los que debemos atender en lo posible tanto en el proceso de edición, como en el de elaboración del libro, como en el de distribución. Nunca debemos darle la sensación de que lo tenemos olvidado. Por eso, incorporo a este capítulo un protocolo básico de pautas, relaciones y comunicaciones que la editorial debe mantener con sus autores.

Protocolo básico de relación de la editorial con los autores

1. Los autores son el cimiento de una editorial. Debemos cuidarlos y atenderlos. También los agentes literarios tienen un importante papel. Debemos considerarlos como nuestros aliados.

2. Normalmente, el editor será el que mantenga la relación ordinaria con el autor, aunque iremos trabajando para él desde los distintos departamentos, con el objeto de que el libro tenga el mayor éxito posible.

3. Negociación del contrato. Corresponde al editor. Nos debemos atener a nuestras posibilidades, y no cegarnos en subastas y procedimientos similares. Jamás superaremos el 10 % de derechos de autor, y debemos ser muy prudentes en cuanto a los anticipos a pagar. Hay que informarle con toda claridad de los derechos que adquirimos y de la promoción que pensamos realizar a su obra.

4. A partir del acuerdo verbal, se pone en marcha el proceso administrativo. A la mayor brevedad, se le envía el contrato editorial. Al Departamento de Derechos o de Administración, en su caso, corresponde la carta y el envío de contratos, así

como pagar anticipos cuando así se haya acordado. Es recomendable fijar un día mensual de pago.

5. Hay que informar con suficiente antelación al autor del calendario de publicación de su obra, así como de los pasos de su programa de trabajo. En algunos casos, el autor remite su obra a la editorial y no obtiene respuesta alguna hasta que muchos meses después alguien le envía una galerada para corregir. No es bueno ese interregno en blanco. La fecha de edición debe acordarse de forma compartida.

6. En el proceso de elaboración del libro, el editor será quien mantenga una relación fluida con el autor. En todo caso, debemos anticiparle para cuándo queremos sacar el libro. En fase de producción, se deben enviar galeradas, textos de contraportada y propuesta de portada, para que dé su visto bueno.

7. Antes de que el libro salga a la calle, el Departamento de Comunicación debe mantener una charla con el autor, para perfilar los aspectos necesarios para el lanzamiento.

8. Antes de que salga a la calle, el Departamento de Derechos comenzará a mover el proyecto editorial si es susceptible para ser vendido para traducción o para cualquier otro soporte de derechos subsidiarios.

9. La editorial se compromete con todos los autores a intentar conseguir la mayor difusión en medios de comunicación. Hay que indicar que las presentaciones sociales deben venir apoyadas, ya que la editorial no está obligada a realizarlas en todos los casos. En caso de que se celebren, la editorial apoyará el acto al menos imprimiendo las tarjetas de invitación y convocando a los medios.

10. Al salir el libro a la calle, si el autor lo solicita, se le enviará un certificado de los ejemplares tirados que debe hacernos la imprenta y le enviaremos los ejemplares que le corresponden según contrato.

11. Al finalizar el periodo de promoción, el Departamento de Comunicación remitirá al autor un dosier de las apariciones en medios de comunicación escritos y la enumeración de las intervenciones en medios audiovisuales. En la actualidad, esta información sencillamente se sube a la web, por lo que está disponible no solo para el autor, sino para cualquier interesado.

12. Asimismo, periódicamente, el Departamento de Derechos le comunicará las gestiones realizadas para vender su obra, indicando países y medios (audiovisual, clubes de lectura, bolsillo, etc.).

13. Las liquidaciones del año anterior se presentarán en la fecha acordada y se abonarán en el día previsto de pagos. Debemos indicar las ventas nacionales, los derechos subsidiarios, las exportaciones y los saldos con toda claridad y transparencia.

14. Debemos tener un detalle con ellos en Navidad, o en cualquier celebración destacada.

15. Debemos pensar hacer algunos encuentros anuales —con la excusa de jornadas, jurados, premios, etc.— con el mayor número posible de ellos.

16. Si la editorial realiza la gestión cultural, se procurará moverlos y obtener para ellos conferencias, asistencias a congresos, etc.

AGENTES LITERARIOS

Los agentes literarios nacieron en un momento en el que los escritores se encontraban en franca desigualdad e inferioridad con los editores, que contrataban sus obras con carácter indefinido, vinculando por contrato toda su producción futura. Ni que decir tiene que desconfiaban, además, de las liquidaciones que les presentaban los editores, y eso, en los contados casos en que les llegaba el informe de ventas. La actuación de los agentes —en España fue especialmente reseñable la figura de Carmen Balcells—, unida a la aprobación de leyes que protegían la propiedad intelectual, ha cambiado substancialmente esa situación. Hoy, como sabemos, la relación editor-autor está mucho más equilibrada.

Muchos editores no terminan de comprender la figura del agente, cuando no la critican abiertamente. Los editores debemos comprender que los agentes prestan un servicio al escritor y también a nosotros. Reproduzco, por su interés para ilustrar la materia, la carta que remitió Mario Vargas Llosa a Esther Tusquets (recogida en su libro *Confesiones de una editora poco mentirosa*) con motivo de firmar con Balcells la representación de su obra:

> Yo soy de una nulidad total, de una incapacidad casi ontológica para las negociaciones comerciales, y por eso he llegado a un acuerdo con Carmen, para que en adelante ella se ocupe de todo lo relativo a las ediciones de mis libros, y decida sobre cláusulas, opciones, regalías, etc. No tiene por qué resentirte que Carmen trate de obtener para el autor las mejores condiciones; es lo lógico (en la jungla en la que vivimos), como lo es también que el editor defienda a brazo partido lo que más le conviene. Ya sé que es feo plantear las cosas con esta crudeza, pero desgraciadamente no veo otra alternativa: donde vuelvo la cara, compruebo que las cosas son así.

Esther Tusquets reconoce la tarea de los agentes, pero también expone con toda crudeza sus consecuencias negativas:

> Pero el modo en el que Carmen ha introducido el cambio en la relación autor-editor ha supuesto un precio carísimo y, a mi entender, de consecuencias nefastas. Al no fiarse, y con cierta razón, de las liquidaciones anuales sobre los ejemplares vendidos, ha cifrado la ganancia del autor en el anticipo que este percibe a la firma del contrato y ha ido disminuyendo más y más la duración del mismo, hasta unos límites nada universales y sí exclusivos de ella. Esto hace que algunos de los autores más vendidos cambien de editor con fre-

cuencia sorprendente, que pasen a los grandes grupos editoriales y que la vida de los libros de venta normal sea cada vez más breve. El editor vocacional, cuya empresa consiste en una carpeta con contratos con autores a los que les liga una relación de recíproca fidelidad y a base de los cuales va formando un catálogo, lo tiene cada vez más difícil. Ya no hay apenas catálogos, solo novedades y *best sellers*… El libro se edita, se distribuye, está dos o tres meses en las librerías, y, si la venta no se dispara, se suprime del catálogo y se destruyen los ejemplares sobrantes.

Los agentes literarios argumentan esa subasta no solo por el volumen de emolumentos a percibir, sino con un argumento aún más pernicioso. La idea es clara: «Si sacamos más anticipo, la editorial tendrá que hacer una tirada más grande y dedicar más medios a promoción para recuperar el anticipo». Y tristemente, así es. A la hora de determinar la tirada, el editor calcula cuáles son los costos a amortizar —traducción, ilustraciones, etc.— y cuántos ejemplares debe tirar al mercado como mínimo para cubrir gastos. Si ha pagado más, deberá apostar con mayor fuerza en el lanzamiento.

Mario Muchnik, en su autobiografía editorial, se queja, con dolor, del comportamiento hacia él de varios autores que había mimado durante años, incluso perdiendo dinero —caso de Nuria Amat—, y que, cuando contrataron por vez primera a Carmen Balcells como agente editorial, tras una subasta encubierta, se vendieron al mejor postor, abandonándolo sin piedad. Muchnik no recrimina al agente, sino al autor, que es el que acepta, en última instancia, el contrato con la nueva editorial. Reconoce que los agentes son necesarios para divulgar la obra de un autor en terceros países, donde no es conocido. Pero la permanente subasta o política de *condottiero* —me voy con el que más me paga en cada momento— también tiene sus costes para el escritor. «La mayoría de las veces el autor sale mal parado, con su obra dispersa en varias editoriales, y su público, desorientado y, en ocasiones, menguado».

Así es la vida, y nosotros no vamos a cambiarla. El papel de los agentes irá subiendo, ya que los autores desean tener agentes que los representen, aunque en muchas ocasiones las expectativas les defrauden. Los autores no abandonarán el servicio de las agencias literarias. Se sienten más seguros y están convencidos de que obtienen mejores condiciones, al tiempo que se evitan el molesto trago de la negociación con el editor. «Yo de dinero no hablo, de eso se encarga mi agente».

Los editores perdimos hace tiempo nuestra ingenuidad. Creer que se tiene «fijado» a un autor por la buena relación que mantenemos con él, puede costarnos un día un grave disgusto. El autor es libre de cambiar de editorial cuando desee para sus nuevas obras, y hay que estar preparado para ello. En uno de sus libros, Herralde recoge unas declaraciones del célebre editor hispanoargentino Paco Porrúa: «Para muchos escritores, después de un cierto éxito de público y crítica, el editor se convierte en una figura casi molesta, un hombre sentado esperando un manuscrito». Epstein, en su mencionado libro *La industria del libro*, insiste en esa idea:

> Para muchos de esos agentes, la única diferencia significativa que existe entre editores es la cantidad de dinero que está dispuesto a pagar por un autor de éxito o por un libro de actualidad que los clientes de las cadenas de librerías posiblemente compren obedeciendo a un impulso o porque han visto en la televisión a sus autores.

Como he comentado, mantengo una visión positiva de los agentes literarios. Los considero socios que facilitan la tarea, además de a los autores, a los propios editores. Una vez que comenzamos nuestra relación con ellos, nos suelen remitir de forma periódica títulos que consideran de interés para nuestras colecciones. Como es normal, cuando llega a sus manos una obra que consideran de mucho interés, avisan primero a las editoriales con las que tienen una relación fluida. El editor debe conocer a las distintas agencias y visitarlas de vez en cuando, para que conozcan sus líneas editoriales y campos de atención. Los agentes literarios de nuestro país nos servirán para comprar derechos de traducción de libros cuyas editoriales extranjeras representan, así como para adquirir los derechos de publicación de autores que directamente representen. Normalmente, las agencias literarias representan a autores del mismo país —o, en el caso de España, por ejemplo, también de escritores latinoamericanos que hablan la misma lengua—. Las agencias también hacen la función de preselección de autores. Cualquier editor con cierta experiencia ya conoce la avalancha de manuscritos que llegan a las editoriales sin ser solicitados y para los que no existe tiempo de lectura ni de siquiera poder contestar negativamente. Muchos buenos autores se pierden en esa marea de aspirantes a ser editados a los que nadie lee sus manuscritos. Las agencias, en algunas ocasiones, criban estos manuscritos hasta localizar a alguien cuya obra merezca la pena y se la ofrecen a las editoriales. Esa tarea de selección también nos brinda un valor que debemos reconocer.

Los aspectos más importantes de la negociación son los derechos de autor —que se suelen expresar en forma de porcentaje sobre el importe de los libros vendidos— y sus correspondientes anticipos. Para el agente, lo más decisivo —y es así de duro— es el anticipo, que en muchos casos será el único dinero que perciba de la editorial. Los derechos que el agente negocia oscilan entre el 8 % —habitual en los libros que requieren traducción— y el 10 %. Normalmente, la agencia saca el libro a una especie de subasta restringida entre sus editores de confianza. El que más anticipo les pague se lleva la obra. Una vez que se concede un autor a una editorial, suele respetársele una especie de «derecho de tanteo preferente» para sus siguientes obras. El editor no debe cegarse en la subasta, por más que desee esa obra. El cementerio de empresas está repleto de editoriales que nunca llegaron a cubrir los fondos anticipados. Ya vimos cómo se calcula un anticipo. Debemos estimar con toda frialdad la primera tirada que lanzaremos al mercado y calcular los derechos de autor que correspondería a una venta del 50 % de esa primera tirada.

Contra toda idea preconcebida, las agencias no resultan demasiado onerosas para el editor, ya que cobran sus honorarios con un porcentaje sobre los honorarios que percibe su escritor representado. Como ya hemos mencionado, los puntos de negociación más habituales con las agencias, además de la cuantía o porcentaje de los derechos de autor, son el anticipo, los años de duración del contrato y los derechos que realmente nos ceden. Habitualmente solo conceden los derechos para la lengua madre de la editorial. El editor hispano debe conseguir que se le cedan los derechos en lengua española para todos los países del mundo, y no limitarse exclusivamente al propio país. En cuanto a los derechos cedidos, hay que prestar atención. Existen molestos «truquitos» de los agentes ante los que hay que estar prevenidos. Por ejemplo, el de ceder en contrato los derechos de rústica y tapa dura, pero no incluir los de bolsillo, o del libro electrónico, o del audiolibro. Es importante que nos cedan la explotación de la obra en todos esos formatos. En muchas ocasiones, cuando un editor decide, una vez agotado el ciclo de la edición *trade*, lanzarlo en bolsillo, se encuentra con la desagradable sorpresa de que esos derechos no fueron incluidos en el contrato que firmó con la agencia, y se ve forzado de nuevo a negociar. No hay que olvidar, en el momento de contratar, que los derechos de bolsillo deben pagarse al menos dos puntos por debajo de los derechos de rústica. Y, por supuesto, tendrá que pagar nuevos anticipos y regalías. Otra espinosa cuestión son los años de cesión de derechos. Algunos agentes se empeñan en que sean tan solo cinco. Debemos procurar que se eleven por lo menos a siete. Diez es un periodo muy razonable para ambas partes, y quince, ideal para el editor.

La agencia literaria le «quita» al autor la engorrosa tarea de negociar sus condiciones económicas con los editores, algo para lo que muchos de ellos no están preparados. Pero, y es justo reconocerlo, también nos facilita a la editorial la negociación para los derechos de un autor. También a muchos editores les resulta difícil la negociación con el autor y se sienten más cómodos tratando con los agentes, en una relación mucho más profesional. Porque, a veces, los autores son más exigentes que sus propias agencias. Esther Tusquets narra en sus memorias la sorpresa que le deparó la primera entrevista que mantuvo con Cela, allá por los años 60, para encargarle un primer libro. Toda la reunión giró en torno al dinero que la editorial abonaría por el trabajo y sobre el cómo se abonaría. Casi mejor le hubiera ido si hubiese estado representado por una agencia con la que habría hablado de dinero, para poder así centrarse en su obra con el autor.

Hasta ahora solo hemos hablado de «comprar» obras al agente. Pero ¿qué ocurre cuando una editorial quiere vender los derechos de traducción para otras lenguas de autores propios? Pues que la situación se invierte y que son, entonces, las agencias literarias de los países a los que queremos dirigirnos las que nos ayudan a conseguir nuestro fin. Las agencias del propio país nos servirán para comprar obras de los autores extranjeros que representan, mientras que las agencias de países terceros serán útiles para venderlos. Con estas agencias se firma un contrato de representación de nuestro fondo para un área geográfica o una lengua determinada, y se les envían varios ejemplares de cada título por el que se interesen o por el que nosotros tengamos especial confianza. Cuando las agencias trabajan para vender nuestros derechos, las llamamos «coagentes». La editorial del mañana necesariamente tendrá que vender también derechos, para mejorar su cuenta de explotación. Los agentes literarios serán socios imprescindibles para esta tarea, sin olvidar que también serán proveedores de obras, al tiempo que competencia en la captación de autores cuya obra representar.

El agente, pues, será una figura omnipresente durante los próximos años, con la que conviviremos, con sus cosas buenas y menos buenas, autores y editores. Sin duda alguna, y contra lo que piensen muchos editores, la tarea profesional de los agentes es digna de todo reconocimiento, ya que mejoran y engrasan el mecanismo editorial. Aunque, como a todos, hay que pedirles mejoras. Deberán ir incorporando algunas «buenas prácticas» a su trabajo cotidiano, que son bien conocidas por todos, pero no siempre respetadas. Así, el buen agente debe ponderar muchos otros factores distintos al dinero y no dejarse guiar por la subasta permanente de quién paga más. Coherencia de catálogos, preferencia al editor con el que el escritor se ha formado, acotar la extensión de la subasta, mayor trabajo para el descubrimiento de nuevos talentos, etc., deben ser, también, criterios habituales de selección.

Algunas de las editoriales que editan muchas traducciones no se limitan a esperar a que una agencia les oferte obras. Intentan adelantarse a través de la figura del *scout*, una especie de avisador que algunas editoriales mantienen en terceros países, sobre todo Estados Unidos. Este *scout* informa con antelación de los lanzamientos previstos, busca títulos o autores que prometan, y su función es conseguir que la editorial para la que trabaja se anticipe a la competencia para contratar los derechos de una obra que pueda llegar a ser importante. La forma de remunerarlos varía de una editorial a otras. Unas pagan una iguala fija al mes, y otras, una retribución al éxito. Todas las grandes editoriales disponen de estos *scouts*, mientras que, para las editoriales pequeñas, esta tarea de prospección se consigue por conocimiento propio de personas de esos países cuya producción editorial nos interesa seguir. El seguimiento de las revistas literarias internacionales suele ser una importante fuente de escritores nuevos en otras lenguas.

El procedimiento de venta de derechos por parte de la agencia varía de un libro a otro. A veces, si ya le compramos los derechos de un autor con anterioridad, nos ofrecerá su nueva obra antes que nadie. Algunas agencias nos pedirán nuestra oferta y, si la consideran razonable, firmarán con nosotros. Otras la sacarán a subasta, otorgándonos una especie de derecho de tanteo. Pero lo normal es que saquen los derechos a subasta abierta entre las editoriales que han manifestado interés. El que más paga se la lleva. A esta cuantía máxima se puede llegar mediante pujas sucesivas o a través de la *best offer*, de la conocida «mejor y definitiva oferta», por la cual la editorial envía una sola vez su oferta definitiva. Una vez que el agente las tiene todas, decide por la mejor, sin que haya posibilidad de mejora de ninguna de las pujas.

Adjuntamos una relación de agencias literarias de España y de varios países del mundo que serán de interés tanto para comprar derechos como para ofrecerles los nuestros como coagentes.

AGENTES LITERARIOS ESPAÑA	
Agencia Literaria ACER c/ Amor de Dios, 1 28014 Madrid	Claudia Bernardo de Quirós, Agente Literaria Rafaela Bonilla 19. 8.º A Escalera C 28028 Madrid claudiaquiros@telefonica.net
Carmen Balcells Diagonal, 580 08021 Barcelona ag-balcells@ag-balcells.com	Bookbank S.A. Rafael Calvo, 13 28010 Madrid bookbank@telcom.es
B&B Serveis literaris Gran de Gràcia n.º 102, 3r. 1.ª 08012 Barcelona www.bibserveisliteraris.com	Asisabla Agencia Literaria Avda. Meridiana, 308 entlo. 51 08027 Barcelona www.asisabla.com
Agencia Literaria Transmit Muntaner, 267 Pral. 1.ª B 08021 Barcelona www.eurotransmit.com	AMV Agencia Literaria c/ Maldonadas, 9 - 2.º dcha. 28005 Madrid www.amvagencialiteraria.com
Andrés de Kramer Castelló, 30 - 5.º dcha. 28001 Madrid Tel: 91 431 63 05	Ángeles Martín Agencia Literaria Ramón Gómez de la Serna 151 9.º A 28035 Madrid agencialiteraria@amliterary.com
Anna Soler-Pont Santa Teresa, 5 08012 Barcelona Tel: 93 415 44 16	Elsa González Agencia Literaria Velázquez, 54, 4D. 28001 Madrid Tel: 91 575 96 87

Fons y Rodríguez Agencia Literaria Passatge Sert, 10, 3.ª 2.ª, 08003 Barcelona fonsyrodriguez@yahoo.es	Guillermo Schavelzon & Asoc., Agencia Literaria Muntaner, 479-B194 08021 Barcelona info@schavelzon.com
I.E Ilustrata S.L. C/ Aribau n.º 88, 2.º 2.ª 08036 Barcelona www.ilustrata.com	Antonia Kerrigan Travesera de Gracia, 22 4.º 1.ª 08021 Barcelona www.antoniakerrigan.com
IKEDER Hurtado de Mendoza, 3 1.º 48008 Bilbao www.ikeder.es	Internacional Editors C. O. Rambla de Cataluña, 63 - 3.º 1.ª 08007 Barcelona ieco@internacionaleditors.com
Iwe Agencia literaria C/ Hileras n.º 1, 3.ª E 18001 Granada www.agencia-literaria.com	MB AGENCIA LITERARIA Casp, 78 3.º 3.ª Barcelona general@mbagencialiteraria.es
Margarita Perelló Sicilia, 101 3.º 2.ª Barcelona www.margaritaperello.com	Mercedes Casanovas Iradier, 24 bajo 08022 Barcelona www.mercedescasanovas.com
Mercedes Ross Castell, 28 Teíà merceros@dtinf.net	Pontas Literary & Film Agency Sèneca, 18 08006 Barcelona www.pontas-agency.com
R.D.C. Fernando VI, 13-15 28004 Madrid rdc@rdclitera.com	Silvia Bastos (Agencia Literaria) Girona, 24 3.º 2.ª 08010 Barcelona Tel: 93 265 41 65
Sant Jordi Asociados Arquitecte Sert, 31 5.º 1.ª 08005 Barcelona www.santjordi-asociados.com	Ute Körner Literary Agent, S.L. C/Aragó, 224-pral-2 ES-08011 Barcelona www.uklitag.com

<table>
<tr><th colspan="2" align="center">AGENTES LITERARIOS ALEMANIA</th></tr>
<tr>
<td>Dr. Ray-Gude Mertin Literary Agency
Friedrichstrasse 1
Bad Homburg
http://www.mertin-litag.de</td>
<td>Thomas Schlück GmbH
Hinter der Worth 12
30827 Garbsen
www.schlueckagent.com</td>
</tr>
<tr><th colspan="2" align="center">AGENTES LITERARIOS ARGENTINA</th></tr>
<tr>
<td>International Editors Co.
Av. Cabildo 1156
1426 Buenos Aires
costa@iecobaires.com.ar</td>
<td>The Nancy H. Smith Literary Agency
Ayacucho 1876, 2B
1112 Buenos Aires
meg@interlink.com.ar</td>
</tr>
<tr><th colspan="2" align="center">AGENTES LITERARIOS AUSTRALIA</th></tr>
<tr>
<td>Bryson Agency Australia Pty Ltd.
PO Box 226, Finders Lane PO
Melbourne 8009
agency@bryson.com.au</td>
<td>Diversity Management
PO Box 1449, Darlinghurst
Sydney, NSW 2021
Fax: (612) 9365 1426</td>
</tr>
<tr><th colspan="2" align="center">AGENTES LITERARIOS BRASIL</th></tr>
<tr>
<td>Agencia Litéraria BMSR
Rua Visconde de Pirajá, 414 sl, 1108 Ipanema
22410-002 Rio de Janeiro, RJ
www.bmsr.com.br</td>
<td>Karin Schindler and Suely Pedro dos Santos
Caixa Postal 19051
04505-970 São Paulo, SP
kschind@terr.com.br</td>
</tr>
<tr><th colspan="2" align="center">AGENTES LITERARIOS CANADÁ</th></tr>
<tr>
<td>The Bukowski Agency
14 Prince Arthur Avenue
Suite 202
Toronto, Ontario
M5R 1A9
assistant@thebukowskiagency.com</td>
<td>The Cooke Agency Inc.
278 Bloor Street East, Suite 305
Toronto, Ontario
M4W 3M4
agents@cookeagency.ca
www.cookeagency.ca</td>
</tr>
</table>

AGENTES LITERARIOS CHINA
Big Apple Tuttle-Mori Agency 4/F No.427, Ju-men Road, Lu-wan District, 200023 Shanghai bigapple-china@bigapple1.info

AGENTES LITERARIOS ESTADOS UNIDOS	
Don Congdon Associates Inc. 156 Fifth Avenue, Suite 625 New York, NY 10010 dca@doncongdon.com	InterLicense, Ltd. 110 Country Club Dr., Suite A Mill Valley, CA 94941 Ilicense@aol.com

AGENCIAS LITERARIAS FRANCIA	
Anne Confuron 70 bd de Picpus 75012 Paris anneconfuron@hotmail.com	Agence Michelle Lapautre 6 rue Jean Carriès 75007 Paris lapautre@club-internet.fr

AGENCIAS LITERARIAS ITALIA	
Agencia Letteraria Internazionale SRL Via Valpetrosa 1 20123 Milano alidmb@tin.it	Grandi & Associati SRL Via Caradosso 12 20123 Milano www.grandieassociati.it

AGENCIAS LITERARIAS PORTUGAL
Ilidio da Fonseca Matos Avenida Gomes Pereira, 105-3B 1500-328 Lisbon Fax: (21) 715 4445

AGENCIAS LITERARIAS REINO UNIDO	
The Andrew Lownie Literary Agency Ltd. 36 Great Smith Street London, SW1P, 3BU mail@andrewlownie.co.uk	Rogers, Coleridge & White 20 Powis Mews, London W11 1JN info@rcwlitagency.co.uk

DIRECTORES DE COLECCIÓN

El director de colección es una figura clásica en el mundo editorial que, desgraciadamente, está cayendo en desuso. Como su nombre indica, son las personas responsables de la dirección de algunas de nuestras colecciones editoriales. Estos directores pueden ser «gente de casa», editores propios que asumen la responsabilidad en alguna de las líneas específicas, pero —y a ellos querría dedicar este apartado— en otras ocasiones son personas de fuera, con las que la editorial no tiene relación laboral fija, pero a las que encarga la tarea de dirigir una colección. El sistema de retribución varía de unos casos a otros, aunque los más habituales son o bien una iguala, o bien un porcentaje sobre las ventas generadas por los títulos de la colección. Del 1 al 2 % suele ser una cuantía habitual.

Cuando la colección adquiere importancia, se la puede dotar de un Consejo Editorial, presidido por el propio director de colección y al que deberá asistir algún representante de la editorial. Será responsabilidad del director y de su Consejo, en su caso, el proponer autores, temas, enfoques y series que puedan componer la colección. Ningún libro podrá incorporarse a una colección sin el acuerdo de su director o de su Consejo Editorial correspondiente. La propia editorial tendrá que someter a este Consejo los libros que desee incorporar a la colección afectada. En caso de que este no considere adecuada la incorporación de una obra a la colección, la editorial no podrá incluirla en la misma. Si quiere editarla, deberá ser en su programación general.

El editor aprenderá a respetar la figura del director de colección, verdadero experto del tema específico que le interesa editar. Han existido grandes directores de colección, con gran prestigio, que han construido para sus editoriales colecciones de referencia en sus campos. La pequeña editorial que quiere crecer ocupando esos nichos editoriales encuentra en la figura del director de colección un socio potentísimo, puesto que le dará orientación, experiencia y conocimiento desde un primer instante, amén de beneficiarse por contagio de la notoriedad y reputación del director. El editor gana, pero el director también, ya que, además de la posible retribución, la dirección de una colección le otorga prestigio, amén de permitirle la satisfacción de conocer el trabajo editorial desde dentro.

En el Anexo II adjuntamos un ejemplo de contrato para la dirección de colección.

DISTRIBUIDORAS

La Ley española del Libro lo define de la siguiente manera: «Distribuidor: persona natural o jurídica que realiza servicios comerciales y que sirve de enlace entre editores y libreros, para situar y reponer libros en su punto de venta y facilitar su difusión». Simplificando, podemos decir que «distribución» es el conjunto de actividades que permiten llevar el libro desde el editor a la librería y mantienen el fondo vivo, siempre dispuesto a ser servido. Llamaremos «distribución» a la actividad que consiste en el almacenamiento y ordenación de los fondos de la editorial, en la realización de todas las tareas de *picking* para hacer los paquetes, cajas o palés, para atender los pedidos tanto de novedades como de reposiciones, así como la facturación de los envíos, el procesamiento de las devoluciones y su correcto almacenamiento. También, en muchos casos, la propia labor de comercialización y de presentación de novedades.

La imprescindible tarea de distribución no es fácil. Por el contrario, es compleja y laboriosa. Pensemos que deben trabajar con miles de referencias, que se almacenan en cajas o palés en enormes estanterías. Se tienen que facturar y atender los pedidos que llegan desde las librerías y los clientes en general, al tiempo que se reciben y procesan las ingentes devoluciones que soporta el sector. Y, por último, deben realizar el exacto inventario de los fondos.

A medida que la hiperproducción ha ido incrementando el número de títulos en el mercado y la vida comercial de los mismos ha disminuido debido a las rápidas devoluciones, la tarea del distribuidor se ha ido complicando más y más. Pero ya analizaremos los problemas con los que se encuentra la distribución actual. Centrémonos primero en estudiar los tipos de distribución que puede acometer una editorial, que, en líneas generales, pueden ser modelos de distribución directa, externalizada o intermedios.

Distribución directa

El editor mantiene y administra su propio almacén. Realiza la tarea comercial para levantar pedidos y reposiciones; gestiona envíos y devoluciones, y hace inventario. Es relativamente fácil en pequeñas editoriales especializadas en determinados nichos o que realiza venta directa por catálogo, pero se complica a medida que el número de libros editados aumenta. Para estimar su coste tendríamos que sumar el importe del arrendamiento y mantenimiento del almacén, los salarios de los operarios, los gastos de transporte y del sistema informático, así como la repercusión de gastos generales asociados. Las editoriales que venden sus fondos a través de Internet y sirven ellas mismas son otro ejemplo de distribución directa.

- Ventajas. El editor mantiene la relación directa con los clientes y libreros, así como el control de los flujos económicos. En determinados casos, también cuenta con el margen económico del distribuidor.

- Inconvenientes. Gran esfuerzo y dedicación, y ese esfuerzo se lo roba a la edición. Requiere de personal, medios y almacén. No existen economías de escala y, normalmente, es más cara que la distribución externalizada.

Modelo intermedio de funciones compartidas

La editorial realiza las funciones comerciales, pero externaliza toda la logística de distribución. Los comerciales propios de la editorial levantan pedidos de novedad o reposición, remiten las órdenes de pedido al agente logístico, que se encarga de la paquetería y el envío, al tiempo que recoge y procesa las devoluciones. Un ejemplo muy conocido es la empresa LOGISTA, en España. La facturación y cobro a los clientes puede realizarla la editorial o la empresa logística. En el primer caso, la editorial mantendría el control financiero —gran ventaja— y pagaría después los servicios al agente. En otros casos, es el agente el que factura y cobra, y después liquida al editor, tras deducir sus honorarios.

- Ventajas. Se mantiene la función comercial, y la relación con clientes y libreros. Normalmente, se pone más atención a las reposiciones que los distribuidores externos. Optimización de costes, al beneficiarse el agente logístico de economías de escala. Mantenimiento del control financiero, en su caso.

- Inconvenientes. En política comercial no existe la ventaja de la economía de escala para acceder a las grandes cuentas. Resulta compleja la relación entre la editorial y el agente logístico, lo que con frecuencia resta eficacia a la distribución. La editorial puede tener dificultades comerciales para acceder a las grandes cuentas. Pérdida de control financiero, en su caso.

También podría plantearse la inversa de esas funciones compartidas, la de externalizar la comercialización y mantener la logística propia, pero, al ser poco habitual, no analizaremos dicho modelo en este apartado.

Distribución externalizada

A través de distribuidores externos a la editorial. Es la más frecuente. Una empresa distribuidora realiza tanto las funciones comerciales como logísticas e inventarios. El editor envía a sus almacenes todas las novedades, y el distribuidor las presenta y las envía a los clientes. Mensualmente liquida con el editor con un descuento predeterminado, que rondará el 55 %. Los distribuidores tradicionales trabajan con fondos en depósito, aunque la tendencia es incrementar la llamada «distribución B» a la que la editorial factura los fondos que les remite, con un vencimiento de 60 o 120 días, y con derecho a devolución.

- Ventajas. Simplifica las operaciones del editor, reduciendo sus necesidades de medios humanos y materiales. Permite la dedicación exclusiva a tareas de mayor valor añadido. Una pequeña o mediana editorial puede tener acceso a las grandes cuentas.

- Desventajas. Pérdida de relación directa con clientes y del control financiero. Gran parte del activo de la empresa se pone en manos externas, lo que dificulta cambios en el contrato.

Cuadro resumen

TIPO DE DISTRIBUCIÓN	VENTAJAS	INCONVENIENTES	COSTO
Directa	Control de clientes y flujos financieros. En su caso, margen económico.	Necesidad de medios humanos y materiales. Consume mucho esfuerzo y tiempo. No economía de escala.	Depende de la estructura propia.

TIPO DE DISTRIBUCIÓN	VENTAJAS	INCONVENIENTES	COSTO
Funciones Compartidas	Se mantiene la relación comercial con clientes y libreros. Mayor motivación en reposiciones. Control financiero, en su caso.	Compleja coordinación con agente logístico. Complejo acceso comercial a las grandes cuentas. Pérdida del control financiero, en su caso.	3-5 %, costo logístico
Externalizada	Simplifica tareas editor. Acceso a grandes cuentas.	Sin relación directa con libreros. Se pierde control de flujos financieros. Activos editorial en manos terceras.	55 %
Venta web	Alto margen.	Complejidad operación. Limitación mercado.	

Una posibilidad de conseguir una distribución que aproveche las economías de escala es la creación, entre varias editoriales, de una distribuidora que comercialice sus fondos. Una de las más famosas fue Distribuciones de Enlace, creada en los 60 por una generación que se abría paso con fuerza. Entre los firmantes se encontraban Barral Editores, con Carlos Barral al frente; las recientemente constituidas Anagrama, dirigida por Jorge Herralde, y Tusquets, por Beatriz de Moura; Edicions 62, que iniciaba las publicaciones en catalán; Lumen, dirigida por Esther Tusquets, y Cuadernos para el Diálogo, Castellet y Comín, entre otros nombres que vendrían a significar toda una época para nuestro mundo editorial. En la actualidad, está operando Disbook, que es una distribuidora cuyo capital suscriben dos editoriales, Obelisco y Almuzara, aunque también distribuye para terceros.

Pero la distribución está cambiando. La distribuidora tradicional tenía base territorial y atendía a los fondos de varias editoriales independientes, de los que recibía los fondos en depósito. La distribuidora se encargaba de presentar a librerías las novedades, atender a las reposiciones y recoger las devoluciones. El cliente tipo de estas distribuidoras tradicionales eran las librerías independientes, las cadenas regionales y las librerías-papelerías, muy abundantes en el pasado reciente. Pero el mundo de la distribución está inmerso en cambios tan acelerados como el de la edición, y se encuentra con situaciones muy similares. Múltiples son los factores que condicionan este cambio, pero son tres los más determinantes: los cambios tecnológicos; la creciente concentración tanto de editores como de cadenas de librerías, y la mejora de los servicios logísticos. Otras nuevas tendencias, como la de la edición especializada, juegan a favor de la pequeña distribución. El resto de factores empujará en el sentido contrario, en el de la concentración y el tamaño.

Hemos reflexionado mucho sobre el creciente peso que los grupos poseen en el panorama editorial, y sabemos que una de las ventajas que presentan frente a las editoriales independientes es el poder disfrutar de una política comercial común. ¿Cuál es la tendencia de estrategia de ventas de estos grupos? Pues durante muchos años funcionaron con su propia distribuidora, dependiente de su Departamento Comercial. Los grandes grupos disponían de sus propios almacenes, y desde allí atendían a los pedidos de sus clientes. Hoy están abandonando ese modelo, externalizando los servicios logísticos, esto es, almacenamiento, manipulación y transporte, así como gestión de fondos e inventarios. El grupo se reserva la función comercial. Así, un mismo comercial gestiona los fondos de las editoriales del grupo y envía los pedidos que obtiene —tanto de novedad como de reposiciones— al operador logístico, que es quien los sirve, al tiempo que también gestiona las devoluciones. Un ejemplo de este servicio es Logista, un gran grupo logístico vinculado a Planeta, pero que también atiende a otras editoriales. El argumento de los grandes grupos para apostar por este nuevo modelo es razonable. Ellos se reservan el núcleo de valor —la política comercial— y externalizan las operaciones con menos valor estratégico, como es el caso de la logística. Además, Internet ha modificado por completo los anteriores sistemas de pedidos, acelerando los procesos. Una buena distribuidora nacional puede comprometerse a servir cualquier pedido en un plazo de veinticuatro horas. Lo determinante, al menos en países de tamaños medios, como es el caso de España y casi todos los europeos —en los grandes países de América Latina el transporte sí es un problema—, ya no es tanto la distancia como la capacidad de operación logística. Se tarda menos en enviar una caja desde el almacén central a cualquier punto del país que el proceso de recepción, preparación y facturación de los libros solicitados. Basta una visita a cualquiera de los gigantescos almacenes de cualquier distribuidor para comprender la complejidad de gestionar pedidos y devoluciones de un fondo que alberga cientos o miles de títulos. Los sistemas informáticos adquieren tal importancia que, como ya hemos visto, terminan determinando el funcionamiento de la empresa. Operación que el sistema no recoja, operación que no se puede hacer; así de sencillo y así de frustrante en muchas ocasiones. La «bestia» de los sistemas informáticos determina todos los procesos. Salirse de cualquiera de los procedimientos previstos en el sistema significa incidencia y, por tanto, retraso en los cobros.

Estas dos realidades iniciales, externalización de la logística a impulso de los grandes grupos y potente informatización bajo sistemas inflexibles, marcan tendencias en la distribución del futuro.

Pero lo que más condicionará a la distribución del futuro es la imparable concentración de las librerías. El creciente peso de las cadenas de librerías, tanto físicas como digitales, y de las ventas en grandes superficies e hipermercados modificará seriamente la actividad de la distribuidora tradicional, puesto que las cadenas realizan la función de compra de forma centralizada, dejando progresivamente sin clientes a la distribuidora tradicional de base territorial. Como cada vez hay menos librerías pequeñas que se puedan atender desde un ámbito regional, los distribuidores tradicionales se encuentran con menos clientes potenciales a los cuales ofertar el servicio de novedad, ya que los pedidos de las cadenas se realizan desde Madrid, D. F., Bogotá o Buenos Aires, condenando a los distribuidores territoriales a la pequeña distribución o a la realización de actividades logísticas complementarias para terceros distribuidores centralizados.

La concentración de las cadenas de librerías, además de la centralización de pedidos, también genera una dinámica de selección de proveedores, reduciendo en lo posible su número. La inflación de títulos ha determinado una rápida devolución de fondos, que exige una laboriosa tarea de recepción de novedades y gestión de devoluciones en las librerías, con sus consiguientes tiempos de trabajo para emisión y comprobación de albaranes. Más proveedores significa más facturas y apuntes contables. Para simplificar su tarea quieren reducir en lo posible el número de proveedores. Todo parece confabular contra la pequeña empresa, ya sea editora o distribuidora.

Ante esta nueva tendencia, es normal que las distribuidoras tradicionales, que realizaban las funciones comerciales y logísticas en un territorio determinado, deban reposicionarse, dado que cada vez quedan menos fondos independientes de cierta entidad para distribuir. ¿Cómo han reaccionado? Pues, por una parte, ofreciendo también servicios logísticos y, por otra, agrupándose en entidades de cobertura nacional para poder cubrir más territorio y ofrecer mayor servicio a las editoriales representadas, llegando hasta los compradores centralizados y reduciendo documentación contable al agrupar en una sola factura a varias editoriales. Un ejemplo de ello, en España, es UDL, cuyo capital está suscrito por varias distribuidoras, que gestionan logísticamente en sus respectivos ámbitos territoriales los pedidos gestionados por un aparato comercial centralizado. Surgirán otras iniciativas de esta índole a medida que la concentración de librerías continúe.

Por todo ello —menos fondos interesantes que distribuir y menos clientes potenciales que atender—, la distribución está inmersa en una profunda transformación. Por una parte, disminuirá el número de las que actualmente operan y, por otra, aumentará su tamaño medio para poder mirar cara a cara a grupos editoriales y grandes cadenas. En alguna provincia española existe mayor número de distribuidoras trabajando que librerías abiertas al público; desgraciadamente, no habrá sitio para todas. Las que se adapten a la nueva realidad serán las supervivientes.

La mayoría de las distribuidoras funcionan por sellos, atendiendo a sus diversas colecciones y a todo el mercado al que abarca su ámbito territorial. Los compradores les asocian un código por el que les remiten de forma automática todos los pedidos que reciben de los fondos de las editoriales que distribuyen. Pero otras están especializadas, bien sea por la temática o por el medio —ya son muchas las especializadas que venden determinados tipos de libros por Internet, o bien a través de catálogos o revistas—. Otra importante especialización es la que atiende a determinados tipos de clientes.

La distribución deberá concentrar sus operaciones logísticas para beneficiarse de economías de escala —varias distribuidoras están intentando crear plataformas logísticas compartidas—. La logística es una operación muy costosa, y estos costos pueden reducirse manejando volumen. No es lo mismo enviar diez libros que mil. El costo por libro disminuye de forma sensible. Otro asunto son las tareas comerciales, donde las posibilidades son mucho mayores, exceptuando grandes cadenas, más restrictivas, como hemos visto para la apertura de nuevas cuentas. Las distribuidoras pueden, como los editores, especializarse por nichos de mercado, por canales específicos o por ventas directas. En todo caso, valga lo dicho hasta el momento para que comprendamos que la distribución está inmersa en un gran cambio que modificará en profundidad los modelos de distribución que hemos conocido hasta la fecha.

La editorial grande y consolidada, o aquella emergente con un buen fondo, con títulos que venden y una destacada resonancia en medios de comunicación, no suele tener problemas para encontrar distribuidor. Le lloverán los novios. Su problema será seleccionar el modelo más adecuado y la empresa más capacitada para desarrollar su tarea. Pero para una pequeña editorial que comienza es realmente difícil conseguir una distribución razonable. Cada semana se crea una nueva editorial en España, mientras que disminuye el número de distribuidores y librerías. La «barrera de entrada» se hace en consecuencia más alta y más difícil de sortear para los nuevos editores. Contactar con los distribuidores territoriales no es difícil, aunque, en principio, el distribuidor estará remiso a coger nuevos fondos, sobre todo si el proyecto editorial no tiene una cierta garantía de continuidad. Y suponiendo que lo acepte, hasta que el distribuidor no conozca y confíe en el fondo, la distribución será reducida, limitándose a colocar alguna novedad. Y, además, durante algunos meses no liquidará la totalidad de ejemplares colocados en el mercado, por miedo a que las devoluciones aparezcan cuando la editorial haya desaparecido. Como ya les ha ocurrido en tantas ocasiones, suelen ser muy prudentes en este asunto de las jóvenes editoriales.

Una vez que el distribuidor «confía» en el fondo, la gestión mejora, se colocan más novedades y comienza un cierto interés en las reposiciones. En caso de una editorial ya consolidada, con un fondo adecuado y vivo, y con conocimiento de los libreros y lectores, la historia se invierte. Es entonces el distribuidor el que tiene un vivo interés en conseguir trabajar con esos fondos, un mirlo blanco de los que cada vez escasean más en el mercado.

Editores y distribuidores se necesitan mutuamente, son socios necesarios. Sin embargo, en general, en el mundillo editorial los distribuidores no levantan excesiva pasión. «En este negocio los únicos que no se arruinan nunca son los distribuidores», dicen unos. «No arriesgan nada. Juegan con nuestros fondos, sin haber puesto un duro, y obtienen encima más margen que nosotros», repiten otros. «El problema de las editoriales es la distribución», oímos con frecuencia. Y, aunque no les falte alguna razón, no podemos responsabilizar de ello exclusivamente a las empresas distribuidoras, pagadoras también en algunos casos de la incapacidad de algunas editoriales de llegar al punto de venta con títulos de suficiente calidad, pegada y presentación, para obtener la presencia y la visibilidad necesarias para sus fondos. Si los editores tienen un problema para encontrar buena distribución, tampoco es fácil para las distribuidoras encontrar buenos fondos a distribuir.

La distribución es una actividad muy digna, que precisa de altas inversiones y gran profesionalidad. Debemos respetarla, y ayudarla en lo posible en su actividad. Tenerlas puntualmente informadas de las novedades, realizar visitas compartidas, que tengan conocimiento del fondo, proporcionarles material promocional, facilitarles la colocación con adecuadas campañas de promoción, anticiparles los lanzamientos y cumplir los calendarios de entregas acordados son, entre otras, medidas que nos ayudarán tanto en nuestras relaciones como en el volumen de ventas. Pero a la distribuidora también hay que exigirle y evaluarla. Algunas funcionan muy bien, y otras, francamente mal. Si tenemos la desgracia de habernos puesto en manos de una mala distribución, nuestras posibilidades de éxito se verán mermadas seriamente, cuando no gravemente hipotecadas.

Una vez que una editorial se pone en manos de una distribuidora, comienza a entregarle su principal activo, los libros, al tiempo que le delega la relación con los clientes y el cobro de las facturas. La dependencia del editor hacia el distribuidor es total, ya que libros, clientes y dinero los tiene cedidos. Por eso, el editor es muy débil en caso de conflicto frente al distribuidor. Si no se está contento con él y se quiere dejar, se deberá cumplir el plazo pactado en contrato, avisándolo con tres meses de antelación. Es muy probable que durante ese periodo el distribuidor ya no pague las liquidaciones, con la excusa de las devoluciones futuras. Durante esos tres meses, todavía está vigente el contrato de distribución, por lo que el editor deberá remitirle sus novedades si quiere comercializarlas. Si no quiere enviárselas, no tendrá otro remedio que mantenerlas guardadas en su almacén, debido a que el contrato de distribución suele ser con carácter exclusivo. Si le damos nuestros libros a otro distribuidor, el primero podría demandarnos. Con esta compleja situación se han encontrado muchos editores que no supieron pactar la salida de la distribución. Sin libros, sin dinero y sin poder vender las novedades. Un triste panorama, como se puede figurar. Por eso es tan importante que se analice bien el mecanismo de salida de la relación con una distribuidora antes de firmar el contrato. Esto es fácil de decir, pero muy difícil de cumplir por parte de las pequeñas editoriales, siempre en busca de una buena distribución, que firman, quizás en demasiadas ocasiones y con demasiada rapidez, lo que les pongan por delante.

La distribución está íntimamente vinculada al libro de papel tradicional. Si este fuese cediendo protagonismo al *e-book*, a la descarga de Internet o a la edición a la demanda, la logística y la distribución quedarían por completo fuera de juego, mientras que al editor siempre le quedaría la posibilidad de optimizar su función de gestión de derechos.

La edición cambia; la distribución, también. Pero ambas se necesitarán en el futuro. El editor inteligente, además de buscarse una buena distribución, procurará mantener una fluida relación con ella. ¿Que no es fácil? Ya lo sabemos. ¿Quién dijo que el éxito estaba al alcance de cualquiera?

LIBRERÍAS

Consideraciones generales y tipos de librerías

Aunque el libro va dirigido al lector, el librero es el verdadero cliente del editor, el que decide qué libros pide y cuáles no, por cuál apuesta y cuál condena al ostracismo. Según la Ley española del Libro, un librero es la «persona natural o jurídica que se dedica, exclusiva o principalmente, a la venta de libros al cliente final desde establecimientos mercantiles de libre acceso al público o por cualquier procedimiento de venta a distancia».

Además de por su tamaño —una librería grande es la que vende más de 600.000 € al año; mediana, por encima de 150.000 €, y pequeña, por debajo de esta cantidad—, se definen tres grandes categorías de librerías:

a. Librerías generales, que abordan un gran número de temáticas, sin una concreta especialización.

b. Librerías especializadas, que centran su oferta en determinadas áreas específicas. Va disminuyendo su número.

c. Librerías generales con especialización, aquellas generales que profundizan su oferta en alguna materia determinada.

Al igual que en el mundo editorial existe el debate entre el pequeño y el gran editor, y entre la editorial independiente y el grupo editorial, en el mundo de las librerías, las pequeñas y medianas librerías van cediendo cuota de mercado a las grandes librerías, y, sobre todo, a las cadenas de librerías y a los grandes operadores digitales, como Amazon. Como tantas otras cosas, esta dinámica comenzó en EE. UU. El urbanismo y los nuevos modos de vida fueron consolidando los centros comerciales, estratégicamente esparcidos en los nudos de comunicaciones que articulaban las extensas zonas residenciales que nacieron en la periferia de las antiguas ciudades. Así nacieron a lo largo de la década de los sesenta y setenta las grandes cadenas de librerías norteamericanas. En 1984 Kmart adquirió Walden, y en 1986 Barnes & Noble compró B. Dalton. Por aquellos años, las cadenas se percataron de que el modelo de pequeñas librerías dotadas tan solo de libros de alta rotación competían mal con las librerías bien pertrechadas y gestionadas de algunos libreros independientes, como la Tattered Cover. Decidieron cambiar de estrategia, y Walden compró Borders con la idea de utilizar su modelo para la expansión por todo el país. En 1989 Barnes & Noble adquiría Bookstop, naciendo de veras la gran cadena Barnes & Noble, que en la actualidad posee más de 700 librerías por todo Estados Unidos. La cadena de librerías más antigua de España, Casa del Libro, nació de la expansión de la excelente librería que la editorial Espasa-Calpe, Grupo Planeta, aún posee en la Gran Vía madrileña.

Las grandes cadenas suelen tener librerías medias y grandes, gestionadas al modo tradicional, en las que los *best sellers* se complementan con secciones de fondo. Los hipermercados y supermercados limitan la presencia de libros a secciones de bolsillo y a *best sellers*.

Las cadenas avanzan en todos los países. Sea Gandhi o Sambors en México, FNAC en Francia o Barnes & Bobles en Estados Unidos, este agresivo y exitoso formato comercial incrementa cada año su participación en el mercado de venta de libros. ¿Quién pierde? Pues, sobre todo, las librerías-papelerías y las pequeñas librerías, aunque en estos últimos años hemos vivido un renacer de las librerías medias independientes de barrio, una excelente noticia. En España se cierran cada año más librerías de las que abren, por lo que el número total se reduce. Por el contrario, y como decíamos, siguen consolidándose algunas librerías medianas y medio grandes, independientes y bien gestionadas, que suelen desarrollar un activo programa cultural. Hay sitio para todas, aunque el público, dada la alta competencia, impone un nivel de autoexigencia mucho mayor. Nadie puede dormirse en los laureles.

Asistí en la FIL de Guadalajara 2006 a un interesante debate protagonizado por Francisco Goyanes, uno de los libreros más conocidos de España, propietario de la librería zaragozana Cálamo, frente al responsable de la cadena brasileña Nobel. Pensaba que volvería a reproducirse el tradicional enfrentamiento de librería independiente versus cadena comercial, pero en verdad el debate fue mucho más interesante de lo que inicialmente hubiera supuesto. Goyanes afirmaba que ambas fórmulas son necesarias en la actual sociedad y que, con matices, seguirán existiendo en el futuro. Respetaba la cadena, pero defendía activamente los valores de la librería independiente.

¿Es Internet un aliado, o un feroz competidor de la librería tradicional? Pues todo lo dicho para las editoriales nos vale ahora para la librería. Internet impone un nuevo escenario al que habrá que adaptarse. Muchas librerías ya desarrollan una activa tienda por su web. Para estas, el ciberespacio se ha convertido en un aliado, y no en un enemigo.

El lector o comprador puede adquirir sus libros en multitud de lugares y por varios procedimientos. Para competir, la librería debe resultar atractiva, tanto como establecimiento como por el fondo que oferte. La tendencia es hacia la gran librería, abierta y luminosa, que atraiga al posible comprador de libros a la tienda, concebida como un espacio donde se aúne cultura, ocio y placer. Lugar de experiencia y de comunidad. Debe combinar un fondo de salida más lenta, que guste a los lectores más exigentes o especializados, con una sección de libros de alta rotación, que le ayuden en las cuentas. Nadie se rompe ya las vestiduras por encontrar en la misma librería el éxito del momento con los libros de fondo que busca. Durante algunos años se mantuvo un discurso alternativo. La única librería que podía hacer frente a las cadenas —se decía por aquel entonces— sería aquella que se especializara. No fue así. Para pagar los gastos generales también hay que mantener una sección general, con libros de alta rotación. Estas pequeñas librerías especializadas son, sin embargo, muy exitosas cuando se ubican en espacios temáticos muy concurridos, como es el caso de los grandes museos.

El editor, que puede tener sus propias preferencias, debe tratar de venderles sus libros a todos. Incluso, cuando se especializa en una materia, a través de los canales más específicos. Cada tipo de librería requiere una acción comercial diferente. A la pequeña librería local se debe llegar a través del distribuidor de zona, a la gran cadena centralizada, de la forma más directa posible, al comprador central.

Indicadores de gestión económica para las librerías

Ya sabemos cómo son las librerías por su tamaño y especialización. Conozcámoslas ahora por dentro. ¿Cómo distribuyen su tiempo de trabajo? ¿Cuáles son sus principales indicadores de gestión?

El editor debe conocer bien la realidad de las librerías. A través de encuestas, sabemos de qué manera reparten su tiempo sus trabajadores. El tiempo dedicado en una librería media a cada una de las tareas es el siguiente:

- A ventas y atención al cliente: 57 %.
- A gestión de pedidos, existencias y devoluciones: 30 %.
- A la dirección general y tareas administrativas: 13 %.

Para el librero, el tiempo más rentable es el que dedica a atender al cliente, esto es, a vender. Por eso intenta optimizar su dedicación comercial, comprimiendo, en lo posible, las otras ocupaciones. De ahí la limitación del número de proveedores, o el pánico —compartido con los editores— por los libros con alta devolución —los llamados «de ida y vuelta»— que golpean sus cuentas de resultados por un doble motivo. Primero, porque han ocupado un espacio que no han rentabilizado. Segundo, por el coste que les supone, en tiempo y dinero, el recepcionar novedad, colocarla, retirarla y volverla a remitir al distribuidor como devolución; todo ello, con sus correspondientes albaranes y facturas. La devolución es el ogro de todo el sector, y, por más que pensemos que es la gran ventaja del librero, ya que minimiza su riesgo de compra, no cabe duda de que también perjudica su cuenta de resultados.

La librería, como cualquier otra empresa, posee una serie de indicadores que le permiten conocer el estado de sus variables más importantes. El primero de ellos son las existencias. La librería posee un fondo que tiene un valor económico que debe inmovilizar el librero. Estas existencias fluctúan a lo largo del año, en función de los pedidos, las ventas y las devoluciones. Conocer el volumen medio de existencias de un periodo es bien fácil:

Volumen medio de existencias =
existencias iniciales + existencias finales

Las existencias son necesarias para la venta. Cuando estemos con libreros, oiremos con frecuencia la expresión «rotación». ¿Qué es la rotación? ¿Cómo se calcula la rotación media de las existencias? La rotación de las existencias expresa el número de veces que la empresa vende, de promedio, sus existencias anualmente. En general, una rotación media de *stocks* elevada supone unas ventas más elevadas. De forma contraria, una tasa de rotación inferior puede significar que la empresa dispone de un fondo que se vende poco. En román paladino, los libros con alta rotación son los que salen muy rápido. El coeficiente de rotación también es un indicador de liquidez, ya que una mayor velocidad en la renovación de existencias favorece la tesorería del establecimiento, ya que las ventas se cobran al contado, mientras que las compras se pagan con aplazamiento. La rotación es la relación entre las ventas totales y el valor de las existencias medias, según la fórmula:

Rotación media de existencias =
ventas totales / valor existencias medias

Al librero le interesa vender sus existencias antes de que llegue el periodo de pago de las mismas. Por eso es importante saber estimar el tiempo medio que tardan en venderse las existencias. El cálculo del número de días necesarios para vender las existencias medias se realiza según la siguiente fórmula:

Días para vender las existencias =
existencias medias / venta media diaria

Los beneficios van muy relacionados con la productividad. Algunos indicadores para analizar la productividad de la librería serían los siguientes:

- Productividad de los activos totales. Es la relación entre los activos totales y las ventas totales netas. A menor valor de la ratio, más rendimiento obtenemos de ventas con relación a cada euro invertido.

  Ratio productividad activos totales =
  activos totales / ventas totales netas

- Rotación de los activos totales. A la inversa de la anterior. A mayor ratio significa que por cada euro de inversión se generan más ventas, o, lo que es lo mismo, que mayor es la rotación.

  Ratio de rotación de activos totales =
  ventas totales netas / activos totales

Aportamos las ratios medias en las librerías españolas según los datos proporcionados por la Confederación Española de Gremios y Asociaciones de Libreros. Podemos observar como la tendencia en las grandes librerías es a mejorar sus ratios, mientras que las pequeñas tienen más dificultad en conseguirlo.

TIPO DE LIBRERÍA	ROTACIÓN PROMEDIO EXISTENCIAS	DÍAS PARA VENDER LAS EXISTENCIAS	PRODUCTIVIDAD ACTIVOS TOTALES	ROTACIÓN ACTIVOS TOTALES
Grandes				
2000	2,8	127,1	0,64	1,57
2004	5,5	93,6	0,58	1,74
Medianas-grandes				
2000	3,8	93,5	0,64	1,56
2004	3,7	129,1	0,65	1,54
Medianas- pequeñas				
2000	2,8	130,5	0,64	1,55
2004	3,3	156,3	0,77	1,30

El librero, algo más que un cliente

El librero es mucho más que un cliente habitual. Es un aliado al que debemos cuidar y conocer. Si un librero apuesta por nuestros fondos, los colocará en sitio preferente y recomendará abiertamente su lectura. El editor debe, en lo posible, visitar el mayor número de librerías —al librero le gusta conocer a los editores cuyos libros vende— o asistir a sus eventos. Además de conocer al comercial y al distribuidor que nos representa, el librero debe ponerle cara al editor. Entre el librero y el editor se debe establecer una especie de complicidad. El editor debe oír las sugerencias y comentarios de los libreros, que son los que escuchan el día a día del lector.

El editor debe dar al librero lo que es suyo. Así, por ejemplo, en las presentaciones de libros debe llamarse a un librero para que sea quien lleve a cabo las ventas, en vez de realizarlas directamente la propia editorial. En ventas institucionales a bibliotecas, por ejemplo, es mucho mejor que acuda la librería antes que la propia editorial, que jamás deberá conceder un descuento superior al que pueden facilitar los pequeños libreros.

Es muy frecuente que los editores remitamos mensualmente nuestro *newsletter* de novedades o cualquier información relevante a los libreros.

MEDIOS DE COMUNICACIÓN

Ya hemos reflexionado acerca de la importancia de la notoriedad que nuestros libros obtengan en los medios de comunicación. Un libro al que no le hayamos conseguido otorgar un mínimo de resonancia pública será como un huérfano, abandonado a su suerte en el marasmo de las librerías. Algunos afirman malévolamente que las librerías son el mayor orfanato del mundo, dado el número de huérfanos que cobijan, libros solitarios que están condenados al más triste de los destinos, a la devolución y destrucción o saldo. Debemos realizar el mayor esfuerzo en la comunicación pública, y para ello la tarea del director de comunicación es fundamental, tal y como antes analizamos. Los medios de comunicación se convierten en aliados imprescindibles. La publicidad tradicional suele ser prohibitiva para el sector del libro. El coste de una campaña publicitaria suele ser mucho más elevado que el posible beneficio a percibir. Ya sabemos que las noticias, críticas o reseñas de nuestros libros son mucho más importantes para su venta que un frío anuncio publicitario. Como lo sabemos, pedimos con insistencia a radios, televisiones, revistas y periódicos que reseñen nuestras obras. Pero todos estos medios viven de la publicidad tradicional. Por eso, resulta justo primero y conveniente después corresponder a la atención que nos prestan con alguna inserción publicitaria, cada cual según sus posibilidades. No debemos pretender caer en la grosera simplificación de «Tanto te he dado en publicidad, tanto tienen que sacar mis libros», pero no cabe duda de que los perió-

dicos —o cualquier otro medio— agradecerán nuestro esfuerzo
publicitario, aunque sea una vez al año por una campaña que
nos interese especialmente.

Debemos colaborar con ellas y no esperar simplemente que
«coloquen» aquellas noticias o reseñas que a nosotros nos intere‑
sen. Así, por ejemplo, si nos piden información para un reportaje
o participación en algún evento, debemos atenderlos de inmedia‑
to, así como asistir a los actos que organicen.

Es responsabilidad del director de comunicación conocer las
publicaciones y programas especializados en las distintas temáti‑
cas de nuestro catálogo, donde nos será mucho más fácil obtener
reseñas. En los libros de no ficción, cuando postulan un princi‑
pio muy novedoso o descubren algo muy exclusivo, se le puede
adelantar al medio que mejor nos haya tratado sobre la mate‑
ria. Estas exclusivas nos las agradecen mucho. Por otra parte, el
Departamento de Comunicación puede ampliar la simple nota de
la noticia para construir un reportaje que también será más fácil
de colocar en algún medio.

Ya sabemos que algunos medios de comunicación tienen di‑
recta relación con grupos editoriales. Eso no nos debe desanimar.
Están obligados a reseñar libros de todas las editoriales si quie‑
ren resultar creíbles, por más que siempre —como es natural, por
otro lado— barran un poco —o un mucho— para casa.

El director de comunicación sabe en qué secciones o medios le
interesa más aparecer. No debemos obsesionarnos con los cultu‑
rales. A veces, por ejemplo, en los periódicos, salir en la sección
diaria de cultura puede tener más resonancia que en el suplemen‑
to de cultura semanal. Por más que este tenga mayor influencia
en libreros y prescriptores, la noticia puede llegar a más potencia‑
les lectores. No hay regla fija en este asunto, y el director de co‑
municación debe conseguir la mayor notoriedad de sus libros allá
donde le interese y pueda.

Entre las editoriales y los medios de comunicación se establece
una conveniente simbiosis para las dos partes. Los medios rese‑

ñan los libros, y las editoriales los proveen de historias que contar y personajes a los que entrevistar. Pero, aunque los dos ganemos, no se nos puede olvidar a las editoriales que anualmente tenemos que presupuestar una partida para publicidad. Eso, todavía, nos lo agradecerán más.

BANCOS

Como cualquier otra empresa, la editorial necesita una adecuada financiación de sus actividades. Los bancos resultan imprescindibles para las editoriales, bien sea para la financiación de actividades o circulante, o bien para operar a través de ellos. Además del trato cotidiano, al menos una vez al año el propio editor debe reunirse con el más alto responsable bancario que pueda para explicarle la marcha de la editorial, sus proyectos, así como para entregarle sus cuentas anuales, auditadas si fuera posible. Así se refuerza una relación de confianza de la que, desgraciadamente, no deberemos esperar mucho si nos llegan épocas de vacas flacas. Los bancos consideran la actividad editorial como arriesgada, por lo que son muy cautos a la hora de conceder financiación.

Un consejo importante: asegure todas las operaciones de venta a sus clientes en una aseguradora de riesgos comerciales. En España operan varias, siendo Crédito y Caución la más importante.

OTROS EDITORES

Es recomendable que se asocie con los gremios o asociaciones de editores, en cuyo seno se debaten los principales asuntos que afectan al sector, se establecen medidas en defensa de nuestros intereses y se organizan misiones comerciales o participación en ferias comerciales, entre otros asuntos.

La lógica competencia entre editores no impedirá permanentes relaciones, siendo frecuentes coediciones, proyectos de distribución, intercambio de información, compraventa de derechos y un largo etcétera. Y un buen consejo. Por muy bien que marche su editorial en un momento dado, no desprecie con altivez al que lo está pasando mal en ese momento. Este es un negocio donde se puede subir con rapidez y caer con estrépito. Prudencia, respeto y modestia son dos buenos consejeros a la hora de relacionarnos con nuestros compañeros de actividad.

BIBLIOTECAS

Las bibliotecas públicas son los templos donde muchos niños se enamoran del libro, y donde ya adultos pueden seguir alimentando ese amor. Para la tarea del editor son socios fundamentales. Según la Ley del Libro:

> Se entiende por «biblioteca» la estructura organizativa que, mediante los procesos y servicios técnicamente apropiados, tiene como misión facilitar el acceso a documentos publicados o difundidos, con la finalidad de garantizar el acceso a la cultura, a la información y al conocimiento.

A buen seguro que los editores coincidiremos con el espíritu y la misión que la ley contempla para las bibliotecas públicas:

> Los poderes públicos garantizarán el acceso de los ciudadanos a las bibliotecas con la finalidad de promover la difusión del pensamiento y la cultura, contribuyendo a la transformación de la información en conocimiento y al desarrollo cultural y la investigación. Asimismo, las bibliotecas contribuirán a la divulgación de las tecnologías de la información.

¿Y qué decir de sus valores? ¿Cómo no van a ser compartidos por los editores?

Los principios y valores de las bibliotecas son: a) La libertad individual y el acceso a la información. b) La igualdad para que todos los usuarios accedan a los materiales, instalaciones y servicios de la biblioteca, sin discriminación por razón de origen, etnia, religión, ideología, género u orientación sexual, edad, discapacidad, recursos económicos o cualquier otra circunstancia personal o social. c) La pluralidad, en virtud de la cual se deberá adquirir, preservar y hacer accesible la mayor variedad posible de documentos que reflejen la diversidad de la sociedad y su riqueza lingüística. d) El respeto del derecho de cada usuario a la privacidad y la confidencialidad de la información que busca o recibe, así como de los recursos que consulta, toma en préstamo, adquiere o transmite, protegiendo sus datos personales en los términos establecidos por las leyes.

Hemos repetido que el editor es mucho más que un simple empresario. De alguna forma, existe un hálito de trascendencia en nuestra tarea, que transita por caminos muy paralelos a los de las bibliotecas públicas. Debemos apoyar su tarea en todo lo que esté a nuestro alcance.

Los bibliotecarios deben conocer nuestra editorial y nuestro fondo. Ello exigirá acciones comerciales concretas, además de nuestra promoción general. Los editores no debemos vender directamente a las bibliotecas. Mejor que lo hagan los libreros. Pero sí que debemos colaborar con ellas en cuantas actividades podamos imaginar. Algunos bibliotecarios son muy conscientes de la responsabilidad que ostentan y se convierten en activos gestores de actividades culturales diversas. Debemos colaborar con ellos en función de nuestras posibilidades.

ADMINISTRACIONES

Queramos o no, terminamos sistemáticamente topando con las instituciones públicas, una de cuyas misiones es intentar elevar el nivel cultural de las sociedades que administran. Las edito-

riales somos una herramienta imprescindible para ello. Estamos
condenados a trabajar juntos en campañas para la promoción de
la lectura, red de bibliotecas y un largo etcétera que todos cono‐
cemos. La tarea de la Administración es incrementar el nivel
cultural y de lectura vital para el desarrollo de cualquier socie‐
dad. A buen seguro que las asociaciones que nos representan
participarán de forma permanente en mil comisiones de tra‐
bajo conjunto. En los últimos años, los Gobiernos apoyan de
diversas formas la industria del libro. Desde subvenciones, com‐
pras masivas o régimen fiscal favorable, las medidas de apoyo
público son bastante frecuentes. El editor debe utilizar aquellas
que sean adecuadas para su actividad, pero no puede, jamás,
basar su desarrollo mediante subvenciones o una relación ven‐
tajosa con la Administración. Siempre tendrán los pies de barro,
y cualquier albur político puede romper su cordón umbilical y
cuestionar su propia supervivencia. El editor debe cimentar su
empresa en sus lectores y en su capacidad de ventas reales a tra‐
vés de sus canales de distribución.

La Administración debe respetar las diversas líneas editoria‐
les, por muy críticas que sean con el poder o partido de turno.
Resultan del todo penosas medidas de censura, directa o indi‐
recta, como las que todavía existen en determinados países del
ámbito hispano.

Gestión de la propiedad intelectual

Una editorial explota comercialmente los derechos de propiedad intelectual que le cede temporalmente el autor. La propiedad intelectual jamás llega a ser del editor, siempre sigue perteneciendo a su autor o a sus descendientes durante los setenta años —ochenta años en el caso de España— tras la muerte de aquel. Después de este tiempo, la obra pasa al dominio público, y cualquiera puede hacer uso libre de ella. Es decir, que una editorial jamás llega a ser propietaria de derechos, simplemente explotadora de los mismos por un tiempo y en determinados soportes, ámbito geográfico o de lengua. Dada la importancia de la propiedad intelectual, analizaremos la ley española. Dado que las normas que contempla son bastante internacionales, las de otros países no deben incluir variaciones substanciales.

LA LEY DE LA PROPIEDAD INTELECTUAL

En España, la inseguridad del autor sobre la propiedad de su obra intelectual y su explotación fue proverbial hasta la primera Ley de Propiedad Intelectual, aprobada en 1847. Las normas que regulan estos aspectos son, pues, bastante antiguas.

La ley actualmente vigente data de 1996, en la que se refundió el anterior texto legislativo con la transposición de las normas de la Unión Europea. El propio artículo 1 ya deja claro que la propiedad intelectual de una obra literaria, artística o científica, corresponde al autor por el solo hecho de su creación. Esta propiedad intelectual, nos dice el artículo 2, está integrada por derechos de carácter personal y patrimonial que atribuyen al autor la plena disposición y el derecho exclusivo a la explotación de la obra, sin más limitaciones que las establecidas en la ley. Es decir, que nos encontramos ante una ley claramente proteccionista del autor y sus derechos. Es bueno que sepamos que, ante el juez, en la relación autor-editor, los derechos de autor serán antepuestos a los del editor, al igual que en el derecho laboral la ley tiende a sobreproteger al trabajador. Los editores estamos obligados a conocer y respetar la ley si queremos evitarnos problemas en el futuro.

Los derechos de propiedad intelectual no corresponden tan solo al escritor de la obra, sino a las traducciones, fotografías, gráficos, mapas, ilustraciones, dibujos y, en general, a cuanta expresión de la creación individual necesitemos para elaborar un libro. Cuando analicemos un proyecto editorial, debemos cuantificar todas las actividades sujetas a derechos para no llevarnos sustos después. También son objeto de propiedad intelectual las revisiones, actualizaciones y adaptaciones de textos, así como los compendios, resúmenes y extractos, y cualquier transformación de una obra literaria, artística o científica.

El carácter proteccionista de la ley se refuerza al considerar como irrenunciables e inalienables los siguientes derechos para el autor.

- Decidir si su obra ha de ser divulgada y en qué forma.
- Determinar si tal divulgación ha de hacerse con su nombre; bajo seudónimo o signo, o anónimamente.
- Exigir el reconocimiento de su condición de autor de la obra.

- Exigir el respeto a la integridad de la obra e impedir cualquier deformación, modificación, alteración o atentado contra ella que suponga perjuicio a sus legítimos intereses o menoscabo a su reputación.

- Modificar la obra respetando los derechos adquiridos por terceros y las exigencias de protección de bienes de interés cultural.

- Retirar las obras del comercio por cambio de sus convicciones intelectuales o morales, previa indemnización de daños y perjuicios a los titulares de derechos de explotación. Si, posteriormente, el autor decide reemprender la explotación de su obra, deberá ofrecer preferentemente los derechos correspondientes al anterior titular de los mismos y en condiciones razonablemente similares a las originarias.

Corresponden al autor los derechos de su obra bajo cualquier forma de explotación y, en especial, los derechos de reproducción, distribución, comunicación pública y transformación, que no podrán realizarse sin su autorización, salvo en los casos previstos en la ley. Los derechos de explotación de la obra durarán toda la vida del autor y setenta años después de su muerte o declaración de fallecimiento. No fue fácil llegar hasta este periodo tan amplio de derecho de explotación. Desde hace muchos años fue objeto de controversia durante cuánto tiempo podían explotarse unos derechos, aunque en la actualidad es generalmente aceptado. Así, durante principios del siglo XX, los editores clamaron por modificar la Ley de Propiedad Intelectual aprobada en 1879, para intentar que la ley concediera al editor la posibilidad de adquirir para siempre la plena propiedad de una obra, si así se pactaba con el autor. Esa pretensión no fue aceptada, y la limitación del tiempo de cesión viene impuesta por la ley. La actual permite un periodo máximo de cesión de los derechos de explotación de quince años. En aquellos tiempos era de veinticinco, y a los editores les parecían poquísimos. Las palabras de José Ruiz, presidente de la

Asociación de la Librería de Madrid, pronunciadas en 1922, se hacían eco de la postura de las editoriales:

> Toda propiedad, excepto la intelectual, se adquiere en absoluto. ¿Por qué ha de ser aquella una excepción y una excepción denigrante para los editores? ¿Por qué se vende una obra y al cabo de cierto tiempo retrotrae a los herederos del autor, o sea, de su primer propietario?

El sentido común venció la resistencia del sector.

Los derechos de explotación de las obras protegidas por la ley podrán ser objeto de hipoteca. No son embargables, pero sí lo son sus frutos o productos, que se considerarán como salarios, tanto en lo relativo al orden de prelación para el embargo como a retenciones o parte inembargable.

Ya sabemos que los derechos de explotación corresponden en exclusiva al autor o a sus herederos. Pero estos derechos pueden cederse a un tercero —y aquí entramos las editoriales— para que los exploten en determinadas circunstancias y durante un tiempo acotado. Por eso resulta tan importante que nos detengamos en el título V de la ley, que aborda la transmisión de los derechos. Esta transmisión puede ser *mortis causa*, recayendo sobre los herederos legales del autor, o *inter vivos*, que es la que nos interesa a los efectos de este libro. Por su interés, transcribo literalmente lo contemplado en el artículo 43 sobre la transmisión *inter vivos*:

1. Los derechos de explotación pueden transmitirse por actos *inter vivos*, quedando limitada la cesión al derecho o derechos cedidos, a las modalidades de explotación expresamente previstas y al tiempo y ámbito territorial que se determinen.

2. La falta de mención del tiempo limita la transmisión a cinco años y la del ámbito territorial al país en el que realice la cesión. Si no se expresan específicamente y de modo con-

creto las modalidades de explotación de la obra, la cesión quedará limitada a aquella que se deduzca necesariamente del propio contrato y sea indispensable para cumplir la finalidad del mismo.

3. Será nula la cesión de derechos de explotación respecto del conjunto de las obras que pueda crear el autor en el futuro.

4. Serán nulas las estipulaciones por las que el autor se comprometa a no crear alguna obra en el futuro.

5. La transmisión de los derechos de explotación no alcanza a las modalidades de utilización o medios de difusión inexistentes o desconocidos al tiempo de la cesión.

La ley obliga a formalizar por escrito todos los contratos de cesión de derechos del autor al editor. Tras la lectura de este artículo, queda claro el interés del editor de fijar en su contrato con el autor tanto el periodo de cesión de los derechos como las lenguas y el ámbito territorial de distribución, puesto que, en caso contrario, la ley actuará con criterio restrictivo frente a los derechos de la editorial.

Otro tema fundamental del contrato es la remuneración económica, que, según contempla la ley, puede realizarse a tanto alzado o de manera proporcional. El artículo 46 aclara estos supuestos:

1. La cesión otorgada por el autor a título oneroso le confiere una participación proporcional en los ingresos de la explotación, en la cuantía convenida con el cesionario.

2. Podrá estipularse, no obstante, una remuneración a tanto alzado para el autor en los siguientes casos:

    a) Cuando, atendida la modalidad de la explotación, exista dificultad grave en la determinación de los ingresos o su comprobación resulte imposible o de un coste desproporcionado con la eventual retribución.

b) Cuando la utilización de la obra tenga carácter accesorio respecto de la actividad o del objeto material a los que se destinen.

c) Cuando la obra, utilizada con otras, no constituya un elemento esencial de la creación intelectual en la que se integre.

d) En el caso de la primera o única edición de las siguientes obras no divulgadas previamente:

    1.º Diccionarios, antologías y enciclopedias.

    2.º Prólogos, anotaciones, introducciones y presentaciones.

    3.º Obras científicas.

    4.º Trabajos de ilustración de una obra.

    5.º Traducciones.

    6.º Ediciones populares a precios reducidos.

La ley vuelve a mostrar su carácter proteccionista al autor. En el caso de que el autor hubiera cedido los derechos de explotación de su obra a tanto alzado, si se produjese una manifiesta desproporción entre la remuneración del autor y los beneficios obtenidos por el editor, el autor podrá pedir la revisión del contrato y, en defecto de acuerdo, acudir al juez para que fije una remuneración equitativa, atendidas las circunstancias del caso. Esta facultad podrá ejercitarse dentro de los diez años siguientes a los de la cesión.

Veamos los requisitos mínimos a contemplar en el contrato de edición. Por este contrato de edición, el autor o sus derechohabientes ceden al editor, mediante compensación económica, el derecho de reproducir su obra y el de distribuirla. El editor se obliga a realizar estas operaciones por su cuenta y riesgo en las condiciones pactadas y con sujeción a lo dispuesto en la ley. El contrato de edición debe formalizarse por escrito —será considerado como nulo si no cumple esta condición— y expresar en todo caso:

1. Si la cesión del autor al editor tiene carácter de exclusiva.

2. Su ámbito territorial.

3. El número máximo y mínimo de ejemplares que alcanzará la edición o cada una de las que se convengan.

4. La forma de distribución de los ejemplares y los que se reservan al autor, a la crítica y a la promoción de la obra.

5. La remuneración del autor, con derechos proporcionales o a tanto alzado, tal y como hemos visto en el apartado anterior.

6. El plazo para la puesta en circulación de los ejemplares de la única o primera edición, que no podrá exceder de dos años contados desde que el autor entregue al editor la obra en condiciones adecuadas para realizar la reproducción de la misma.

7. El plazo en el que el autor deberá entregar el original de su obra al editor.

También resulta imprescindible indicar expresamente en el contrato de edición la lengua o lenguas para las que se ceden los derechos y en las que debe, o puede, publicarse la obra; el anticipo a cuenta de liquidación de derechos, en su caso; la modalidad o modalidades de edición, y la colección de la que formará parte. En caso de que el contrato no exprese lengua alguna, se entenderá que los derechos de la obra se ceden tan solo para la lengua original de la misma. Si el editor contrata la obra directamente con el autor, debe reservarse los derechos en varias lenguas, para tratar así de generar derechos subsidiarios con la venta de esos derechos a terceros. Las ventas de derechos para traducción a otras lenguas pueden convertirse en una fuente de ingresos muy interesante tanto para el editor como para el autor. Si, pasados cinco años, el editor no ha publicado el libro en las lenguas contratadas, el autor podría solicitar la resolución del contrato en lo referente a los derechos a esas lenguas no editadas.

El contrato de edición es bastante estándar y no cambia substancialmente de una editorial a otra, dado que todos sus postulados están obligados por la ley. Así, son obligaciones del editor:

1. Reproducir la obra en la forma convenida, sin introducir ninguna modificación que el autor no haya consentido y haciendo constar en los ejemplares el nombre, firma o signo que lo identifique.

2. Someter las pruebas de la tirada al autor, salvo pacto en contrario.

3. Proceder a la distribución de la obra en el plazo y condiciones estipulados.

4. Asegurar a la obra una explotación continua y una difusión comercial conforme a los usos habituales en el sector profesional de la edición.

5. Satisfacer al autor la remuneración estipulada y, cuando esta sea proporcional, al menos una vez cada año, proceder a la oportuna liquidación, de cuyo contenido le rendirá cuentas. Deberá, asimismo, poner anualmente a disposición del autor un certificado en el que se determinen los datos relativos a la fabricación, distribución, venta y existencia de ejemplares. A estos efectos, si el autor lo solicita, el editor le presentará los correspondientes justificantes.

6. Restituir al autor el original de la obra, objeto de la edición, una vez finalizadas las operaciones de impresión y tirada de la misma.

También el autor contrae algunas obligaciones con el editor. Estas son las más destacadas:

1. Entregar al editor en debida forma para su reproducción y dentro del plazo convenido la obra objeto de la edición.

2. Responder ante el editor de la autoría y la originalidad de la obra y del ejercicio pacífico de los derechos que le hubiese cedido.

3. Corregir las pruebas de la tirada, salvo pacto en contrario.

Es recomendable conseguir el compromiso del autor para la promoción de la obra, así como su disponibilidad para atender medios de comunicación. Este compromiso tan solo es indicativo, pero conviene requerir al autor sobre el mismo.

Una vez transcurrido un plazo de dos años desde la publicación, el editor podrá saldar los ejemplares no vendidos, notificando las condiciones del saldo al autor, que podrá adquirir los ejemplares que desee en esas condiciones.

Pero no todos están convencidos de la bondad de nuestro sistema de propiedad intelectual. Al igual que ha surgido el *software* libre, algunos movimientos intelectuales cuestionan los derechos de autor. Para ellos, toda creación artística, en el mismo momento de nacer, debería ser bien común, patrimonio colectivo de todos los hombres. Aunque todavía sus planteamientos parecen bastante irrealizables, más cercanos a la utopía que a la realidad, algunos autores, como Joost Smiers en su obra *Un mundo sin copyright*, plantean la abolición de los derechos.

> Si se limita el *copyright*, es probable que se reduzcan las excesivas inversiones en celebridades, éxitos de taquilla y *best sellers*. Por lo tanto, las industrias culturales ya no producirían contenidos con el propósito de dominar el mercado mundial. Asimismo, muchos más artistas encontrarían público para su obra, pues las fuerzas dominantes del mercado dejarían de ser un obstáculo.

Los cantantes o los escritores podrían vivir de sus conciertos o de sus conferencias, según el autor, mientras que las empresas editoras disfrutarían de la ventaja de ser las primeras en sacar la obra. Para las obras que requieran mayor inversión, el Estado podría conceder un año de usufructo de la explotación de la obra (puesto que la propiedad sería pública) a la empresa que haya corrido el riesgo de su producción o edición. Y, por último, para los grandes costes, quedarían las subvenciones públicas. Estas son las recetas para conseguir un mundo sin *copyrights*, en el que, idílicamente, los grandes grupos no monopolizarían la cultura y se fomentaría la diversidad cultural. Como vemos, las recetas no son nada novedosas —¡más y más subvenciones que terminarían yendo a las manos de los cercanos del poder de turno!—, y para nada conseguirían un mundo con más oferta cultural ni con mejor garantía para los creadores. Hoy por hoy, los derechos de propiedad intelectual siguen siendo los mejores embajadores para la creación cultural y los derechos de escritores, editores, libreros y lectores. La educación, formación y fomento de la creatividad deben ser ejes estratégicos para la futura competitividad de nuestra economía, que debe basarse, en parte, en nuestra capacidad de generar y comercializar la propiedad intelectual.

ENTIDADES DE GESTIÓN

La última reforma de la Ley española de Propiedad Intelectual realizada en 2006 cambió la regulación que ordena la compensación al autor y al editor por las copias privadas que de sus obras se realizan. Fotocopias, copias informáticas y otras limitan las posibles ventas de libros y el potencial de los derechos de autor. Por eso, la ley establece que se cargará con un canon específico aquellos dispositivos o soportes que permitan esas copias privadas. El importe obtenido de esas tasas lo administran las entidades de gestión, repartiéndolo entre autores, editores, y realizando diversas actividades culturales. CEDRO (Centro Español de Derechos Reprográficos) es la que aglutina a editores y autores, y ya tiene dimensión latinoamericana, con más de 10.254 socios, 1190 editores, y los restantes 9064, escritores. La SGAE (Sociedad General de Autores y Editores) gestiona los derechos musicales; la EGEDA es la Entidad de Gestión de Derechos de los Productores Audiovisuales, y la AIE es la Sociedad de Artistas, Intérpretes o Ejecutantes. Por su parte, la VEGAP (Visual Entidad de Gestión de Artistas Plásticos) gestiona los derechos de las reproducciones de fotografías, pinturas y dibujos.

Como editor, debe hacerse socio de CEDRO. Para ello, deberá solicitar la entrada en la entidad de gestión, y, una vez aceptado como socio, recibirá —además de diversas opciones de formación— una cantidad de dinero al año en compensación de los libros que le han podido fotocopiar. Este importe es importante, por lo que no debe dejar de asociarse. La entidad lo calcula en función de diversos parámetros —tipos de libros, tiradas, catálogo, etc.— y lo abona anualmente.

El sistema de recargo de canon, aunque criticado por muchos, es la única vía para compensar las seguras pérdidas por pirateo. De ahí que sean defendidas por editores y autores —que también pueden asociarse a CEDRO—, y criticadas por los consumidores en general. El canon sobre soportes aptos para copia es práctica legal en toda Europa, y en determinados países de Latinoamérica se sigue la estela impulsada por CEDRO. La norma también contempla un canon sobre los soportes digitales, tipo CD, DVD y MP3.

PAÍS	SOPORTES QUE PAGAN
Alemania	Copiadoras, fax, escáner, grabadoras de CD y DVD.
Austria	Copiadoras, escáner, fax, multifuncionales e impresoras.
Bélgica	Copiadoras, escáner, fax, duplicadoras y multifuncionales.
España	Impresoras, escáneres, copiadoras y multifuncionales.

ISBN

El ISBN (International Standard Book Number), o número internacional normalizado para libros, es el identificador de los libros, algo parecido a una matrícula, que los identifica con precisión.

Así define la ley el ISBN:

> Número creado internacionalmente para dotar a cada libro de un código numérico que lo identifique, y que permite coordinar y normalizar la identificación de cualquier libro para localizarlo y facilitar su circulación en el mercado, estipulando la cooperación de los proveedores y usuarios de la información bibliográfica que constituye su objeto fundamental.

Además del libro tradicional, también cubre a los folletos impresos, publicaciones electrónicas y publicaciones multimedia. Está definido por la norma ISO 2108. En su actual versión se implantó por vez primera en Reino Unido en los años setenta, para ser utilizado en la actualidad por las editoriales de más de 160 países. El ISBN es regulado internacionalmente por una agencia internacional con sede en Londres (www.isbn-international.org). En España está administrado por la Agencia Española del ISBN, que depende del Ministerio de Cultura.

En la actualidad, el ISBN va mucho más allá de su mero papel de identificador. Supone la base de todas las herramientas de gestión editorial, ya que sobre él giran pedidos, devoluciones, inventarios, contabilidad, control de existencias, etc.

Desde el 1 de enero de 2007 el ISBN se amplió desde los diez dígitos hasta los 13 de la actualidad. La ampliación ha sido precisa debido a la alta demanda de solicitudes de asignación de ISBN. A los diez números anteriores se les anticiparon los tres dígitos «978», con el fin de unificar la extensión de este código. Cuando se agote su capacidad, se pasará al «979». La ampliación ha supuesto la equiparación con el código EAN 13, el conocido código de barras.

El ISBN de trece dígitos consta de cinco partes, separadas por guiones: la primera parte, de tres números, es el «978» antes referido; la segunda parte indica la ubicación nacional o geográfica de la editorial; la tercera parte nos indica la editorial; la cuarta, el título, y el último dígito, de control y comprobación, correspondería a la quinta parte.

Las publicaciones periódicas tienen su propio número identificativo, el ISSN (International Standard Serial Number), cuya administración internacional se localiza en París, en el Centro Internacional de Registro de Publicaciones Seriadas (www.issn.org), y su gestión en España depende del Centro Nacional Español del ISSN, adscrito a la Biblioteca Nacional.

El número internacional normalizado para publicaciones musicales, ISMN, identifica las publicaciones de música impresa, tanto si se destinan a la venta como al alquiler, o para su distribución gratuita, ya sea una partitura completa, una parte de ella o un elemento de un conjunto multimedia. La sede internacional de la agencia que controla este identificador se ubica en Berlín (www.ismn-international.org), y su homóloga española está adscrita al Ministerio de Cultura.

Como identificativos más ambiciosos, aunque menos conocidos todavía, pero que pueden resultar de interés para el editor, se encuentran el ISTC y el DOI.

El ISTC (International Standard Text Code) es el código internacional que permite identificar cualquier creación de texto escrito, independientemente de la forma en que se publique o se edite. Es el mismo texto el que se identifica, no su soporte. Cualquier tipo de texto (novelas, libros científicos, poemas, trabajos escolares, artículos de revistas y periódicos, letras de canciones, guiones de cine, etc.). El ISTC está constituido por dieciséis caracteres, que pueden ser numéricos (del 0 al 9) o alfabéticos (letras de la A a la F), y consta de cuatro bloques separados por guiones: el primer bloque es el código asignado por la agencia; el segundo, el año de creación; el tercero, el identificador de la creación, y el cuarto, un dígito de control. El ISTC es el código que se aplica a los textos en tanto que son creaciones intelectuales, sin identificar el soporte material en el que se expresen. El objetivo es facilitar el trabajo y la identificación de textos entre editoriales, agentes literarios, autores, bibliotecarios, etc.). Está basado en la norma ISO 21047 y se espera que empiece a operar a lo largo de 2007.

El DOI (Digital Object Identifier) es un código internacional para identificación de objetos en el ámbito digital; entre ellos, publicaciones (ISO 26324). Esta identificación aspira a facilitar el comercio electrónico y la gestión individual de los derechos de autor de obras de texto en Internet.

IBIC Y THEMA

El IBIC (International Book Industry Categories) es un sistema internacional para estandarizar la clasificación de los libros, lo que ayuda al buscador, al librero, al lector, a la biblioteca y al distribuidor. El IBIC clasifica los libros por el tema principal que abordan y se divide en dos bloques, categorías de materias y calificadoras de materias, para clasificaciones más detalladas.

EL IBIC guarda relación con el THEMA, ya que ambos sistemas, operando como metadatos, ayudan a encontrar los libros que se desean por el tema que abordan, aunque se diferencian en el enfoque y la estructura, siendo el THEMA más extenso y detallado, por lo que va ganando popularidad y uso. Es importante incluirlo en nuestras fichas comerciales y cuando lo subimos a la web, para facilitar su búsqueda. El THEMA utiliza códigos alfanuméricos que debemos imprimir, por ejemplo, justo encima del código de barras de la contraportada.

La editorial futura

¿Hacia dónde camina la editorial del futuro? ¿Qué modelo será el que triunfará? En este manual hemos apostado por que el libro no quedará barrido por el tsunami digital. Las jóvenes generaciones de hoy alternarán el consumo de tecnologías con la plácida lectura sobre el papel. Pero eso no quiere decir que la editorial del mañana sea igual que la de hoy. A buen seguro que no. Si la del inicio del siglo XXI en poco se parece a la de principios del XX, la de dentro de unas décadas no será igual a la de nuestros días. El mundo cambia, todo fluye, y no debemos mirar atrás con melancolía. Quizás, contra todo pronóstico, lo que tiene que venir sea mejor que lo pasado. O quizás no, quién sabe. En todo caso, los editores lucharán por sobrevivir, y muchos lo conseguirán. Seguro que, si ha llegado hasta estas alturas del libro, es que usted piensa ser uno de esos sobrevivientes.

Ya hemos escrito mucho sobre la supuesta amenaza que significan las nuevas tecnologías. Leyendo las entrevistas o los artículos de fondo sobre el sector, parece que libros y editores languideceremos hasta fenecer para siempre. No podemos coincidir con ese pesimismo. Las nuevas tecnologías no destruirán el libro. Modificarán el sector, lo forzarán al cambio y, si bien es cierto que algunos productos pueden quedar obsoletos, aparecerán otras muchas nuevas oportunidades para el editor, tal como indicaremos en el presente capítulo.

Las temáticas que gustarán en el futuro están por determinar. Irán cambiando, como hasta ahora ha ocurrido, y de manera global se seguirán los temas o los autores que conecten con la sensibilidad del momento. ¿Quién nos iba a decir que a principios del XXI las historias sobre templarios y cátaros barrerían en las librerías? ¿Y después las de vampiros? Por eso, no cometeré la imprudencia de apuntar tendencia alguna en este asunto de los gustos. Algunas materias clásicas permanecerán eternas, y otras nuevas enriquecerán nuestro acervo literario. Por eso, no haremos de augures y nos centraremos en las tendencias que irán conformando la editorial del mañana. Muchas de estas dinámicas ya están empujando a la editorial actual. En otras, destacaría las siguientes tendencias novedosas sin otro ánimo que enumerarlas para suscitar el interés y la reflexión del posible lector.

- La mirada del editor y del autor, aún más importante en tiempos de la IA.
- La carga emocional y experiencial del sello editorial.
- Combinar lo global con lo local.
- Reforzar su papel como gestor de derechos.
- La editorial como agitador y gestor cultural.
- La editorial como actor en productos complejos multimedia.
- Mayor demanda de temas específicos. Profundización en los nichos del mercado lector.
- Y, como siempre, seguir haciendo buenos libros.

LA MIRADA DEL EDITOR Y DEL AUTOR, AÚN MÁS IMPORTANTE EN TIEMPOS DE LA IA

Los sistemas de inteligencia artificial generativa nos sorprenden cada día. Son rápidos, precisos, y sintetizan y estructuran cantidades ingentes de información. Van a tener una honda influencia en lo que se escribe y lo que se publica. ¿Qué valor aporta, por ejemplo, un libro divulgativo sobre cualquier materia, si se puede obtener instantáneamente en ChatGPT o Gemini? Es cierto que la IA es un dechado de erudición, pero también es cierto que homogeniza la información disponible. De alguna manera, es previsible. La mirada singular del editor y del escritor aporta un valor diferencial que el lector sabrá distinguir y apreciar.

LA CARGA EMOCIONAL Y EXPERIENCIAL DEL SELLO EDITORIAL

Los lectores tenderán a buscar en las colecciones y catálogos de los sellos algo más que conocimiento. Serán sensibles al apego emocional que la editorial les genere, las sensaciones y experiencias que les produzcan, la comunidad que genera, el sentido de identidad. Son intangibles que no se consiguen solo con marca, sino que es el fruto de un largo camino.

COMBINAR LO GLOBAL CON LO LOCAL

La sensación de globalidad ha generado una curiosa reacción. Al tiempo que seguimos con atención las noticias internacionales, incrementamos nuestro interés por lo cercano, por lo que nos rodea. Junto con la proliferación de cadenas de televisión internacionales o nacionales, las plataformas y las series, proliferan con éxito las locales o regionales. La prensa local ha resistido perfectamente el envite de las grandes cabeceras nacionales. En el mundo editorial ocurrirá otro tanto. Junto con el interés por lo global, irá consolidándose un interés por los libros que hablan de nuestro entorno cercano. Historia local o regional, identidad, costumbres, fiestas, etc., aparecen como temática de interés, no suficientemente cubierto por los grandes grupos. Las editoriales pequeñas encontrarán en este ámbito un campo muy interesante de crecimiento.

La editorial cercana a un territorio tendrá también opciones y facilidades para desarrollar programas de gestión cultural, tal y como veremos en el epígrafe correspondiente.

REFORZAR SU PAPEL COMO GESTOR DE DERECHOS

La figura del editor continuará siendo precisa. Su relación de cercanía con el autor, su aliento, consejo, ayuda o inspiración seguirán siendo imprescindibles para la actividad creadora. El olfato del buen editor, que otea temas y oportunidades, y encarga libros al escritor más adecuado para el mismo, seguirá siendo fuente de grandes éxitos. Pero cometemos un gran error si pensamos que la editorial del mañana solo tendrá como fuente de supervivencia el producto libro, físico o digital. Por supuesto que el papel seguirá siendo el producto más importante en su cuenta de resultados, y que la librería, virtual o real, seguirá siendo su principal canal de ventas. Pero el libro no será el único producto que venda. El editor, cada día más, se convertirá en gestor de propiedad intelectual. No se limitará a publicar aquellos autores cuyos derechos adquiere a las agencias literarias, sino que explotará los derechos de los autores que descubre. Una editorial que no tenga en su cuenta de resultados unos ingresos por venta de derechos verá muy mermado su margen de supervivencia y desarrollo. Se acabó ese modelo de gestión limitado a comer de vez en cuando con las agencias literarias para intentar ser los primeros en recibir ofertas. El editor tendrá que salir a captar escritores para poder mantener una cartera de derechos propios para editar y vender. Esa propiedad intelectual gestionada por la propia editorial puede explotarse mediante la venta a editoriales de otras lenguas para su traducción, para audiolibros, para clubes de lectura, ediciones de bolsillo, tiradas para periódicos, pero también para guiones de cine o documentales, para contenidos de cursos de teleformación o, también, para las novedosas posibilidades que permite la IA (por ejemplo, la de un avatar del autor que dialoga con el autor y le responde sus dudas, en base al contenido del libro). Si consideramos que las nuevas tecnologías son una oportunidad, descubriremos que nos ofrecen nuevos canales para la venta de nuestros derechos y contenidos. ¿Quién se hubiera figurado las novelas gráficas electrónicas que oferta Nintendo? A buen seguro, que alguien le ha vendido los derechos de la obra. Y ese alguien lo más probable es que haya sido una editorial que ha encontrado una novedosa vía para complementar la explotación de alguna de sus obras.

Si la editorial, además de vender papel, libros electrónicos y audiolibros, se esfuerza en gestionar los derechos de propiedad intelectual que tiene en su haber, ¿entrará en competencia con los agentes literarios? Si agentes y editores se enzarzaran en una lucha sin cuartel, ¿quién ganaría? Estas y otras preguntas similares tienen una fácil respuesta. Editores y agentes se necesitan y se necesitarán en el futuro. Por eso, están condenados a entenderse y cooperar. Pero, por otra parte, las editoriales intentarán conseguir los derechos de sus autores para el mundo entero, para poder vender los derechos de traducción a otras lenguas. En este sentido competirán con algunas agencias, que intentan llevar los derechos de los autores en exclusiva, argumentando que ellos defienden mejor los intereses del autor. Por este lado, editores y agentes competirán. ¿Y se puede ser competidor y cooperador al mismo tiempo? Pues sí. Eso se llama «coopetencia», y es un principio muy habitual para la empresa actual. La editorial seguirá comprando derechos de traducción de obras extranjeras a las agencias que las representan en el país propio, al tiempo que buscará convenios con agencias de terceros países para que vendan los derechos que la editorial posee. Ya sabemos que es mejor vender a través de agentes que directamente a editoriales desconocidas. La editorial precisa a las agencias tanto para comprar como para vender sus derechos. ¿Cómo puede alguien pensar que terminarán rompiendo? Por otra parte, las agencias tendrán que acostumbrarse a que las editoriales intenten conseguir todos los derechos de sus autores directos, «arrebatándoselos» a posibles agencias. ¿Y los autores? ¿Cómo quedan en este «conflicto»? Pues no habrá un modelo único de respuesta. Algunos preferirán que sus derechos los gestione una agencia, y a otros no les importará cedérselos a su editorial de confianza. En un mundo tan amplio como el de las ideas y los libros, hay sitio para todos.

Hemos dedicado bastante espacio a la propiedad intelectual a lo largo de este manual. A estas alturas ya no debe quedarnos duda alguna, la cartera de derechos y su adecuada gestión será el principal activo de la editorial del futuro. Las nuevas tecnologías nos ofrecen infinidad de nuevas posibilidades para la explotación de nuestros derechos.

LA EDITORIAL COMO AGITADOR Y GESTOR CULTURAL

La editorial del futuro seguirá teniendo su principal baza, cómo no, en los libros que edite, y complementará sus ingresos con la gestión de los diversos derechos de la propiedad intelectual o de imagen de sus escritores. Pero tampoco podrá detenerse ahí. Una editorial deberá ser un agitador cultural que promueva conferencias, premios, certámenes, festivales literarios, cursos de formación, encuentros con autores, eventos mixtos de libros con música o imagen, ferias específicas del libro o de sus contenidos, talleres literarios, actos diversos sobre los temas de nuestras colecciones específicas. Como fruto de esa agitación, podrá adquirir notoriedad, aroma, personalidad, comunidad y mercado para sus libros, así como el conocimiento de sus autores, pero, también podrá obtener ingresos por la organización de los mismos, o por la gestión de los derechos que sus autores le hayan cedido.

Observemos a las discográficas. ¿Cómo están logrando sobrevivir en un mercado en el que las ventas de discos han caído en picado? Pues siguen editando discos, que algunos venden, pero, sobre todo, viven de la organización de conciertos, de la gestión de los derechos de publicidad de algunos de los músicos que promocionan y de la gestión de los derechos de reproducción en radios, televisiones y películas. Es decir, que, aunque siguen editando discos —ya en cantidades muy reducidas—, han complementado ingresos por la gestión de los derechos y como organizador de conciertos. Algo parecido ocurrirá con las editoriales. Algunas de ellas crearán departamentos que gestionarán los derechos de sus escritores para ventas a otras lenguas o para conferencias, apariciones en televisiones; organizarán congresos, y gestionarán los derechos para nuevos canales a través de los cuales poder llegar a nuevo público, y todo ello, como complemento de la explotación de su fondo en formato papel, libro electrónico y audiolibro.

Ya existen empresas que gestionan los derechos de conferenciantes. Estas empresas ofertan los *speakers* que representan a los organizadores —públicos y privados— de eventos según la materia a tratar, y se llevan como honorarios un porcentaje —suele ser el 20 %— de los honorarios que consigan para el conferenciante. ¿Y si las editoriales representan a sus autores para conferencias o apariciones en televisión, o llegan a acuerdos con empresas del tipo de las de *speakers*? Aunque son tareas diferentes, con canales distintos, se trata de una opción —minoritaria si se quiere— con la que algunos editores pueden complementar su actividad.

Esa doble actividad de gestora de derechos de propiedad intelectual y de agitadora cultural enriquecerá la actividad tradicional de aquellas editoriales que deseen explotar esos caminos. A las que no les apetezca la idea, siempre podrán seguir como hasta ahora. Ya sabemos que al libro aún le queda mucho mucho tiempo por delante.

Las librerías, asimismo, reforzarán su papel como dinamizadores culturales y centros de ocio. Ni Internet ni la impresión digital a demanda lograrán eliminar las librerías, que, como sabemos, aumentarán su superficie media y tenderán a integrarse en grandes cadenas, por más que siempre quedará hueco para la independiente bien gestionada y para la cercana cómplice. Las librerías deberán hacerse más atractivas y desarrollar un amplio programa de actividades para reforzar su papel de centros culturales y de ocio, generadores de experiencia y comunidad. La que lo consiga venderá muchos libros en ese futuro que nos quieren pintar tan negro. Las librerías seguirán siendo los principales clientes y socios del editor. Debemos colaborar con ellas para impulsar su dinamismo como atractivo centro cultural y de ocio.

Al amante de los libros le gusta pasear entre miles de ellos. Por eso, las grandes librerías resultan tan tentadoras. Algunos nos dicen que la librería del mañana no tendrá por qué mantener esos inventarios tan costosos, ya que modernas máquinas de impresión digital a demanda permitirán «producir» cualquier libro que el cliente desee. Nos dicen que el lector podrá editarse «a la carta» el libro que desee en cualquiera de las miles de máquinas impresoras-encuadernadoras que estarán disponibles en librerías, bibliotecas, centros comerciales o incluso en domicilios. Que el editor será un gestor de archivos digitales más que de papel, y que eso abrirá grandes oportunidades, al eliminar los costos de transporte y distribución, almacenaje y amortización. Solo se imprimirían a demanda e *in situ* los libros realmente comprados, que saldrían a un precio similar al actual, dada la cadena de costos eliminada. No tengo excesiva confianza en las máquinas impresoras-expendedoras automáticas de libros. Esa impresión digital tardará unos minutos en realizarse, durante los cuales el comprador puede desesperarse o dar una vuelta por la librería para comprar «a la vista» algún otro libro. La compra de impulso es tan importante como la dirigida, como tan bien saben los libreros. Y, desde luego, la calidad de impresión y encuadernación no tendrá nada que ver con la de los libros de toda la vida, por no hablar del precio. Normalmente, esos libros impresos a demanda saldrán más caros que los habituales distribuidos desde la editorial. Y, si no, al tiempo.

Otra cosa es el sistema POD, que se imprime en una imprenta y que se remite a la dirección del lector o a la librería a través de la cual lo solicitó.

Las librerías humanizan los barrios, crean comunidad, proporcionan apoyo y asesoría, generan actos culturales, permiten experiencia. Pero, en su contra, tienen el encarecimiento de los alquileres o la subida de impuestos y cotizaciones sociales en general, que merman su ya ajustado negocio, todo un reto que solo superarán los libreros activos e innovadores, a los que, en la medida de nuestras posibilidades, debemos apoyar, nos va mucho en ellos, tanto como editores como ciudadanos.

LA EDITORIAL COMO ACTOR EN COMPLEJOS PRODUCTOS MULTIMEDIA

A lo largo del manual ya hemos puesto varios ejemplos de cómo la editorial podrá participar en los complejos lanzamientos multimedia del futuro, no solo en los tradicionales soportes electrónicos, sino en plataformas de descargas, asociados a desarrollos IA, de realidad virtual o productos audiovisuales. En todos estos casos, el editor puede intervenir como cedente de los derechos de las historias o los protagonistas, o como beneficiario por la venta de libros. Muchas son las posibilidades que la explosión multimedia ofrece al editor. La editorial no debe tenerle miedo, sino, desde sus puntos fuertes —derechos, temas y autores—, participar en ella. El editor es quien posee los derechos sobre las historias en las que se basarán muchos de estos productos, es un factor diferencial que habrá que saber gestionar y rentabilizar.

MAYOR DEMANDA DE TEMAS ESPECÍFICOS. PROFUNDIZACIÓN EN LOS NICHOS DEL MERCADO LECTOR

La sociedad futura será crecientemente compleja y, lejos de los profetas de lo homogéneo, afortunadamente heterogénea. Existirán temas de interés general, pero muchísimos más de interés de aficionados o interesados específicos. Esta demanda tan diversificada seguirá abriendo huecos en el mercado de los libros, que serán cubiertos por pequeñas editoriales, más ágiles en la detección de estas nuevas oportunidades. En esta detección temprana de nichos que se abren radicará una posibilidad de consolidación cierta para muchas editoriales jóvenes. Una parte creciente de la distribución y venta de los libros de temas específicos se realizará a través de la web, donde ya funcionan muy bien portales temáticos, mientras que los tradicionales catálogos de papel irán cediendo terreno. El grueso de los libros se seguirá vendiendo en las secciones de las librerías generales, ya que la supervivencia de las librerías especializadas no está garantizada salvo en las grandes ciudades. El libro como objeto de regalo diferenciador y personalizado, en función de los gustos, intereses y aficiones de la persona a la que queremos agasajar, también tiene un gran futuro.

Y, COMO SIEMPRE, SEGUIR HACIENDO BUENOS LIBROS

El buen editor, el que sabe buscar buenos autores y temas, y publicar buenos libros, tendrá un gran futuro. Los temas, formatos y enfoques cambiarán, pero el valor esencial del libro y del editor permanecerá.

A modo de conclusión

Hasta aquí el presente manual. Espero que su lectura haya enriquecido sus alforjas de caminante con algún conocimiento útil. Aunque tan solo fuesen unas insignificantes migajas, me daría por satisfecho. Que desde siempre las cosas del conocimiento fueron más de calidad y aroma que de cantidad.

La empresa editorial ha vivido etapas de gran brillo y relevancia, con grandes nombres esculpidos en piedra y santos varios en su pedestal. A todos ellos les debemos agradecimiento y admiración. Pero ahora nos toca a nosotros mirar el futuro y navegar a través de nuevos mares para los que no tenemos cartas de navegación contrastadas. Sus rutas y derivas eran unas, y las nuestras, otras. Los vientos digitales y globales cambiarán en algo las reglas de navegación editorial y quizás, también, los tipos de buques que nos tocará patronear, pero la energía precisa para su impulsión continuará siendo la misma: el amor al libro, a la libertad, a las ideas, al arte y al conocimiento. Lo repetiremos una vez más: los tiempos pasados no tienen por qué ser mejores. Es más, la filosofía propia del aventurero-viajante que siempre late bajo nuestra alma de editor nos impulsa a caminar más y más lejos, confiados en que el paisaje más hermoso aparecerá al trasponer la siguiente cuesta. A lo mejor no es así, pero el porvenir siempre fue de los que creyeron en él. La editorial es, pues, una actividad de futuro, por más que los profetas de la catástrofe vaticinen su final. «El libro ha muerto», proclaman. «¡Viva el libro, vive!», replicamos nosotros. Seguiremos siendo necesarios. Buscaremos y descubriremos autores, anticiparemos tendencias, levantaremos debates y polémicas, enriqueceremos el panorama cultural, regaremos los corazones de los enamorados con lágrimas arrancadas de nuestros textos, llevaremos conocimientos a los labios siempre sedientos de sabios y estudiosos. Nos devanaremos los sesos buscando vías para que nuestros libros y contenidos lleguen hasta el lector, procurando que nuestros ingresos superen a los gastos. No será fácil. Las nuevas tendencias parecen parir gigantes, y desde nuestro pequeñismo tendremos que aprender a sobrevivir. Nuestro instinto de supervivencia nos impulsará a descubrir nuevas posibilidades para seguir traficando con ensueños y melancolías. No podemos tenerle miedo a la sociedad en la que nos tocó vivir. Los tiempos no son ni buenos ni malos, simplemente son. Y los editores seguiremos siendo imprescindibles para que cada generación conozca a las anteriores y, lo que es aún más importante, se reconozca a sí misma.

Seguiremos teniendo alma de poeta. Y para tocar suelo y sobrevolar economías, precisaremos de técnicas y contabilidad. Porque, si nuestra esencia es cultural, nuestro cuerpo es de empresa. Su principal recurso natural será la creatividad y el criterio editorial, pero se deberá desplegar a través de la gestión de personas, la distribución, los canales de comercialización, los diversos soportes, la promoción, los medios de comunicación, el comercio de derechos, las nuevas tecnologías y a través, en fin, de tantas otras artes e industrias de las que tan prolijamente hemos hablado.

Mucha suerte. A buen seguro que nos encontramos en la senda de rosas y espinas que, necesariamente, editores y escritores estamos obligados a hollar. Buen viaje, caminante editor.

Manuel Pimentel Siles
Córdoba, primavera 2025

BIBLIOGRAFÍA

Barthes, R. *El susurro del lenguaje*, Paidós, (2009).

Baverstock, Alison. *How to market books*. Kogan Page (2007).

Bértolo, Constantino. *Una poética editorial*. Trama editorial (2022).

Borges, Jorge Luis. *El libro*. Bruguera (1980).

Borrás Betriu, Rafael. *La batalla de Waterloo. Memorias de un editor*. Ediciones B (2003).

— *La Guerra de los Planetas. Memorias de un editor*. Ediciones B (2005).

Charkin Richard. *Publisher*. Trama editorial, (2024).

Chartier Roger. *Libro, lectura y cultura escrita*. Trama editorial, (2024).

Carr, Nicholas. *Superficiales, ¿qué está haciendo internet con nuestra mente?* Taurus, (2019).

Epstein, Jason. *La industria del libro. Pasado, presente y futuro de la edición*. Anagrama (2002).

Escolar Sobrino, Hipólito. *Gente del Libro. Autores, editores y bibliotecarios*. Gredos (1999).

Granados Salinas, Tomás. *Sin justificar. Apuntes de un editor*. Trama editorial, (2019).

Herralde, Jorge. *El observatorio editorial*. Adriana Hidalgo editora (2004).

— *Por orden alfabético. Escritores, editores, amigos.* Anagrama (2006).

Korda, Michael. *Editar la vida. Mitos y realidades de la industria del libro.* Debate (2005).

Lago Carballo, Antonio y Gómez Villegas, Nicador. *Un viaje de ida y vuelta. La edición española e iberoamericana (1936-1975)* Siruela (2006).

Ling Helène, Sol Salas Inés, *El fetiche y la pluma.* Trama editorial, (2024).

Lledó, E. *Palabra y humanidad*, KRK Ediciones, (2015).

— *Los libros y la libertad.* RBA. (2022).

Martínez Martín, Jesús A. (dir.) *Historia de la edición en España 1836-1936.* Marcial Pons (2002).

Muchnik, Mario. *Lo peor no son los autores.* Del Taller de Mario Muchnik (2005).

O´Gieblyn, Meghan. *Dios, humano, animal, máquina.* Erasmus, (2025).

Petrosky, Henry. *Mundolibro.* Edhasa (2000).

Petrucci, Armando. *Libros, editores y público en la Europa Moderna.* Edicions Alfons el Magnánim(1990).

Renn, Jürgen. *La evolución del conocimiento.* Almuzara, (2024).

Schiffrin, André. *La edición sin editores.* Destino (2000).

Smiers, Joost. *Un mundo sin copyright. Artes y medios en la globalización.* Gedisa editorial.

Tusquets, Esther. *Confesiones de una editora poco mentirosa.* RqueR editorial (2005).

Unseld, Siegfred. *El autor y su editor.* Taurus (2004).

Zaid, Gabriel. *So many books.* A Sort of Book (2004).

CONTRATO DE EDICIÓN

En………, a…… de……… de 20……

REUNIDOS

De una parte, Editorial………, con CIF……… y domicilio en……… denominada a partir de ahora como LA EDITORIAL, la cual actúa representada por………, editor, con NIF……….

De otra parte, el Sr. D. …………………………, con NIF………, mayor de edad, domiciliado en……………………, con teléfono………, con correo electrónico………, el cual actúa en su propio nombre, siendo denominado a partir de ahora como EL AUTOR.

Y reconociéndose ambas partes capacidad suficiente para el presente otorgamiento,

MANIFIESTAN

PRIMERO.- Que EL AUTOR responde ante LA EDITORIAL de la autoría y originalidad de LA OBRA cuyo contrato de edición aquí se pacta, así como del ejercicio pacífico de los derechos que cede mediante el presente documento.

SEGUNDO.- Que LA EDITORIAL está interesada en la publicación y edición de LA OBRA provisionalmente titulada……………, de la que EL AUTOR manifiesta su autoría, estableciendo para ello el contrato correspondiente. LA OBRA en cuestión se editará en el sello…….

En virtud de todo lo cual ambas partes

ACUERDAN

Formalizar mediante el presente documento un contrato de edición por el cual EL AUTOR cede a LA EDITORIAL los derechos de edición, publicación y venta en exclusiva de LA OBRA para su explotación comercial en todas las lenguas y países del mundo. La cesión abarca todas las modalidades y tamaños de edición en forma de libro —tapa dura, rústica, bolsillo, cartoné, edición para colección—, así como la modalidad de libro gráfico o ilustrado, de *e-book* —tanto de descarga directa como de plataforma de suscripción—, audiolibro y mediante cualquier soporte digital, electrónico o informático, incluyendo cualquier expresión realizada de la obra en el entorno conocido como metaverso, junto a los derechos subsidiarios de las diversas modalidades audiovisuales como cine y TV, serie, documental y película. Así como su adaptación a teatro, musicales, cualquier tipo de espectáculo y también como videojuego. Los derechos del *merchandising* que use título, personajes, nombres, escenas o contenidos también están incluidos en el presente contrato de cesión de derechos editoriales.

Y para el mejor logro del citado acuerdo, ambas partes se someten a los siguientes

PRIMERO (*tirada*).- LA EDITORIAL efectuará una primera edición, cuyo número de ejemplares se determinará durante el proceso de edición sin que la tirada sea menor de 400 ejemplares ni superior a 10.000 ejemplares. Asimismo, podrá realizar las reimpresiones precisas para satisfacer la demanda comercial del libro o imprimirlo mediante POD para atender demandas puntuales.

SEGUNDO (*anticipo y royalties*).- Como contraprestación por la cesión de derechos de edición, publicación y venta contemplada en el pacto primero, EL AUTOR percibirá por la venta neta (entendida como la diferencia entre colocaciones y devoluciones) de su libro en el ejercicio:

- El ocho (8,00 %) por ciento del precio de venta al público, sin IVA para los primeros 1500 ejemplares y un diez (10,00 %) a partir del ejemplar siguiente para el formato en rústica y/o tapa dura.
- El 6,00 % del precio de venta al público, sin IVA, para todos los ejemplares en formato bolsillo.
- El 18,00 % del precio neto recibido de las plataformas digitales para todos los ejemplares vendidos en formato electrónico o digital, así como de las suscripciones.
- El 25,00 % del importe neto recibido de las plataformas de distribución de los derechos percibidos por la venta del audiolibro, así como de las suscripciones.
- El 25,00 % del importe neto recibido a través de los distintos canales de POD (impresión bajo demanda).

En el caso de los ejemplares exportados a terceros países, estos porcentajes se reducirán en dos puntos para los formatos físicos.

EL AUTOR recibirá 25 ejemplares de su obra que se facturarán con un descuento pactado del 40 % sobre el precio de venta al público. El importe de esta factura será a cuenta de derechos de autor, por lo que será compensada con las liquidaciones de los derechos de autor generados, por lo que no se exigirá su abono en el supuesto de que su importe no sea cubierto por estos derechos generados.

En concepto de anticipo y a cuenta de dichas regalías, EL AUTOR percibirá la cantidad de......... euros. A dicha cantidad le serán descontados los impuestos en vigor que el Ministerio de Hacienda español estipule a tal efecto. En supuesto de que este importe abonado en concepto de anticipo no sea cubierto por los derechos generados, LA EDITORIAL no exigirá al AUTOR la devolución de cantidad alguna de dicho anticipo.

TERCERO (*plazo de publicación*).- EL AUTOR entregará el manuscrito definitivo antes del...... de ...... de 20.... Una vez entregado el original de LA OBRA, EL EDITOR podrá verificar su adecuada calidad y contenido de la misma, reservándose el derecho de rehusar LA OBRA si entiende que no se ajusta a los estándares mínimos exigidos para su publicación. Por su parte, LA EDITORIAL pondrá a la venta LA OBRA en un plazo no superior a los 12 meses desde la recepción del manuscrito definitivo.

CUARTO (*ejemplares para el autor*).- LA EDITORIAL destinará como máximo un 7 % de la tirada para promoción de LA OBRA. Asimismo, entregará al AUTOR sin cargo alguno 7 ejemplares de la primera edición y 3 de cada una de las siguientes. Igualmente, facilitará al AUTOR los ejemplares adicionales que este solicite adquirir con un 40 % de descuento sobre el precio de venta al público. Los ejemplares aludidos no podrán ser destinados al comercio en librerías y sobre los mismos no se percibirá derecho alguno.

QUINTO.- LA EDITORIAL se compromete a facilitar una explotación continuada de LA OBRA y una difusión comercial acorde con los usos habituales del sector a través de sus canales de distribución, tanto físicos como digitales.

SEXTO (*liquidaciones*).- LA EDITORIAL se compromete a facilitar anualmente al AUTOR, durante el primer cuatrimestre y con referencia a la anualidad anterior, los correspondientes estados de ventas de LA OBRA y la liquidación de los derechos de autor que de las mismas se deduzcan, según lo pactado en el presente contrato. En los lanzamientos efectuados en el último cuatrimestre del año se efectuará una provisión del 18 % de las ventas a librerías de ese año de publicación en previsión de las normales devoluciones de este canal, que se regularizará en el siguiente año. Las liquidaciones resultantes deberán abonarse antes del plazo de seis meses a partir de ese momento. Las liquidaciones que sean inferiores a cien euros se abonarán mediante libros con el descuento de autor estipulado en el presente contrato.

SÉPTIMO.- EL AUTOR faculta expresamente a LA EDITORIAL para la detracción, declaración e ingreso en el Tesoro Público de aquellas cantidades que por cualquier concepto impositivo hubiera de satisfacer derivadas de los rendimientos de la Propiedad Intelectual objeto de este contrato y en todos aquellos impuestos o gravámenes de disposición legal.

OCTAVO (*extinción contrato*).- En lo relativo a las causas de resolución y extinción de este contrato, ambas partes se someten expresamente a lo previsto en los artículos 68, 69 y 70 del Real Decreto Legislativo 1/1996, de 12 de abril, por el que se aprueba el texto refundido de la Ley de Propiedad Intelectual, regularizando, aclarando y armonizando las disposiciones legales vigentes sobre la materia. Una vez transcurridos dos años de la primera edición de LA OBRA, LA EDITORIAL podrá saldarla, previo aviso al AUTOR.

NOVENO (*duración contrato*).- El presente contrato tiene una duración de quince (15) años a contar desde la fecha del mismo, y se dará por renovado por un plazo de cinco años adicionales, en periodos sucesivos, si ninguna de las partes se manifestara en contrario con un mes de antelación a su vencimiento.

DÉCIMO.- LA EDITORIAL se obliga a hacer constar en los ejemplares de LA OBRA el nombre, firma o seudónimo que identifique al AUTOR y a incluir, además de la mención del *copyright* editorial, la mención internacional de reserva de propiedad intelectual o *copyright* en favor del AUTOR, el año y lugar de la primera edición y demás formalidades administrativas requeridas para la circulación de LA OBRA.

UNDÉCIMO (*derechos subsidiarios*).- LA EDITORIAL queda facultada para negociar con un tercero los derechos subsidiarios referidos, entre otros, a ediciones, traducciones y adaptaciones audiovisuales, informando al AUTOR de los contratos formalizados a ese respecto. Los beneficios netos obtenidos se distribuirán del siguiente modo: 50 % para EL AUTOR y 50 % para LA EDITORIAL. Estos derechos se liquidarán en la liquidación anual correspondiente.

DUODÉCIMO.- Para resolver cuantas divergencias pudieran surgir como consecuencia de la interpretación o aplicación del presente contrato, ambas partes se someten a la jurisdicción y competencia de los Tribunales de……, con expresa renuncia a cualquier otro fuero.

DECIMOTERCERO.- Las partes acuerdan que las comunicaciones y notificaciones entre ellas podrán ser realizadas por vía electrónica a través de sistemas que permitan acreditar la fecha y contenido de la comunicación. La dirección de correo electrónico a estos efectos para LA EDITORIAL será contratos@almuzaralibros.com y para EL AUTOR será la incluida en el encabezado del presente contrato. Para la modificación de estas direcciones de correo electrónico será obligatorio la comunicación de este cambio a la otra parte.

DECIMOCUARTO.- Asimismo, El AUTOR autoriza expresamente al EDITOR a explotar los derechos que así le son conferidos tanto por sí mismo como por terceras sociedades por él participadas, para lo que las partes convienen que no será necesario ningún otro acto ni cumplimiento de ningún otro requisito ni formalización de ningún otro documento. A tal efecto, se entenderá como sociedad participada por EL EDITOR, aquellas sociedades en las que EL EDITOR tenga una participación a partir del 25 % en su accionariado.

Y PARA QUE ASÍ CONSTE, lo firman ambas partes en el lugar y fecha arriba indicados.

EL AUTOR   LA EDITORIAL

ANEXO II

CONTRATO
DIRECTOR DE COLECCIÓN

REUNIDOS

De una parte: Doña............, con NIF......... y domicilio en.........
Y de otra parte Don............, con NIF......... en representación de
la editorial............, con domicilio en......... y CIF.........

MANIFIESTAN

1.- Editorial......... va a iniciar una colección de........., con ánimo de divulgar, estudiar y analizar los distintos campos incluidos en el amplio mundo......... La colección tendrá por nombre distintivo.........

2.- Para dar personalidad y línea de trabajo a dicha colección, es preciso contar con una dirección de colección, que podrá, si procede, estar asesorada por un Consejo Editorial.

3.- Don......... es un experto en........., con amplia experiencia y criterio, plenamente capacitado para dirigir dicha colección y liderar el Consejo Editorial que se constituyera.

315

ACUERDAN

1.- Don......... será el director de la colección......... de Editorial......... Como tal figurará en los créditos de todos los libros que se editen dentro de la mencionada colección. Asimismo, si así fuera su deseo, podrá tener tarjeta de la editorial donde se especifique su condición de director de la misma.

2.- El director de colección podrá constituir, previa aprobación de la editorial, un consejo asesor. Además de las personas seleccionadas por la directora, serán miembros del mismo dos personas nombradas por la editorial. Los componentes de este consejo (exceptuando los miembros de la editorial) también podrán figurar en los créditos de los libros siempre que así lo indique el director.

3.- Será responsabilidad del director y de su consejo el proponer autores, temas, enfoques y series que puedan componer la colección. Ningún libro podrá incorporarse a una colección sin su acuerdo o el de su Consejo Editorial correspondiente. La propia editorial tendrá que someter a este consejo los libros que desee incorporar a la colección afectada. En caso de que el consejo no considere adecuada su incorporación a la colección, la editorial no podrá incluirla en la misma. Si quiere editarlo, será en su programación general.

4.- El Consejo Editorial deberá reunirse como mínimo......... por año, en la fecha y el lugar acordados entre el director y la editorial.

5.- El director de la colección dirigirá las reuniones de dicho consejo, donde se aprobarán los libros a editar, y se acordará el programa de publicaciones. Para que los acuerdos del consejo sean vinculantes será precisa la presencia de alguno de los miembros de la editorial. Podrán ser discutidos en estos consejos todos los aspectos relacionados con la promoción de los libros y de la colección. El director de colección presidirá los actos de presentación pública de la colección, y atenderá a los medios de comunicación sobre la marcha de la misma.

6.- Todos los miembros del Consejo Editorial tendrán derecho a dos ejemplares de cada uno de los libros publicados en la colección.

7.- Sobre cada uno de los títulos de los que se vendan, los miembros del Consejo Editorial (salvo los representantes de la propia editorial) recibirán una retribución económica. Corresponderá al conjunto del consejo el…… % del PVP de los libros vendidos por semestre vencido. La cuantía se repartirá entre sus miembros de la forma que determine su director. Debemos procurar que el coste total para la editorial sea del 10 %, costes de traducción incluidos. En caso de que los derechos contratados al autor fuesen menores del 8 %, la diferencia hasta este 10 % podría sumarse a la retribución del consejo. En caso de que alguno de los libros traiga una financiación vinculada (por ejemplo, patrocinios), las condiciones económicas del consejo y del director se acordarían específicamente.

8.- Los gastos de desplazamiento de los miembros del consejo, previa autorización, correrán a cargo de la editorial.

9.- La editorial presentará ante el Consejo Editorial informes semestrales sobre la marcha de los libros, distribución, número de ejemplares vendidos, etc.

10.- El presente acuerdo tendrá un año de validez, renovándose de forma automática por idénticos periodos, salvo denuncia expresa de alguna de las partes.

Y estando de acuerdo en lo anteriormente expuesto, firman la presente en……… a…… de …… de 20…

EL DIRECTOR DE COLECCIÓN   LA EDITORIAL

Esta obra se ha compaginado con la tipografía Minion pro con un cuerpo de 11.5 e impreso sobre papel ahuesado de ochenta gramos. Se terminó de imprimir, por encargo de Editorial Berenice, el 31 de mayo de 2025. Tal día de 1819 nació en Nueva York Walt Whitman, el poeta americano por excelencia y eterno escritor de *Hojas de Hierba*.